CHRISTINE BLUMENBERG-LAMPE

Das wirtschaftspolitische Programm der ‚Freiburger Kreise'

Volkswirtschaftliche Schriften

Herausgegeben von Dr. J. Broermann, Berlin

Heft 208

Das wirtschaftspolitische Programm der ‚Freiburger Kreise'

Entwurf einer freiheitlich-sozialen Nachkriegswirtschaft
Nationalökonomen gegen den Nationalsozialismus

Von

Dr. Christine Blumenberg-Lampe

DUNCKER & HUMBLOT / BERLIN

Gedruckt 1973 bei Buchdruckerei Bruno Luck, Berlin 65
Printed in Germany
ISBN 3 428 03025 7

Für Adolf und Gertrud Lampe

Vorwort

Die vorliegende Schrift setzt sich mit den „Freiburger Kreisen“ und den Wirtschaftsprogrammen auseinander, die sie in den Jahren 1938 bis 1944 entworfen haben. Als „Freiburger Kreise“ werden drei in Freiburg während des Dritten Reiches gegründete und voneinander unabhängige Arbeitsgemeinschaften bezeichnet, die personell teilweise identisch waren.

Der erste Kreis, das „Freiburger Konzil“, wurde spontan nach der Kristallnacht von christlichen Freiburger Nationalökonomen und Historikern ins Leben gerufen. Ziel war es, sich über die Möglichkeit oder Pflicht des Christen zum Widerstand klar zu werden. Ein engerer Konzilskreis (Constantin von Dietze, Walter Eucken, Adolf Lampe, Gerhard Ritter) formulierte 1940 oder 1941 die Schrift „Kirche und Welt. Eine notwendige Besinnung auf die Aufgaben des Christen und der Kirche in unserer Zeit“. Sie setzt sich ausführlich mit dem Gehorsamsgebot auseinander.

Die Konzilsschrift war auch der Vorläufigen Leitung der Bekennenden Kirche übergeben worden. Sie gab daraufhin dem engeren Konzilskreis im Spätsommer 1942 durch Dietrich Bonhoeffer den Auftrag, für den ersten Weltkirchentag nach dem Krieg ein außen- und innenpolitisches Konzept zu entwerfen, das den Weltfrieden sichern helfen sollte. Der Schwerpunkt der Programmschrift lag jedoch auf Vorschlägen für die Neugestaltung des deutschen Staatswesens. So entstand aus dem engeren Konzilskreis der zweite „Freiburger Kreis“, der „Bonhoeffer Kreis“. Er arbeitete von Oktober 1942 bis Januar 1943 und verfaßte für die Vorläufige Leitung die erbetene Programmschrift unter dem Titel „Politische Gemeinschaftsordnung. Ein Versuch zur Selbstbesinnung des christlichen Gewissens in den politischen Nöten unserer Zeit“.

Ab März 1943 tagte in Freiburg der dritte „Freiburger Kreis“, die aus der Akademie für Deutsches Recht hervorgegangene „Arbeitsgemeinschaft Erwin v. Beckerath“. In ihr fanden sich antinationalsozialistische Wirtschaftswissenschaftler aus ganz Deutschland zusammen, um für die Zeit nach dem Zusammenbruch eine neue, freiheitlich-soziale Wirtschaftsordnung zu entwerfen. Ihr Ziel war es, den Übergang von der Kriegs- zur Friedenswirtschaft so schnell wie möglich zu erreichen.

Es entstanden über 30 Gutachten; das abschließende Gesamtgutachten konnte nicht mehr fertiggestellt werden, da einige Arbeitsgemeinschaftsteilnehmer im Zusammenhang mit dem 20. Juli 1944 verhaftet worden waren.

Diese Arbeit zeigt die Entstehungsgeschichte und Tätigkeit der drei „Freiburger Kreise“ auf und versucht, die in der Literatur bisher kaum oder ungenau erwähnten Kreise klar voneinander abzugrenzen. Hauptanliegen der Arbeit war es jedoch, das Wirtschaftsprogramm der „Arbeitsgemeinschaft Erwin v. Beckerath“ darzustellen, das weitgehend mit den wirtschaftspolitischen Gedanken der Schrift des „Bonhoeffer Kreises“ übereinstimmt. Dabei zeigt sich, daß die Teilnehmer der „Arbeitsgemeinschaft Erwin v. Beckerath“ bereits in den Jahren 1943/44 ein Programm entwarfen, das der späteren Sozialen Marktwirtschaft sehr verwandt ist.

Gertrud Lampe rettete aus dem Gefühl historischer Verantwortung die Unterlagen der „Arbeitsgemeinschaft Erwin v. Beckerath“ vor der Gestapo und bewahrte sie bis heute auf; dadurch wurde diese Schrift möglich. Fritz Hauenstein, einem Mitglied der Arbeitsgemeinschaft, verdanke ich die Anregung, dieses Material auszuwerten. Die Arbeit wurde als Dissertation an der Wirtschaftswissenschaftlichen Fakultät der Albert-Ludwigs-Universität Freiburg bei Prof. Dr. Karl Brandt als verständnisvollem Doktorvater und Prof. Dr. J. Heinz Müller als Korreferenten geschrieben. Auf Initiative von Werner Steltzer erhielt ich 1972 einen Forschungsauftrag des Bundesministeriums für Wirtschaft. Ihnen sowie allen Persönlichkeiten und Institutionen, die mir Material zur Verfügung stellten oder meine Fragen beantworteten, dem Verlag und nicht zuletzt meinem Mann gilt mein besonderer und herzlicher Dank.

Freiburg, den 24. Oktober 1973

Christine Blumenberg-Lampe

Inhaltsverzeichnis

Erstes Kapitel

Geschichte der „Freiburger Kreise“

Abkürzungsverzeichnis

AGEvB	Arbeitsgemeinschaft Erwin v. Beckerath
AkfDR	Akademie für Deutsches Recht
DIfBuB	Deutsches Institut für Bankwissenschaft und Bankwesen
Röm.	Römer
VLdBK	Vorläufige Leitung der Bekennenden Kirche
ZdAkfDR	Zeitschrift der Akademie für Deutsches Recht

Erstes Kapitel

Geschichte der „Freiburger Kreise"

A. Die Rechts- und Staatswissenschaftliche Fakultät der Universität Freiburg im Dritten Reich

I. Die Situation an der Fakultät

Abgesehen vom ersten Rektoratsjahr war es im Dritten Reich an der Universität Freiburg recht ruhig. Versuchte Einflußnahme und Störungen des Lehrbetriebs durch Parteistellen, NS-Dozentenbund und NS-Studentenschaft waren wenig erfolgreich. Bis auf wenige Ausnahmen standen die Professoren zueinander, besonders in der Rechts- und Staatswissenschaftlichen Fakultät. Fast die Hälfte ihrer Mitglieder gehörte der Bekennenden Kirche an; auch der andere Teil der Dozentenschaft stand dem Nationalsozialismus zumeist skeptisch gegenüber[1]. Die Rechts- und Staatswissenschaftliche Fakultät galt während des Dritten Reiches „als eine Art Naturschutzpark der liberalen Wirtschaftswissenschaft"[2].

Die Nationalökonomen waren wohl die schärfsten Regimegegner, ihre politische Einstellung „pfiffen damals die Spatzen von den Dächern"[3]. In Freiburg war fast ununterbrochen eine gute Zusammenarbeit zwischen Professoren und Studenten möglich; es gibt manche Beispiele für freundschaftliche Beziehungen zwischen ihnen. Die Andeutungen der Professoren in den Vorlesungen wurden sehr gut verstanden, ja sie mußten sich immer mehr davor hüten, Beifallsstürme zu provozieren, wenn sie zu politischen Fragen Stellung bezogen. Der gute Ruf Freiburgs verbreitete sich schnell, die Studentenzahlen wuchsen nicht zuletzt deshalb von Semester zu Semester[4].

---

[1] Vgl. *von Dietze,* Constantin: „Die Universität Freiburg im Dritten Reich", in: Mitteilungen der List-Gesellschaft, Fasc. 3, Nr. 3, 1961, S. 95 - 105, hier S. 97 ff.; *Ritter,* Gerhard: „Der deutsche Professor im Dritten Reich", in: Die Gegenwart, 1. Jg., Nr. 1, 1945, S. 23 - 26, hier S. 23 f.

[2] *Schmölders,* Günter: Personalistischer Sozialismus. Die Wirtschaftsordnungskonzeption des Kreisauer Kreises der deutschen Widerstandsbewegung. Demokratische Existenz heute, Bd. 17, Köln und Opladen 1969, S. 29.

[3] *Böhm,* Franz: „Freiburger Schule und Nationalsozialismus", in: Frankfurter Allgemeine Zeitung vom 24. 5. 1955.

[4] Vgl. *von Dietze,* S. 100.

Auch unter den deutschen Professoren stand die Universität Freiburg in hohem Ansehen; ein Ruf nach Freiburg war bei Regimegegnern sehr begehrt, man wäre notfalls auch „auf allen Vieren bis Freiburg“[5] gekrochen.

Aber auch in Freiburg waren Studenten und Dozenten nicht vor Anfeindungen und Bespitzelung durch Parteistellen sicher. Die Gefahr der Denunziation war dennoch geringer, da der Zusammenhalt innerhalb der Professorenschaft und die noch funktionierende Zusammenarbeit mit Rektor und Dekanen oft größeres Unheil verhindern konnten. An wohl keiner anderen Universität waren zu jener Zeit eine Offenheit wie in Freiburg möglich oder ähnlich mutige Vorlesungen und Vorträge denkbar.

II. Das „Diehl-Seminar“ (Ende 1934 bis Anfang 1943)

Seit dem Winterhalbjahr 1934/35 versammelten sich Professoren und Assistenten, die den Nationalsozialismus ablehnten, in jedem Semester im sogenannten „Diehl-Seminar“. Der Emeritus Geheimrat Karl Diehl kündigte die Veranstaltung als „Seminar über das Thema ‚Der Einzelne und die Gemeinschaft‘; priv., gr, in noch zu bestimmenden Stunden“[6] im Vorlesungsverzeichnis an. Das Seminar fand in seiner Privatwohnung statt. Zur Diskussion standen drängende Zeitfragen, die zumeist unter fachlicher Verbrämung vorgetragen wurden. Jeder Seminarteilnehmer wurde um ein Referat gebeten. Teilweise berichteten die Professoren auch über ihre neuesten Forschungsergebnisse. Ab und zu wurden befreundete Kollegen, die nicht regelmäßig am Seminar teilnahmen, als Referenten geladen. Die anschließenden Diskussionen wurden in aller Offenheit geführt, Angst vor Denunziationen kannte man in diesem Kreise nicht. So berichtet von Dietze, daß im Anschluß an die offiziellen Seminarsitzungen in ungezwungenem Gespräch die neuesten politischen Witze erzählt, aber auch die bedrängenden politischen Tagesfragen in großer politischer Sorge erörtert wurden[7].

Das „Diehl-Seminar“ wurde nur bis zum Winterhalbjahr 1938/39 im Vorlesungsverzeichnis angekündigt, es fand aber bis zum Tode von Karl Diehl im Jahr 1943 regelmäßig statt[8].

---

[5] Ebenda, S. 104.

[6] Vorlesungsverzeichnis für das Winterhalbjahr 1934/35 nebst Personenverzeichnis und Zählung der Studierenden vom Sommerhalbjahr 1934, im Auftrag des Rektors bearbeitet und herausgegeben von Prof. Dr. M. Honekker, Freiburg o. J. (1934), S. 26. Ebenso angekündigt in den Vorlesungsverzeichnissen für Sommersemester 1935 bis Sommersemester 1937, Sommersemester 1938 und Wintersemester 1938/39.

[7] Vgl. *von Dietze,* S. 102.

[8] Vgl. *von Dietze,* Constantin: „Die Wirtschafts- und Sozialwissenschaft an

Es erscheint typisch für die Situation an der Universität Freiburg, daß es möglich war, ein Seminar mit eindeutig politischem Thema und kritischem Unterton über mehrere Semester hinweg nicht nur abzuhalten, sondern auch anzukündigen. In diesem Kreise festigte sich die antinationalsozialistische Haltung der Teilnehmer. Es fehlten dem Seminar zwar verschwörerisch-konspirative Züge, es war jedoch die Keimzelle der späteren „Freiburger Kreise".

B. Das „Freiburger Konzil" (Ende 1938 bis September 1944)

I. Entstehung und Verlauf

Am Abend der Kristallnacht, am 9. November 1938, fand im Hause Diehl ein Seminar statt. Der Heimweg der Teilnehmer war gekennzeichnet durch die Eindrücke der Zerstörung[1]. Tags darauf rief Adolf Lampe Constantin von Dietze an. Er glaubte, nun sei endgültig der Zeitpunkt gekommen, nicht mehr tatenlos zusehen zu dürfen; die Bindung des Christen an Röm. 13 („Seid untertan der Obrigkeit, die Gewalt über euch hat") könne nicht für Greueltaten wie die Judenverfolgung durch die Nationalsozialisten gelten. Es entstand spontan der Gedanke, einen Kreis von Gleichgesinnten zusammenzurufen, um die bedrängenden Zeitfragen in christlicher Sicht zu besprechen.

Das erste Treffen fand Ende 1938 in der Wohnung von Lampe statt, der der Initiator und die treibende Kraft war[2]. Befreundete Kollegen sowie Pfarrer der Bekennenden Kirche mit ihren Frauen[3] waren eingeladen. Im Abstand von einigen Wochen traf man sich reihum in den

---

der Universität Freiburg in den ersten Jahrzehnten des zwanzigsten Jahrhunderts", in: Aus der Geschichte der Rechts- und Staatswissenschaften zu Freiburg i. Br., hrsg. von Hans Julius Wolff, Freiburg 1957, S. 81 - 94, hier S. 81.

[1] Vgl. zum Folgenden: *Ritter,* Gerhard: Carl Goerdeler und die deutsche Widerstandsbewegung (im folgenden zit. als *Ritter,* Goerdeler), Stuttgart 1955, S. 463, S. 511 f.; *von Dietze,* „Die Universität Freiburg im Dritten Reich", S. 102; „Politische Gemeinschaftsordnung. Ein Versuch zur Selbstbesinnung des christlichen Gewissens in den politischen Nöten unserer Zeit" (im folgenden zit. als „Freiburger Denkschrift"), Freiburg, 1945, als Manusk. vervielf., Vorwort von Gerhard Ritter, S. 1 ff. (d. Verf. lag eine Abschrift aus dem Jahre 1968 des Manuskripts von 1945 vor. Nach ihr wird im folgenden zitiert. Ein Original war nicht verfügbar).

[2] Vgl. Interview mit Otto Hof vom 24. Februar 1972. Anders bei *Ritter,* Goerdeler, S. 511, der die Initiative Constantin von Dietze zuspricht. Für die Richtigkeit der Auskunft von Otto Hof findet sich im Nachlaß von Lampe mancher Hinweis. Vgl. auch Brief von Gertrud Lampe an General Schwarz vom 21. 4. 1946.

[3] Vgl. Anhang I: „Teilnehmer am ‚Freiburger Konzil'".

Wohnungen der Teilnehmer. Die Einladungen erfolgten von Mund zu Mund, Briefe und Telefonate vermied man tunlichst. So gibt es kaum Unterlagen und Notizen aus damaliger Zeit[4].

Die Zusammenkünfte wurden bald zu einer festen Einrichtung. Der Kreis erhielt — durch wen, ist nicht mehr auszumachen — den Namen „Freiburger Konzil" bzw. „Concilium Friburgense". Die Sitzungen wurden zumeist von einem Referat eingeleitet, über dessen Inhalt offen diskutiert wurde. Man sprach jedoch auch über Tagesfragen und Tagesentscheidungen. Für viele Teilnehmer war dies eine willkommene Gelegenheit, sich „Luft zu machen"[5].

Schon bald wurde der zunächst fast ausschließlich protestantische Kreis erweitert, indem katholische Theologen zugezogen wurden[6], die dem Herder-Verlag nahestanden. Die Verbindung zu den Katholiken nahm Clemens Bauer auf[7]. Verwunderlich ist jedoch, daß keiner der Theologieprofessoren zur Mitarbeit aufgefordert wurde; auch Konzilsteilnehmer wissen hierfür keine Erklärung.

Im erweiterten Kreis wurden zunächst Fragen des Naturrechts aus katholischer und evangelischer Sicht behandelt. Man setzte sich ausführlich mit Fragen der christlichen Ethik auseinander. Den Konzilsteilnehmern ist insbesondere ein eindrucksvolles Referat von Wendelin Rauch, dem späteren Erzbischof von Freiburg, in Erinnerung. Er sprach über Grundlagen der katholischen Sozialethik und über die katholische Auffassung vom Staat. Angeregt durch das Referat von Wendelin Rauch wurden auch die päpstlichen Enzykliken erörtert[8]. Zwischen Otto Hof, einem Pfarrer der Bekenntniskirche, und Wendelin Rauch entspannen sich heftige Diskussionen.

Außerdem besprach man nationalökonomische Grundfragen, zumal man sich in Freiburg um eine Nationalökonomie aus christlicher Sicht bemühte. Im Konzil wurden Teilabschnitte der „Grundlagen" von Eucken diskutiert, die er damals schrieb. Insbesondere setzte man sich

---

[4] Möglicherweise fände sich noch Material im mir leider unzugänglichen Nachlaß von Gerhard Ritter. Frau Gertrud Ritter gab am 23. Februar 1972 telefonisch die Auskunft, sie verfüge noch über entsprechendes Material aus dem Nachlaß ihres Mannes, wolle dieses aber nicht zur Verfügung stellen, da Veröffentlichungsabsichten bestünden.

[5] Vgl. *von Dietze*, „Die Universität Freiburg im Dritten Reich", S. 102; Interview mit Otto Hof vom 24. Februar 1972.

[6] Vgl. Anhang I: „Teilnehmer am ‚Freiburger Konzil'".

[7] Vgl. Interview mit Clemens Bauer vom 16. Februar 1972, S. 2.

[8] Vgl. Interview mit Clemens Bauer vom 16. Februar 1972, S. 1 f.; Interview mit Edith Eucken vom 25. Februar 1972; Interview mit Otto Hof vom 24. Februar 1972; Interview mit Nora Freifrau Marschall von Bieberstein vom 25. Februar 1972.

mit den beiden Idealtypen Zentralverwaltungswirtschaft und Marktwirtschaft auseinander[9].

Die allen Beteiligten wichtigste Frage blieb jedoch die nach dem Recht des Christen zum Widerstand und das Problem des Tyrannenmordes. Gerhard Ritter hielt ein Referat über die „Dämonie der Macht“. Hier lag der Schwerpunkt für alle weiteren Diskussionen; die Erörterung des Gehorsamsgebotes (Röm. 13) und seine Anwendungsmöglichkeit in der damaligen Situation beschäftigte das „Konzil“ über Monate hinaus[10]. Es wurde sehr um die Frage gerungen, ob es nicht Christenpflicht sei, offen gegen das Terrorregime aufzustehen und zu versuchen, das Volk wachzurütteln und dabei die Terrormethoden der Gestapo nicht zu scheuen. Man kam jedoch von diesen Gedanken ab, da ein mögliches Martyrium sinnlos erschien, weil es dem Volk kaum bekannt werden würde[11].

II. Die Denkschrift „Kirche und Welt“

Das „Freiburger Konzil“ sah seine Hauptaufgabe darin, die alle bedrängende innere Not zu diskutieren, zur inneren Klärung beizutragen und gemeinsam die Probleme der christlichen Lebensgestaltung in dieser Zeit zu lindern. Es war jedoch nicht beabsichtigt, eine Schrift zu erarbeiten, wenn auch teilweise der Wunsch bestand, die Diskussionsergebnisse festzuhalten und auszuwerten[12]. Tatsächlich ist vom „Konzil“ eine Schrift erhalten, deren Entstehungsgeschichte nicht eindeutig zu klären ist. Sie trägt den Titel „Kirche und Welt. Eine notwendige Besinnung auf die Aufgaben des Christen und der Kirche in unserer Zeit“[13]. Sie entstand 1940 oder 1941.

Die Schrift wurde von Ritter formuliert. In seinem Vorwort zur „Freiburger Denkschrift“ schreibt er, es habe sich bei der Schrift „Kirche und Welt“ um eine Gemeinschaftsarbeit gehandelt, die im Konzil diskutiert worden sei[14]. Da sie jedoch vielen Teilnehmern über-

---

[9] Vgl. Interview mit Otto Hof vom 24. Februar 1972.

[10] Vgl. Interview mit Clemens Bauer vom 16. Februar 1972; Interview mit Otto Hof vom 24. Februar 1972; Interview mit Nora Freifrau Marschall von Bieberstein vom 25. Februar 1972.

[11] Vgl. „Freiburger Denkschrift“, Vorwort S. 1.

[12] Vgl. Interview mit Otto Hof vom 24. Februar 1972; Interview mit Nora Freifrau Marschall von Bieberstein vom 25. Februar 1972.

[13] „Kirche und Welt. Eine notwendige Besinnung auf die Aufgaben des Christen und der Kirche in unserer Zeit“, Freiburg 1945 (als Manuskript nachträglich vervielfältigt; d. Verf. liegt die Abschrift dieses Manuskripts aus dem Jahre 1968 vor, ein Original steht nicht zur Verfügung).

[14] Vgl. „Freiburger Denkschrift“, Vorwort S. 2.

haupt nicht bekannt war[15], muß angenommen werden, daß sie von einem „engeren Konzilskreis“ erarbeitet wurde. Ihm gehörten mit Sicherheit von Dietze, Lampe und Ritter an. Es scheint sich bei ihr hauptsächlich um eine Zusammenfassung der Diskussionen innerhalb des Konzils zu handeln. Sie setzt sich fast ausschließlich mit dem Gehorsamsgebot auseinander.

Die Denkschrift wurde seinerzeit heimlich vervielfältigt und innerhalb der „Bekennenden Kirche“, insbesondere in Südbaden, verbreitet. Sie soll damals als Diskussionsgrundlage für Arbeitskreise innerhalb der Bekenntniskirche gedient und in weiten Kreisen große Beachtung gefunden haben[16]. Um so erstaunlicher bleibt, daß sie dem weiteren Konzilskreis nicht zur Kenntnis gebracht wurde. Skepsis über eine weite Verbreitung im badischen und württembergischen Raum scheint jedoch angebracht, da Helmut Thielicke, der selbst ein Referat im Konzil gehalten und im Freiburger „Bonhoeffer Kreis“ (siehe unten) mitgearbeitet hat, sich nicht daran erinnern kann, je eine solche Schrift im Kreis der Bekennenden Kirche diskutiert zu haben[17].

Über die tatsächliche Verbreitung und Bedeutung der „Konzilsschrift“ findet sich in der Literatur kein anderweitiger Hinweis als der in Ritters Goerdeler-Biographie[18]. Lediglich Bethge geht in seinem Bonhoeffer-Buch[19] am Rande auf diese Arbeit des „Freiburger Kreises“ — er meint hier das „Konzil“ — ein. Man kann aus Bethge schließen, daß die „Konzilsschrift“ sowohl Bonhoeffer als auch der Vorläufigen Leitung der Bekennenden Kirche (VLdBK) bekannt war. Man darf dies wohl auch deshalb mit Sicherheit annehmen, weil von Dietze seit seiner Lehrtätigkeit in Berlin der dortigen Bekennenden Kirche angehörte und spätestens seit 1938 Kontakt zu Dietrich Bonhoeffer hatte. Außerdem bestand schon seit Ende der dreißiger Jahre eine Zusammenarbeit zwischen Konzilsteilnehmern und einem ähnlichen Kreis in Berlin[20].

---

[15] Vgl. Interview mit Otto Hof vom 24. Februar 1972; Interview mit Nora Freifrau Marschall von Bieberstein vom 25. Februar 1972.

[16] Vgl. „Freiburger Denkschrift“, Vorwort S. 2.

[17] Vgl. Interview mit Helmut Thielicke vom 4. Mai 1972.

[18] Vgl. *Ritter*, Goerdeler, S. 463, S. 511 f.

[19] Vgl. *Bethge*, Eberhard: Dietrich Bonhoeffer, Theologe, Christ, Zeitgenosse, 1. Aufl., München 1967, S. 871 f.; 3. erw. Aufl., München 1970, S. 871 f.

[20] Vgl. *von Dietze*, Constantin: Briefe und Nachrichten aus der Haftzeit in Moabit (Lehrterstr. 3) und Ravensbrück, o. O. (Freiburg), o. J., als Manusk. vervielf., S. C - 57 ff. (Anklageschrift des Oberreichsanwalts beim Volksgerichtshof); *von Dietze*, Constantin: Wirtschaftsmacht und Wirtschaftsordnung. Schriftenreihe der Evangelischen Akademie, Tübingen 1947, S. 15.

III. Das Ende des „Freiburger Konzils"

Das „Konzil" tagte, bis die Verhaftung von Constantin von Dietze und Adolf Lampe am 8. September 1944[21] ein weiteres Zusammenkommen wenig ratsam erscheinen ließ[22].

Nach dem Zusammenbruch und der Rückkehr der drei Freiburger Professoren aus dem Berliner Konzentrationslager hatte Otto Hof die Wiederbelebung des „Konzils" angeregt. Gerhard Ritter und Adolf Lampe griffen den Gedanken auf[23]. Seit Ende 1946 oder Anfang 1947 traf sich der kleine Kreis von Geistlichen und Hochschullehrern wieder. Zunächst besprach man bei den etwa monatlichen Treffen gemeinsam interessierende Probleme[24]. Es wurden als Diskussionsgrundlage wiederum Referate gehalten. So kamen u. a. Hans Asmussen und Pfarrer Markus Barth, der Sohn von Karl Barth, nach Freiburg, um mit den Konzilsteilnehmern zu diskutieren[25]. Etwa seit Mai 1947 stand die Vorbereitung der ökumenischen Tagung in Amsterdam im Mittelpunkt der Konzilsarbeit. Man erörterte „Probleme der Wirtschaftsordnung in christlicher Sicht"[26] und versuchte die „Freiburger Denkschrift" (siehe unten) an die gegebene politische und wirtschaftliche Lage anzupassen[27]. Das „Konzil" führte somit die von der VLdBK gestellte Aufgabe noch zu Ende. Ob das „Konzil" nach der Tagung von Amsterdam fortgeführt wurde, ist anhand des vorhandenen Materials nicht festzustellen. Otto Hof gab die Auskunft, daß das „Konzil" nicht weitergeführt wurde[28].

C. Der Freiburger „Bonhoeffer Kreis" (Oktober 1942 bis Januar 1943)

I. Der Auftrag

Im Spätsommer 1942 wurde einem „engeren Konzilskreis" eine neue Aufgabe gestellt. Wahrscheinlich am 9. Oktober 1942 war Dietrich

---

[21] Gerhard Ritter wurde am 1. November 1944 ebenfalls verhaftet (siehe unten).

[22] Vgl. „Freiburger Denkschrift", Vorwort S. 1 f.

[23] Vgl. Brief von Lampe an Ritter vom 21. 11. 1946.

[24] Vgl. Brief von Lampe an Landauer vom 3. 6. 1947.

[25] Vgl. Rundschreiben an die „Konzilsfreunde" von Lampe vom 20. 5. 1947; Briefe von Lampe an Hans Asmussen vom 15. 4. 1947, 16. 5. 1947 und 26. 6. 1947; Brief von Lampe an Ritter vom 13. 3. 1947.

[26] Vgl. Brief von Lampe an Holstein vom 28. 5. 1947.

[27] Vgl. Brief von Lampe an Wallau vom 7. 7. 1947.

[28] Er meint allerdings, daß das Konzil nach 1945 überhaupt nicht mehr weiterarbeitete, dies kann jedoch anhand des Nachlasses von Lampe eindeutig widerlegt werden. (Vgl. Interview mit Otto Hof vom 24. Februar 1972).

Bonhoeffer in Freiburg[1], um eine Bitte der VLdBK, die er bereits zuvor Constantin von Dietze in Berlin unterbreitet hatte, vorzutragen[2]: die „Freiburger“ (von Dietze, Eucken, Lampe, Ritter) sollten für eine von den Bischöfen von Chichester und Canterbury geplante Weltkirchenkonferenz, die alsbald nach Abschluß der Kriegshandlungen stattfinden sollte, eine Denkschrift verfassen. Diese solle „die Grundsätze einer gesunden, auf christlicher Grundlage ruhenden Außen- und Innenpolitik (erörtern) — Grundsätze, die sie auf der Weltkirchenkonferenz gemeinsam vertreten könnten, mit besonderem Hinblick auf die Sicherung des künftigen Weltfriedens und auf die Neugestaltung des deutschen Staatslebens nach dem Kriege“[3]. Die Vorläufige Leitung erbat eine „Art von Programmschrift . . ., in der womöglich alle Hauptzweige des öffentlichen Lebens unter den Gesichtspunkten christlicher Sozialethik behandelt werden sollten“[4]. Diese Schrift wollte die VLdBK zu gegebener Zeit den Bischöfen der wichtigsten Landeskirchen als Diskussionsgrundlage übergeben. In englischer Übersetzung sollte die Programmschrift dann auf der geplanten Weltkirchenkonferenz als Arbeitsmaterial vorgelegt werden[5].

Die Wahl der VLdBK war, so Bethge, auf die „Freiburger“ gefallen, weil die „Konzilsschrift“ (siehe oben), die ihr bekannt war, zeigte, daß sie sich schon länger mit Fragen der christlichen Ethik und der Beurteilung der politischen Lage vom Standpunkt des Christen beschäftigt hatten. Es ist denkbar, daß Bonhoeffer die „Freiburger“ für diese Ausarbeitung vorgeschlagen hat. Bethge schreibt in seiner Bonhoeffer-Biographie[6], Bonhoeffer habe mehrere Gründe gehabt, die „Freiburger“ anzusprechen: einmal im Auftrag der VLdBK, zum anderen aufgrund eines heimlichen Auftrags „der Ökumene, personifiziert in Bell“[7], dem Bischof von Chichester; aber auch in eigenem Interesse, um mit den „Freiburgern“ über seine damals in Arbeit genommene Ethik zu sprechen. Bethge schreibt, Bonhoeffer habe außerdem den Auftrag gehabt, die „Freiburger“ im Namen der Verschwörung anzusprechen. Um welchen Verschwörerkreis es sich gehandelt habe, bleibt offen[8].

---

[1] Vgl. Brief Wolf an d. Verf. vom 19. 8. 1971 (Tagebuchauszug).

[2] Vgl. „Freiburger Denkschrift“, Vorwort S. 1 f.; *Bethge,* 1. Aufl. und 3. Aufl., S. 871 f.; *Bauer,* Walter: „Erinnerungen an schwere Zeit“, in: Festschrift zum 65. Geburtstag von Hans Asmussen, Stuttgart, Berlin, Hamburg 1963, S. 87 - 92, hier S. 87 f.

[3] „Freiburger Denkschrift“, Vorwort S. 2.

[4] Ebenda.

[5] Vgl. ebenda.

[6] Vgl. *Bethge,* 1. Aufl., S. 871 f.

[7] Ebenda, S. 872.

[8] Vgl. *Bethge,* 1. Aufl., S. 872 f.

Die Andeutung, es könne im Auftrag von Goerdeler gewesen sein, erscheint wenig wahrscheinlich, da von Dietze und Lampe damals längst engsten, direkten Kontakt zu Goerdeler pflegten und zu seinen wirtschaftspolitischen Beratern zählten. Denkbar wäre nur, daß Goerdeler Bonhoeffer gebeten hat, auch sein Interesse an einer solchen Denkschrift zu bekunden. Man könnte damit auch die Teilnahme Goerdelers an der Novemberdiskussion in Freiburg erklären (siehe unten).

Einem Brief von Bethge an die Verfasserin ist zu entnehmen, daß er mit „Verschwörung“ nicht eine bestimmte Gruppe meint. Er denkt vielmehr an Bonhoeffers Kontakte zu kirchlichen Kreisen, insbesondere zu Pfarrer Hans Böhm von der VLdBK und an Verbindungen zu Goerdeler und Hans v. Dohnanyi. Bethge ist sicher, daß Bonhoeffer mit ihnen über die Arbeit an der „Freiburger Denkschrift“ gesprochen hat[9]. Einen direkten Auftrag einer bestimmten Verschwörergruppe gab es somit nicht.

II. Die „Freiburger Denkschrift“

1. Vorarbeiten

Die „Freiburger“ nahmen den Auftrag an und bildeten sogleich einen Arbeitsausschuß, dem nur sie selbst angehörten. Er sollte den Haupttext der Denkschrift sowie die wichtigsten Anhänge vorbereiten. Erik Wolf baten sie um einen rechtspolitischen Beitrag (siehe unten)[10]. Die Vorbereitung und Erarbeitung der Programmschrift erfolgte unter strenger Geheimhaltung. Selbst das gleichzeitig tagende Konzil wurde nicht informiert[11].

Der Arbeitsausschuß diskutierte im Oktober 1942 den Hauptteil der Programmschrift, die den Titel „Politische Gemeinschaftsordnung. Ein Versuch zur Selbstbesinnung des christlichen Gewissens in den politischen Nöten unserer Zeit“[12] erhielt. Den endgültigen Text des Hauptteils formulierte Gerhard Ritter. Er ist zweigegliedert: Der 1. Hauptteil trägt die Überschrift „Das politische Chaos unserer Zeit und seine Ursachen“[13]. Hierbei handelt es sich im wesentlichen um eine ausführ-

---

[9] Vgl. Brief Bethge an d. Verf. vom 23. 3. 1972.

[10] Vgl. „Freiburger Denkschrift“, Vorwort S. 2; Anhang II: „Teilnehmer des Freiburger ‚Bonhoeffer Kreises‘“.

[11] Vgl. Interview mit Clemens Bauer vom 16. Februar 1972; Interview mit Edith Eucken vom 25. Februar 1972; Interview mit Otto Hof vom 24. Februar 1972; Interview mit Nora Freifrau Marschall von Bieberstein vom 25. Februar 1972.

[12] „Freiburger Denkschrift“, S. 1.

[13] Vgl. ebenda S. 1 - 21.

liche historische Betrachtung, in der versucht wird, die Gründe für den Erfolg des Nationalsozialismus darzulegen. Im 2. Hauptteil wird unter der Überschrift „Grundzüge einer politischen Gemeinschaftsordnung nach christlichem Verständnis“[14] nach einer „theologisch-historischen Besinnung auf die Gründzüge evangelischer Sozialethik und das Wesen gesunder politischer Gemeinschaftsordnung nach evangelischem Verständnis“[15] ein Katalog von Mindestforderungen aufgestellt, die ein zukünftiger deutscher Staat zu erfüllen hätte. Dabei wird die Innen- wie die Außenpolitik behandelt. Die Schrift ist als Programm für eine künftige Ordnung gedacht[16].

Dem Haupttext wurden zunächst zwei Anhänge beigefügt: einer über „Rechtsordnung“, dessen Erarbeitung von Erik Wolf in Zusammenarbeit mit Franz Böhm erbeten wurde. Erik Wolf war am 9. Oktober 1942 durch von Dietze und Dietrich Bonhoeffer über die geplante Schrift informiert und damals um seine Mitarbeit gebeten worden. Am 10. November 1942 besuchte dann Gerhard Ritter Erik Wolf, um in einem längeren Gespräch den erbetenen Anhang vorzubereiten. Erik Wolf legte am 17. November 1942 seine „Grundsätze für eine Rechtsordnung“ zur Diskussion vor. Die endgültige Fassung erarbeitete er am 19. November zusammen mit Franz Böhm[17].

Außerdem wurde der spätere Anhang Nr. 4: „Wirtschafts- und Sozialordnung“ bereits im Oktober und November 1942 von den drei Freiburger Nationalökonomen gemeinsam formuliert. Genaues über dessen Entstehung ist nicht mehr feststellbar; alle vorhandenen Unterlagen wurden nach der Verhaftung von Dietzes und Lampes von Eucken zusammen mit den Frauen der Verhafteten vernichtet bzw. ausgelagert und später nicht mehr aufgefunden[18].

2. Diskussion

Ab 17. November 1942 fand im Hause von Dietze eine mehrtätige geheime Sitzung statt, auf der der Hauptteil der „Freiburger Denkschrift“ und die beiden vorliegenden Anhänge eingehend diskutiert und teilweise stark verändert wurden. An dieser Aussprache nahmen teil: Carl Goerdeler, die „Freiburger“, Erik Wolf, Franz Böhm, Helmut Thielicke als Beauftragter und theologischer Berater des Württember-

---

[14] Vgl. ebenda S. 22 - 62.

[15] *Ritter*, Goerdeler, S. 511.

[16] *von Dietze*, Constantin: „Pflicht im Widerstreit der Verpflichtungen. Ansprache in der Gedenkfeier der Albert-Ludwigs-Universität am 20. Juli 1964“, in: Freiburger Universitätsblätter 3. Jg., H. 6, 1964, S. 59 - 68, hier S. 63.

[17] Vgl. Brief Wolf an d. Verf. vom 19. 8. 1971.

[18] Vgl. Brief von von Dietze an d. Verf. vom 19. 10. 1970.

gischen Landesbischofs Theophil Wurm, und für die „Berliner Freunde“ Generalsuperintendent Otto Dibelius und Walter Bauer[19].

Auf der Tagung wurde beschlossen, der Schrift weitere Anhänge beizugeben. Otto Dibelius wurde gebeten, einen Beitrag über „Kirchenpolitik“ zu verfassen. Von Dietze übernahm es, die Judenfrage zu behandeln. Von Delekat, Dresden, der bisher nicht an den Besprechungen teilgenommen hatte, wurde eine Ausarbeitung über „Erziehung“ erbeten.

Die Arbeiten trafen im Laufe des Dezember 1942 in Freiburg ein. Auf Bitten der VLdBK sollte der Anhang „Rechtsordnung“ noch ergänzt werden. Dies hatte der Justitiar der Bekennenden Kirche, Justus Perels, der dem „Berliner Freundeskreis“ angehörte, übernommen. Sein Beitrag traf jedoch nicht rechtzeitig ein, er wurde den Freiburgern nicht mehr bekannt[20].

Alle Texte wurden nochmals von den „Freiburgern“ in enger Zusammenarbeit mit den „Berliner Freunden“ redaktionell überarbeitet. Zu den „Berliner Freunden“ gehörten außer Otto Dibelius und Walter Bauer, die an der Novembertagung teilgenommen hatten: Hans Asmussen, Hans Böhm, Dietrich Bonhoeffer und Friedrich-Justus Perels. Sie hatten vielerlei Kontakte zu anderen Regimegegnern, so zu Claus Bonhoeffer, Hans v. Dohnanyi, Eugen Gerstenmaier, Adolf Kurtz, Hans Lilje und Adolf Reichwein[21]. Ob und inwieweit diese indirekt die „Freiburger Denkschrift“ mitdiskutierten, ist unbekannt. Von Dietze traf sich einige Male in Berlin mit Dietrich Bonhoeffer, Dibelius und Bauer. In mehreren Gesprächen wurde an den Texten gearbeitet[22]. Auch Lampe war zu dieser Zeit mehrmals zu Besprechungen in Berlin. Genaue Unterlagen sind jedoch nicht erhalten.

Mitte Januar 1943 war soweit Übereinstimmung erzielt, daß man die Arbeiten abschließen konnte; die notwendige Geheimhaltung war ohnehin immer schwieriger geworden[23].

Allen Beteiligten war die Gefährlichkeit ihres Tuns bewußt. Niemand zweifelte daran, daß bei Bekanntwerden der Schrift alle in die Hand der Gestapo fallen und des Hochverrats beschuldigt werden wür-

---

[19] Vgl. Brief Wolf an d. Verf. vom 19. 8. 71; *Ritter*, Goerdeler, S. 511; *Bauer*, S. 87; Interview mit Helmut Thielicke vom 4. Mai 1972.

[20] Vgl. *Ritter*, Goerdeler, S. 512.

[21] Vgl. *Bauer*, S. 88; Brief von Bethge an d. Verf. vom 23. 3. 1972; Abschrift der Anklageschrift gegen Walter Bauer und Constantin von Dietze vom 9. April 1945, masch. geschr., S. 4.

[22] Vgl. *Bethge*, 1. Aufl. und 3. Aufl., S. 872; *von Dietze*, „Wirtschaftsmacht und Wirtschaftsordnung“, S. 15.

[23] Vgl. „Freiburger Denkschrift“, Vorwort S. 2.

den. Deshalb fertigte man nur drei Exemplare vom endgültigen Text an. Eines versteckte Gerhard Ritter in einem Dorf im Hochschwarzwald[24]. Ein zweites Exemplar fand die Verfasserin im Nachlaß von Walter Bauer, wobei ungeklärt ist, wie es in seinen Besitz kam und wodurch es gerettet wurde. Denkbar ist, daß es sich um das Exemplar der Bekennenden Kirche, d. h. das Arbeitsexemplar der „Berliner Freunde“ handelt; denn es ist voller Korrekturen und Umformulierungsanmerkungen. Der Verbleib des dritten Exemplars ist nicht mit letzter Sicherheit auszumachen. Lampe hatte ein Exemplar in seinem Stahlschrank, dessen Schlüssel er bei seiner Verhaftung der Gestapo aushändigen mußte. Sie fand die Schrift bei der ersten Durchsuchung nicht[25]. Gertrud Lampe hat sie danach wahrscheinlich zusammen mit anderem belastenden Material verbrannt.

3. *Auswirkungen*

Im Frühjahr 1943, als Pfarrer Bonhoeffer verhaftet wurde, fürchteten die an der Ausarbeitung der „Freiburger Denkschrift“ Beteiligten, diese könne der Gestapo bekannt geworden sein. Diese Befürchtungen bestätigten sich jedoch nicht[26].

Ein Teil der Denkschrift, das 1. Kapitel des 2. Hauptteils, fiel der Gestapo jedoch nach dem Attentatsversuch vom 20. Juli 1944 in die Hände. Auf welche Weise, ist bis heute nicht geklärt. Am 8. September 1944 wurden zunächst von Dietze und Lampe in Freiburg verhaftet und bald darauf nach Berlin gebracht. Erik Wolf, Walter Eucken und Gerhard Ritter wurden Ende Oktober längere Zeit einzeln verhört, Gerhard Ritter daraufhin am 1. November 1944 verhaftet und ebenfalls nach Berlin gebracht. Aus dem Berliner Freundeskreis wurden außerdem Walter Bauer, Hans Böhm und Justus Perels verhaftet, Goerdeler war ohnehin schon im KZ. Die anderen an der Erarbeitung Beteiligten waren der Gestapo ebenfalls bekannt, wie aus der Anklageschrift gegen Bauer und von Dietze hervorgeht[27]. Warum nicht alle, die an der „Freiburger Denkschrift“ mitgearbeitet haben, verhaftet wurden, ist ungeklärt. Bei Hans Asmussen und Otto Dibelius, bekannten Theologen der Bekennenden Kirche, liegt die Vermutung nahe, daß die Gestapo im Falle einer Verhaftung mit Unruhen in der Bevölkerung rechnete und diese scheute[28].

---

[24] Vgl. ebenda.

[25] Vgl. Brief Lampe an Holstein vom 28. 5. 1947.

[26] Vgl. Brief Bethge an d. Verf. vom 23. 3. 1972. Aus ihm geht hervor, daß Bonhoeffer nie über ein Exemplar der „Freiburger Denkschrift“ verfügte.

[27] *von Dietze*, Erinnerungen . . ., S. C - 57 ff.

[28] Vgl. *Bauer*, S. 90.

Aus dem Mitarbeiterkreis fanden Bonhoeffer, Goerdeler und Perels den Tod durch die Hand der Häscher. Ihnen allen brachte jedoch nicht ausschließlich die Mitarbeit an der „Freiburger Denkschrift" den Tod, sie waren auch anderweitig tief in die Verschwörung verstrickt. Die übrigen Verhafteten dieses Kreises konnten alle nach schrecklichen KZ-Monaten und teilweise grausamen Mißhandlungen Ende April 1945, als die Alliierten in Berlin eindrangen, lebend befreit werden. Lediglich gegen Walter Bauer und Constantin von Dietze lag schon die Anklageschrift vor, bei Lampe und Ritter waren die Untersuchungen noch nicht so weit gediehen. Ihnen allen hat wohl der gewaltsame Tod des Volksgerichtshofpräsidenten Freisler im Februar 1945 das Leben gerettet. Lampe jedoch hatte Schaden an seiner Gesundheit genommen, er starb an den Folgen der Haft am 9. Februar 1948[29].

4. Bedeutung und Verwendung

Als die „Freiburger" Mitte 1945 zurückgekehrt waren, holte Ritter die Denkschrift aus ihrem Versteck. Man entschloß sich, so Ritter, sie im wesentlichen unverändert zu vervielfältigen. Nur im 1. Kapitel des 1. Hauptteils sind wenige Sätze stilistisch überarbeitet worden[30]. Von Dietze spricht allerdings davon, daß im Jahre 1945 ein Arbeitskreis von Protestanten und Katholiken der Schrift eine neue Fassung gegeben habe; wesentliche Änderungen seien jedoch nicht vorgenommen worden. Wer an diesem Arbeitskreis teilgenommen hat, ist nicht bekannt[31].

Man war sich zwar darüber im klaren, daß nun einiges anders formuliert und gesehen werden müßte, glaubte aber, den historischen Wert der Schrift höher schätzen zu sollen und veröffentlichte diese als ein Dokument, welches beweisen konnte, daß es schon während des Krieges Gruppen gegeben hat, die sich um eine Zukunft auf christlicher Grundlage bemüht hatten[32].

Das Manuskript wurde im Juli 1945 zusammen mit der Konzilsschrift „Kirche und Welt" (siehe oben) vervielfältigt und zur vertraulichen Kenntnisnahme durch den Empfänger verschickt. An wen die Exemplare gingen, ist nicht bekannt. Möglicherweise befindet sich der Verteiler im Material von Gerhard Ritter.

---

[29] Vgl. *Hauenstein*, Fritz: „Der Freiburger Kreis", in: 20. Juli 1944, hrsg. von der Bundeszentrale für politische Bildung, Bonn 1969, S. 42 h - 46, hier S. 45.

[30] Vgl. „Freiburger Denkschrift", Vorwort S. 3.

[31] Vgl. *von Dietze*, Constantin, „Wirtschaftsmacht und Wirtschaftsordnung", S. 15.

[32] Vgl. „Freiburger Denkschrift", Vorwort S. 3.

Ritter veröffentlichte im Oktober und November 1947 in der Zeitschrift „Neubau“ unter dem Titel „Untergang und Wiedererweckung der abendländischen Idee. Eine Zeitbetrachtung von 1942“[33] seine Einleitung zur „Freiburger Denkschrift“ in der im Juli 1945 veränderten Fassung. Der rechtspolitische Anhang der „Freiburger Denkschrift“ von Franz Böhm und Erik Wolf wurde 1946 veröffentlicht. Er erschien in der Reihe „Zeugnisse der Bekennenden Kirche“ unter dem Titel „Richtschnuren der Bekennenden Kirche für die staatliche Rechtsordnung. Aus der Denkschrift des Freiburger Arbeitskreises, im Auftrag der Vorläufigen Kirchenleitung im November 1942 ausgearbeitet (Anhang 1: „Rechtsordnung“, von Professor Dr. Franz Böhm und Professor Dr. Erik Wolf)“[34]. Von Dietze veröffentlichte 1947 als Anhang zu seinem 1941 gehaltenen, damals aber nicht mehr gedruckten Vortrag „Nationalökonomie und Theologie“ den gekürzten und von ihm redaktionell und stilistisch etwas überarbeiteten Anhang 4 der „Freiburger Denkschrift“: „Wirtschafts- und Sozialordnung“[35].

Außerdem wurden einige Ausschnitte aus der Denkschrift in einer Dokumentation „Europa-Föderationspläne der Widerstandsbewegungen 1940 - 1945“ wiedergegeben, die jedoch keinen Eindruck über das Anliegen und den Inhalt der „Freiburger Denkschrift“ zu geben vermögen[36]. Somit ist ein wesentlicher Teil der „Freiburger Denkschrift“, wenn auch nicht zusammenhängend, veröffentlicht, ohne daß sie allerdings größere Beachtung gefunden hätte.

Die ihr vorbestimmte Aufgabe konnte die Programmschrift zumindest teilweise noch erfüllen: sie diente als Arbeitsmaterial für die 1. Weltkirchenkonferenz nach dem Kriege, die 1948 in Amsterdam statt-

---

[33] Vgl. *Ritter,* Gerhard: „Untergang und Wiedererweckung der abendländischen Idee. Eine Zeitbetrachtung von 1942“, in: Neubau, 2. Jg., H. 7, 1947, S. 290 - 297 und H. 8, 1947, S. 342 - 350.

[34] Vgl. „Richtschnuren der Bekennenden Kirche für die staatliche Rechtsordnung. Aus der Denkschrift des Freiburger Arbeitskreises, im Auftrag der Vorläufigen Kirchenleitung im November 1942 ausgearbeitet (Anhang 1: „Rechtsordnung“, von Prof. Dr. Franz Böhm und Prof. Dr. Erik Wolf)“, in: Das christliche Deutschland 1933 bis 1945. Dokumente und Zeugnisse. Evangelische Reihe H. 2. Zeugnisse der Bekennenden Kirche II. ‚Im Reiche dieses Königs hat man das Recht lieb‘ (Psalm 99,4). Der Kampf der Bekennenden Kirche um das Recht“, hrsg. von Erik Wolf, 1946, Tübingen - Stuttgart 1946, S. 81 - 87.

[35] Vgl. *von Dietze,* Constantin: Nationalökonomie und Theologie. Das christliche Deutschland 1933 bis 1945. Evangelische Reihe H. 8. Tübingen - Stuttgart 1947, S. 42 - 47.

[36] Vgl. *Lipgens,* Walter: Europa-Föderationspläne der Widerstandsbewegungen 1940 - 1945. Eine Dokumentation. Schriften des Forschungsinstituts der Deutschen Gesellschaft für Auswärtige Politik e. V., Bd. 26, München 1968, S. 139 - 142.

fand[37]. An ihr nahmen die Freiburger von Dietze, Ritter und Erik Wolf — Lampe war bereits verstorben — teil.

Dieser „Freiburger Kreis" ging in die Widerstandsliteratur, wenn auch nur am Rande, ein. Er wird dort als „Freiburger Kreis", teilweise als „Freiburger Goerdeler Kreis" bezeichnet. Die erste Bezeichnung ist sicherlich zu unscharf, da es mindestens drei verschiedene „Freiburger Kreise" gab. Die Bezeichnung „Freiburger Goerdeler Kreis" will nicht einleuchten. Zwar hat Goerdeler auf der Geheimsitzung vom 17. November 1942 den Vorsitz geführt[38], ansonsten kann man aber wenig Mitarbeit von seiner Seite nachweisen. Bonhoeffer dagegen überbrachte den Auftrag der VLdBK, er sprach mit den Freiburgern die Schwerpunkte der Arbeit zuvor ab und beteiligte sich entscheidend an der Diskussion und Abfassung der Schrift. So scheint die hier gewählte Bezeichnung Freiburger „Bonhoeffer Kreis" historisch richtiger[39].

D. Die „Arbeitsgemeinschaft Erwin v. Beckerath" (Anfang 1943 bis September 1944)

I. Zur Vorgeschichte: Die „Arbeitsgemeinschaft Volkswirtschaftslehre" der Akademie für Deutsches Recht

1. Die Klasse IV der Akademie für Deutsches Recht

Im Juni 1933 wurde die Akademie für Deutsches Recht (AkfDR) in Berlin gegründet. Sie hatte die Aufgabe, an „der Schaffung eines arteigenen deutschen Rechts"[1] mitzuarbeiten. Mit Reichsgesetz vom 11. 7. 1934 (RGBl. I S. 605) wurde ihr „die Aufgabe gestellt, die Neugestaltung des deutschen Rechtslebens zu fördern und ... das nationalsozialistische Programm auf dem *gesamten* Gebiet des Rechts zu verwirklichen"[2].

Die Arbeit der Akademie bestand hauptsächlich darin, in Ausschüssen, denen Wissenschaftler und Praktiker angehörten, wichtige Gesetz-

---

[37] *Bethge*, 1. Aufl., S. 872 f., 3. Aufl., S. 873.

[38] So laut Brief von Wolf an d. Verf. vom 19. 8. 1971. Helmut Thielicke ist jedoch der Meinung, daß Ritter den Vorsitz und die Diskussionsleitung gehabt habe. Goerdeler habe insbesondere über die politische Lage berichtet und immer wieder bei Formulierungsschwierigkeiten geholfen (vgl. Interview mit Helmut Thielicke vom 4. Mai 1972).

[39] Wolf schließt sich im Brief an d. Verf. vom 19. 8. 1971 dieser Auffassung an.

[1] *Thierack:* „Zehn Jahre Akademie für Deutsches Recht", in: Zeitschrift der Akademie für Deutsches Recht (im weiteren zit. als: ZdAkfDR), 10 Jg., H. 9, 1943, S. 121.

[2] Ebenda.

entwürfe vorzubereiten. Tatsächlich hat die Akademie entscheidend an Gesetzesänderungen mitgearbeitet[3].

Die Satzung der AkfDR sah auch eine Klasse IV, „Erforschung der völkischen Wirtschaft“, vor. In den 30er Jahren beschäftigte sich die Akademie jedoch ausschließlich mit juristischen Fragen. Erst Anfang 1940 wurde die Klasse IV im Rahmen der Abteilung für Rechtsforschung errichtet; damit sollte „der wachsenden Bedeutung der Wirtschaft in der deutschen Lebens- und Rechtsordnung“[4] entsprochen werden. Der Klasse IV wurde die Aufgabe übertragen, „die wissenschaftlichen Unterlagen für die wirtschaftsrechtliche Gesetzgebung und die zu gestaltende Wirtschaftsordnung zu erarbeiten und zu diesem Zweck die bisher in zahlreichen Vereinigungen zersplitterten Vertreter der deutschen Wirtschaftswissenschaft zu fruchtbarer Arbeit zusammenzufassen und in den Dienst der deutschen Wirtschafts- und Reichspolitik zu stellen“[5].

In Arbeitsgemeinschaften, auch Ausschüsse genannt, sollten diese Fragen diskutiert werden. Ihnen sollten hervorragende Vertreter aller Bereiche der Wirtschaftswissenschaften angehören. Zum Leiter der Klasse IV (Klassensekretär) wurde Prof. Jens Jessen, Berlin, ernannt[6]. Ihm oblag es, die verschiedenen Ausschüsse zu bilden und deren Leiter zu berufen.

Jessen nahm den Auftrag an, da ihm hiermit die willkommene Gelegenheit geboten wurde, die im gesprengten „Verein für Socialpolitik“ heimatlos gewordenen Regimegegner unter den Nationalökonomen in der Klasse IV zu sammeln. Die Akademie konnte den unverfänglichen Rahmen abgeben, zur Tarnung dienen und daneben die finanzielle Basis für eine Zusammenarbeit bieten. Jessen ist es gelungen, die Klasse IV zu einer Art Oppositionsgruppe werden zu lassen, die sich gegen Partei und Dozentenbund aufzulehnen wagte. So versuchte Jessen, möglichst auch junge Nachwuchskräfte heranzuziehen, die der Dozentenbund aus politischen oder rassischen Gründen ablehnte und für die damit ein Weiterkommen in der Hierarchie der Universität fast unmöglich wurde[7]. Die Klasse IV der Akademie versprach, echtes wissenschaftliches Arbeiten auch über den Kreis der Fakultäten hinaus zu ermöglichen.

---

[3] Ebenda.

[4] Klasse IV: „Zur Erforschung der völkischen Wirtschaft“, aus: Akte „Bundesarchiv ‚Reichsjustizministerium‘“, R 61/100, o. Verf., o. D., o. Seite, masch. geschr. (Bundesarchiv Koblenz).

[5] Ebenda.

[6] Vgl. ZdAkfDR 7. Jg., H. 3, 1940, S. 47.

[7] Vgl. *Schmölders*, S. 29 f.

Die Klasse IV trat erstmals aus Anlaß der Jahrestagung der AkfDR vom 22. bis 24. November 1940 in München zusammen. Dabei wurden der gestellten Aufgabe entsprechend neun Ausschüsse ins Leben gerufen und deren Leiter ernannt. Es entstanden Arbeitsgemeinschaften für Verkehrspolitik (unter Helander, Nürnberg), für Wirtschaftsgeschichte (unter Brinkmann, Heidelberg/Berlin), für Sozialpolitik (unter Gerhard, Prag/Rostock), für Außenwirtschaft (unter Predöhl, Kiel), für Preispolitik (unter Schmölders, Köln), für Geld und Kredit (unter Moeller, Tübingen), für Finanzwirtschaft (unter Staatsminister a. D. Dr. Müller, dem Präsidenten des Rechnungshofes des deutschen Reiches, Potsdam), für Volkswirtschaftslehre (unter Erwin v. Beckerath, Bonn), für Finanzgeschichte (unter Boesler, Jena)[8], sowie für Agrarpolitik (unter Lang, Königsberg)[9]. Diese Ausschüsse tagten erstmals am 24. November 1940, um ihr Arbeitsprogramm festzulegen. Im Laufe des Jahres 1942 wurde noch ein Ausschuß „Handel“ unter Lampe, Freiburg, berufen, der seine Arbeit jedoch nicht mehr aufnehmen konnte[10].

2. *Die „Arbeitsgemeinschaft Volkswirtschaftslehre“*

a) Die konstituierende Sitzung in München am 24. November 1940

Die Arbeitsgemeinschaft unter Erwin v. Beckerath traf sich am 24. November 1940 zu ihrer ersten Sitzung. Es waren hierzu hauptsächlich Wirtschaftstheoretiker, einige Wirtschaftspolitiker, aber keine Wirtschaftspraktiker eingeladen worden[11]. Die „Arbeitsgemeinschaft Volkswirtschaftslehre“ machte sich zur Aufgabe, wirtschaftspolitische Fragen zu erörtern und sich dabei „eng an die Aufgaben der Gegenwart an(zu)lehnen“[12]. Es sollten jedoch keine wirtschaftspolitischen Tagesfragen erörtert, sondern versucht werden, wirtschaftspolitische Probleme grundsätzlicher Art zu lösen[13].

Die „Arbeitsgemeinschaft Volkswirtschaftslehre“ war als „Zentralausschuß“ innerhalb der Klasse IV gedacht. Die anderen Arbeitsge-

---

[8] Vgl. ZdAkfDR 8. Jg., H. 1, 1941, S. 20 f.; Klasse IV: „Zur Erforschung der völkischen Wirtschaft“, Bundesarchiv.

[9] Vgl. „Niederschrift über den Verlauf der Sitzung zur Gründung einer Arbeitsgemeinschaft ‚Agrarpolitik‘ im Rahmen der Klasse IV der Akademie für Deutsches Recht, ‚Erforschung der völkischen Wirtschaft‘ am 24. 11. 1940 im Hause des Deutschen Rechts in München“, o. J., als Manusk. vervielf.

[10] Vgl. „Arbeitsgemeinschaft Handel“, aus: Akte „Bundesarchiv ‚Reichsjustizministerium‘“, R 61/100, o. O., o. J. (Bundesarchiv Koblenz).

[11] Vgl. „Arbeitsgemeinschaft Volkswirtschaftslehre der Akademie für Deutsches Recht. Niederschrift über die 1. Sitzung vom 24. November 1940 in München“, o. O., o. J. (1941), als Manusk. vervielf. (im folgenden zit. als „1. Niederschrift“), S. 1 ff.

[12] ZdAkfDR 8. Jg., H. 1, 1941, S. 20 f.

[13] Ebenda.

meinschaften sollten — nach der Vorstellung von Jessen — „mit besonderer Sachkunde“ Fragen behandeln, die sich in Diskussionen des Zentralausschusses ergaben[14]. Hauptarbeitsgebiet der Arbeitsgemeinschaft sollte die „Vorbereitung der Friedensarbeit“[15] sein.

Gegenstand der ersten Diskussion in München war das neuerschienene Buch von Walter Eucken „Die Grundlagen der Nationalökonomie“[16]. Man hatte die „Grundlagen“ an den Anfang der gemeinsamen Arbeit gestellt, um mit Hilfe einer Aussprache über das Buch Euckens und der in ihm behandelten Grundsatzfragen eine gemeinsame Basis, eine Annäherung der wissenschaftlichen Standpunkte zu erreichen. Da die Diskussion in München nicht zu Ende geführt werden konnte, beschloß man, sie zu Beginn des Jahres 1941 fortzusetzen, um anschließend zur Erörterung aktueller Probleme überzugehen[17].

b) Die Tagung in Wiesbaden am 23./24. Mai 1941

Die „Arbeitsgemeinschaft Volkswirtschaftslehre“ traf sich zu ihrer 2. Sitzung am 23./24. Mai 1941 in Wiesbaden. Auf der Tagesordnung stand neben der Beendigung der Diskussion über die „Grundlagen“ von Eucken das Thema „Ziele und Mittel der gelenkten deutschen Wirtschaft“. Zu diesem waren zuvor verschiedene Programmentwürfe eingereicht worden, so von Erwin v. Beckerath zusammen mit v. Stackelberg[18], von Lampe[19], von Peter und Preiser[20], sowie von v. Strigl[21]. Sie waren Gegenstand der Wiesbadener Diskussion, die jedoch nicht zu Ende gebracht werden konnte. So kam man überein, „die Durchdenkung sachlich zusammenhängender Einzelfragen einigen zu diesem Zwecke gebildeten Gruppen zu übertragen“[22]. Folgende „Unterausschüsse“ wurden gebildet: ein Berliner mit v. Stackelberg als

---

[14] Vgl. „Akademie für Deutsches Recht, Niederschrift über die Sitzung der Arbeitsgemeinschaft für Volkswirtschaftslehre am 23. und 24. Mai 1941 in Wiesbaden“, o. O., o. J. (1942), als Manusk. vervielf. (im folgenden zit. als „2. Niederschrift“), II. Teil, S. 69.

[15] *Thierack,* S. 122.

[16] *Eucken,* Walter: Die Grundlagen der Nationalökonomie, Jena 1940.

[17] Vgl. 1. Niederschrift, S. 1 f.

[18] Titel: „Ziele und Mittel der gelenkten deutschen Wirtschaft“, 2. Niederschrift, II. Teil, S. 63 f.

[19] Titel: „Bemerkungen zur Systematik der Wirtschaftslenkungs-Form“, in: 2. Niederschrift, II. Teil, S. 53 f.

[20] Titel: „Ziele und Mittel der deutschen Wirtschaftslenkung“, in: 2. Niederschrift, II. Teil, S. 28 f.

[21] Titel: „Ziele und Mittel der gelenkten deutschen Wirtschaft. Möglichkeiten und Mittel der Wirtschaftslenkung in der Nachkriegszeit unter Berücksichtigung der Preispolitik“, in: 2. Niederschrift, II. Teil, S. 35.

[22] ZdAkfDR, 8. Jg., H. 13, 1941, S. 211.

Schriftführer, ein Köln-Bonner, wahrscheinlich unter Erwin v. Beckerath, sowie ein Freiburger, für den Lampe die Federführung übernahm[23].

Ziel der Gruppenarbeit war, „zu einem späteren Zeitpunkte die Resultate ... in der Arbeitsgemeinschaft zur Diskussion zu stellen und miteinander zu verbinden“[24]. Dabei war vorgesehen, nochmals eine „Generaldebatte“ über das Thema „Ziele und Mittel der gelenkten deutschen Wirtschaft“ zu führen und die dabei aufkommenden Einzelfragen an die hierfür zuständigen Arbeitsgemeinschaften weiterzuleiten[25]. Sobald die Diskussion in den Ausschüssen abgeschlossen sein würde, sollte ein Gemeinschaftsgutachten erstellt werden, das ein „klar umrissenes wirtschaftspolitisches Programm“[26] enthalten müsse.

c) Die Vorbereitungen für eine Ausschußsitzung in Freiburg am 14./15. März 1943

ca) Der Freiburger Unterausschuß

Die Berliner Gruppe[27] konnte ihre Arbeit nicht aufnehmen, da v. Stackelberg Soldat wurde und als Schriftführer und Initiator ausfiel. Die Köln-Bonner Arbeitsgruppe[28] wurde zunächst durch Kriegseinwirkungen an ihrer Arbeit gehindert[29]. Der Freiburger Unterausschuß traf sich nach einigen Verzögerungen am 13./14. 10. 1941 in Freiburg[30]. Ihm gehörten die Nationalökonomen Constantin von Dietze, Walter Eucken, Adolf Lampe (alle Freiburg), Erich Preiser (Jena) und der Freiburger Wirtschaftshistoriker Clemens Bauer an. Er konnte jedoch an der Sitzung nicht teilnehmen, da er inzwischen eingezogen worden war, beteiligte sich aber schriftlich an der Diskussion[31].

Der Freiburger Unterausschuß hatte es ursprünglich übernommen, das Thema „Entwicklung einer Systematik der wirtschaftspolitischen Aufgaben“[32] zu bearbeiten. Dabei sollte die in Wiesbaden begonnene

---

[23] Vgl. Briefe von v. Beckerath an Lampe vom 13. 7. 1941; vom 20. 6. 1941.

[24] ZdAkfDR, 8. Jg., H. 13, 1941, S. 211.

[25] Vgl. 2. Niederschrift, II. Teil, S. 69; I. Teil, S. 1 f.

[26] Brief von Lampe an v. Stackelberg vom 8. 3. 1943.

[27] Die einzelnen Mitglieder waren nicht mehr auszumachen.

[28] Alle Mitglieder waren nicht mehr mit Sicherheit zu ermitteln.

[29] Vgl. Brief von v. Beckerath an Lampe vom 20. 6. 1941.

[30] Vgl. Brief von Lampe an Preiser vom 6. 10. 1941; Brief von Preiser an Lampe vom 3. 10. 1941.

[31] Vgl. Interview mit Clemens Bauer vom 16. Februar 1972; Briefe von Lampe an Clemens Bauer vom 28. 11. 1941; vom 29. 9. 1943.

[32] Vgl. Ausarbeitung des Freiburger Unterausschusses vom 30. 10. 1941, ohne Titel, Freiburg, 30. 10. 1941, masch. geschr.; Lampe, Adolf: „Vorschläge

Diskussion entsprechend den Vorstellungen Lampes vor dem Hintergrund einer „Theorie der Wirtschaftspolitik“ weitergeführt werden. Es war zwischen den Beteiligten jedoch strittig, „ob eine solche Aufgabe überhaupt einer praktisch brauchbaren Lösung entgegengeführt werden“[33] könnte. Die Meinungsverschiedenheiten bestanden in der Hauptsache zwischen Eucken und von Dietze einerseits und Lampe auf der anderen Seite. Dieser hatte sich schon in seinem Programmvorschlag für die Wiesbadener Tagung gegen eine zu spezielle Fragestellung für die Arbeit der „Arbeitsgemeinschaft Volkswirtschaftslehre“ gewandt. Er wollte die zur Diskussion stehenden wirtschaftspolitischen Probleme grundlegend behandelt wissen. Lampe hoffte auf eine Möglichkeit, eine „Theorie der Wirtschaftspolitik“, die er damals zu konzipieren begann, als Gemeinschaftsarbeit im Rahmen der Arbeitsgemeinschaft zu entwerfen[34]. Eucken und von Dietze jedoch glaubten, daß die anstehenden wirtschaftspolitischen Fragen nicht auf diesem Wege beantwortet werden könnten; sie stellten sehr in Zweifel, ob eine Theorie der Wirtschaftspolitik überhaupt möglich sei[35].

Preiser nahm als „Nicht-Freiburger“ an diesem Unterausschuß teil, da er dem Konzept Lampes nahestand und bereits auf der Wiesbadener Tagung die Ansicht vertreten hatte, daß die bestehenden Gegensätze durchaus überbrückbar seien[36].

Lampe hatte seine Gedanken vor der Freiburger Aussprache in „Vorschläge zur Diskussion des Themas ‚Entwicklung einer Systematik der wirtschaftspolitischen Aufgaben‘“[37] zusammengefaßt und den Freiburger Kollegen übergeben. Er verwarf jedoch sein Konzept noch vor der Sitzung, da keine Einigung möglich schien[38]. Er beschloß deshalb, die theoretischen Fragen allein zu bearbeiten, die Kollegen nur jeweils zu informieren, und schlug, um die Diskussion über das gestellte Thema doch zu ermöglichen, vor, dieses umzuformulieren und sich „über die wichtigsten Aufgaben der Wiederaufbau-Politik im Bereiche der Nachkriegswirtschaft“[39] Gedanken zu machen. Man entschloß sich, das gestellte Thema in diesem Sinne einzuengen; es entstand die Ausarbeitung der Freiburger vom 30. Oktober 1941 mit dem Titel: „Systematik

---

zur Diskussion des Themas ‚Entwicklung einer Systematik der wirtschaftspolitischen Aufgabe‘“, Freiburg 1941, masch. geschr.

[33] Ausarbeitung des Freiburger Unterausschusses vom 30. 10. 1941, S. 1.

[34] Vgl. Briefe von Lampe an v. Stackelberg vom 23. 4. 1941; vom 5. 5. 1941.

[35] Vgl. Brief von Lampe an v. Stackelberg vom 5. 5. 1941.

[36] Vgl. 2. Niederschrift, II. Teil, S. 33 f.

[37] Lampe, Adolf, „Vorschläge zur Diskussion ...“.

[38] Vgl. Briefe von Lampe an v. Beckerath vom 17. 10. 1941; vom 10. 12. 1941.

[39] Brief von Lampe an v. Beckerath vom 17. 10. 1941.

der wirtschaftspolitischen Aufgaben mit besonderer Ausrichtung auf die Nachkriegszeit“[40]. In ihr wird ein Katalog von Fragen vorgeschlagen, der im Akademieausschuß behandelt werden sollte. Sie war auf der Unterausschußsitzung am 13./14. Oktober 1941 in Freiburg gemeinsam erarbeitet und anschließend von von Dietze in ihre endgültige Form gebracht worden[41].

Als erstes von der „Arbeitsgemeinschaft Volkswirtschaftslehre“ zu bearbeitendes Thema schlugen die Mitglieder des Freiburger Unterausschusses eine Aussprache über die Frage „Wie wirkt ein moderner, totaler Krieg auf die Volkswirtschaften ein?“[42] vor. Von der Beantwortung dieser Frage sollten alle weiteren Themen abhängen, die sich mit den ökonomischen Wirkungen des Krieges auf die verschiedenen Bereiche der Wirtschaft sowie mit den „Mitteln zur Überwindung der Kriegsfolgen“[43] zu befassen hätten. Soziale und außerökonomische Probleme wurden in den zur Diskussion vorgeschlagenen Themen nicht angesprochen, da diese der Bearbeitung durch andere Ausschüsse der Klasse IV überlassen bleiben sollten[44].

Der Fragenkatalog des Freiburger Unterausschusses wurde Ende 1941 Erwin v. Beckerath als dem Leiter der „Arbeitsgemeinschaft Volkswirtschaftslehre“ übergeben[45]. Er sollte an alle Ausschußmitglieder verschickt werden und als Grundlage für die nächste Sitzung dienen[46], die Erwin v. Beckerath für Mai 1942 plante. Sie konnte jedoch wegen der heftiger werdenden Kriegseinwirkungen nicht stattfinden und wurde verschoben[47].

cb) Die Zusammenarbeit des Freiburger und Köln - Bonner Unterausschusses

Seit Ende 1942 trat die Köln-Bonner-Gruppe mit einiger Regelmäßigkeit zusammen. Die Herren v. Beckerath, Schmölders, v. Stackelberg und Wessels diskutierten die Ausarbeitung des Freiburger Unterausschusses und bereiteten so die nächste Ausschußsitzung vor, die für den 14./15. 3. 1943 in Freiburg geplant war. In der Hauptsache sollte auf ihr der Fragenkatalog des Freiburger Unterausschusses zur Diskussion stehen. Nach dieser Tagung sollte die Arbeit der „Arbeitsgemeinschaft

---

[40] Brief von Lampe an v. Beckerath vom 10. 12. 1941.

[41] Vgl. ebenda.

[42] Ausarbeitung des Freiburger Unterausschusses vom 30. 10. 1941, S. 1.

[43] Ebenda, S. 2.

[44] Vgl. ebenda, S. 3.

[45] Vgl. Brief von Lampe an v. Beckerath vom 10. 12. 1941.

[46] Vgl. Brief von von Dietze an Clemens Bauer vom 18. 10. 1941.

[47] Vgl. Briefe von Lampe an v. Beckerath vom 11. 7. 1942 und an Schmölders vom 8. 3. 1943.

Volkswirtschaftslehre“ zügig fortgesetzt und zu einem baldigen Abschluß gebracht werden[48].

Der geplanten „Freiburger-Ausschuß-Tagung“ gingen umfangreiche Vorbereitungsarbeiten voraus. Erwin v. Beckerath hatte von Lampe, v. Stackelberg und Wessels einleitende Referate erbeten. Diese wurden in Rhöndorf am 21. 2. 1943 bei einem Treffen der Referenten aufeinander abgestimmt. Ihm war ein eingehender Schriftwechsel vorausgegangen. Lampe hatte den Kollegen bereits mehrere Ausfertigungen von Leitsätzen zu seinem Referat[49] zur Stellungnahme zugeschickt und von ihnen entsprechendes Diskussionsmaterial erbeten. Die beabsichtigte schriftliche Vordiskussion fand jedoch nicht statt[50]. Bei dem Referententreffen in Rhöndorf wurden die Leitsätze[51] von Lampe ausführlich diskutiert. Im Anschluß daran schrieb er sie nochmals um; es entstand „eine Art von Vorgutachten“[52], das die Grundlage für die Freiburger Tagung abgeben sollte[53].

In Rhöndorf war die Frage, in welchem Kreis in Freiburg getagt werden sollte, offen geblieben. Man konnte innerhalb des Vorbereitungsgremiums über den Teilnehmerkreis keine Einigkeit erzielen. Aufgrund der Beschlüsse von Wiesbaden waren alle damals Beteiligten einzuladen. Aus Gründen der politischen Sicherheit aber, und um mit möglichst großer Offenheit diskutieren zu können, empfahl es sich, im kleinen Kreis zu tagen. Erwin v. Beckerath hatte sich die endgültige Entscheidung über die personelle Zusammensetzung der Arbeitsgemeinschaft vorbehalten[54].

cc) Die teilweise Stillegung der Akademie für Deutsches Recht

Am 1. März 1943 wurde die Akademie für Deutsches Recht, soweit sie nicht kriegswichtig war oder der Friedensarbeit diente, geschlossen. Hiervon waren nur jene Ausschüsse ausgenommen, deren Arbeit kurz vor dem Abschluß stand[55]. Gründe für die teilweise Schließung wurden

---

[48] Vgl. Briefe von v. Beckerath an Lampe vom 10. 12. 1942, vom 17. 12. 1942, vom 26. 1. (1943), Briefe Lampe an v. Beckerath vom 15. 12. 1942, vom 22. 12. 1942, vom 8. 1. 1943.

[49] Vgl. Anhang III: „Ausarbeitungen der ‚Arbeitsgemeinschaft Erwin v. Beckerath‘“, hier die Gutachten Nr. 1 - 4.

[50] Vgl. Briefe von Adolf Lampe an Hanns Lampe vom 17. 12. 1942 und von v. Beckerath an Adolf Lampe vom 26. 1. (1943).

[51] Vgl. Anhang III: „Ausarbeitungen der ‚Arbeitsgemeinschaft Erwin v. Beckerath‘“, hier das Gutachten Nr. 4.

[52] Vgl. ebenda, Gutachten Nr. 5 a.

[53] Vgl. Brief von Lampe an v. Beckerath vom 4. 3. 1943.

[54] Vgl. Brief von Lampe an v. Beckerath vom 4. 3. 1943; Brief von v. Beckerath an Lampe vom 3. 3. 1943.

[55] Vgl. *Thierack*, S. 122.

nicht angegeben. Man vermutet, daß der Oppositionscharakter einiger Ausschüsse erkannt wurde und deren Zusammenkommen verhindert werden sollte[56].

Die „Arbeitsgemeinschaft Volkswirtschaftslehre“ wurde von der teilweisen Schließung betroffen. Sie galt nicht als kriegswichtig und stand auch nicht vor dem Abschluß ihrer Arbeit. Erwin v. Beckerath informierte in einem Schreiben vom 3. März 1943 die Mitglieder seiner Arbeitsgemeinschaft über ihre „einstweilige Schließung“[57]. Man hoffte jedoch, daß die Stillegung wieder rückgängig gemacht und die Arbeit bald fortgesetzt werden könnte. Die Akademie sagte jedenfalls eine Überprüfung der Entscheidung zu[58].

II. Entstehung, Arbeit und Bedeutung der „Arbeitsgemeinschaft Erwin v. Beckerath“

1. Der Anstoß

Nachdem die Fortsetzung der geplanten Arbeit im Rahmen der Akademie für Deutsches Recht nicht mehr möglich war, wurde Erwin v. Beckerath als Ausschußleiter „von oben“ und „unter der Hand“ gebeten, die so wichtige Arbeit in privatem Kreise weiterzuführen, denn „man“ erhoffe sich Großes von diesem Gremium[59].

Es kann nicht mit letzter Sicherheit gesagt werden, von wem die Anregung, weiterzuarbeiten, kam. Hauenstein[60] berichtet, daß Jens Jessen die Bitte an Erwin v. Beckerath herangetragen hat. Clemens Bauer[61] glaubt, die Anregung könne von Herrn Loyal, einem Referenten der Akademie, gekommen sein, der zwar äußerlich dem Regime diente, innerlich aber von Zweifel geplagt worden sei. Möglich erscheint nach dem erhaltenen Schriftwechsel auch, daß Dr. Gaeb, Direktor der Akademie, Erwin v. Beckerath die Weiterführung nahelegte. Jedenfalls scheinen Zweifel geboten, daß die Anregung von Jessen allein kam, denn es ist ein Brief von Lampe an Erwin v. Beckerath mit Datum vom 23. August 1944 erhalten, in dem er ihn darauf hinweist, daß die ge-

---

[56] Vgl. *Hauenstein*, „Der Freiburger Kreis“, S. 42 h.

[57] Vgl. Brief von v. Beckerath an Lampe vom 3. 3. 1943.

[58] Vgl. Brief der Akademie für Deutsches Recht an v. Beckerath vom 5. 4. 1943.

[59] Vgl. Briefe von Lampe an Gestrich vom 13. 9. 1943; an v. Beckerath vom 9. 9. 1943; vom 17. 5. 1943, S. 3; an Hauenstein vom 13. 9. 1943.

[60] *Hauenstein*, Fritz: „Die Arbeitsgemeinschaft Erwin v. Beckerath“, in: Systeme und Methoden in den Wirtschafts- und Sozialwissenschaften, Erwin v. Beckerath zum 75. Geburtstag, hrsg. von Norbert Kloten, Wilhelm Krelle, Heinz Müller, Fritz Neumark, Tübingen 1964, S. 56 - 60, hier S. 56.

[61] Vgl. Interview mit Clemens Bauer vom 16. Februar 1972.

stellte Aufgabe demnächst beendet sein werde und v. Beckerath deshalb „gelegentlich einmal mit einem der leitenden Herren der Akademie Fühlung nehmen“[62] könnte. Lampe würde v. Beckerath niemals um Fühlungnahme gebeten haben, wenn er diese mit Jessen hätte nehmen müssen, denn Lampe wußte damals, daß die Gefahr bestand, daß Jessen im Zusammenhang mit dem Attentatsversuch vom 20. Juli 1944 verhaftet werden könnte. Außerdem war Jessen kein „leitender Herr“ der Akademie; ihn würde Lampe wohl namentlich genannt haben. Bei diesem Brief Lampes muß allerdings in Betracht gezogen werden, daß es sich möglicherweise um ein Tarnschreiben handelt.

Es könnte aber durchaus sein, daß die Anregung zur Weiterarbeit offiziell von der Akademie kam. In den Akten der AkfDR findet sich hierfür ein Hinweis. In einem Bericht über die Ausschuß-Tätigkeit der Akademie heißt es, daß 47 Ausschüsse mit 8 Unterausschüssen und 4 Arbeitsgemeinschaften der Klasse IV stillgelegt wurden. „In einigen Fällen werden die Vorsitzenden rein geschäftsführungsmäßig zum Zwecke der Sichtung und Verarbeitung der bisherigen Beratungsergebnisse ihre Ausschüsse weiter betreuen, was die Wiederaufnahme der Arbeiten später erleichtern dürfte. Alle Tagungen dagegen werden für die Dauer des Krieges bzw. bis zur Aufhebung der Suspendierung eingestellt[63].“ Es wäre denkbar, daß Erwin v. Beckerath einer dieser Vorsitzenden war. Der Auftrag der Akademie war aber kaum so aufzufassen, daß die Arbeit unvermindert, nur auf privater Ebene, weitergeführt werden sollte. Die Tätigkeit der „Arbeitsgemeinschaft Erwin v. Beckerath“ (siehe unten) dürfte kaum im Sinne der Akademie gewesen sein.

2. *Die Arbeit*

a) Das erste Treffen

Erwin v. Beckerath griff die Anregung, im privaten Kreis weiterzuarbeiten, auf, verschob die für den 14./15. März 1943 geplante Ausschußtagung lediglich um eine Woche und bat einen kleinen Kreis von Kollegen zu einer Sitzung am 21./22. März 1943 nach Freiburg[64].

Durch den nunmehr privaten Charakter der Zusammenarbeit war die bisher strittige Frage, wer einzuladen sei, einfach zu lösen. Die im Rahmen der Akademie gemachten Zusagen waren nicht mehr bindend.

[62] Brief von Lampe an v. Beckerath vom 23. 8. 1944.

[63] „Die Ausschußtätigkeit der Akademie für Deutsches Recht während des Krieges“, in: Akte „Bundesarchiv ‚Reichsjustizministerium‘“, R 22/4330, o. O., o. J., S. 25.

[64] Vgl. Brief von Lampe an v. Beckerath vom 5. 3. 1943.

So konnte v. Beckerath den Kreis der Einzuladenden nach politischen Gesichtspunkten auswählen[65]. Unter diesen Umständen erwartete er eine sehr viel fruchtbarere Diskussion[66], die vertraulich und privat sein sollte[67].

Die nach Freiburg Geladenen hatten fast alle der „Arbeitsgemeinschaft Volkswirtschaftslehre“ angehört. Eingeladen waren die Herren Böhm, von Dietze, Eucken, Jessen, Lampe, Preiser, Schmölders, v. Stackelberg und Wessels. Der Einladung konnten nur die Herren Jessen, Preiser und Schmölders nicht folgen[68].

Das Treffen fand als eine private Veranstaltung statt: Man tagte in den Privatwohnungen der Freiburger Professoren[69]. Die Tagesordnung entsprach der in Rhöndorf ausgearbeiteten (siehe oben). Das „Vorgutachten“ (Nr. 5 a)[70] von Lampe war den Teilnehmern bereits mit den Einladungen als Arbeitsunterlage zugegangen. Es wurden drei einleitende Referate gehalten: Lampe erläuterte sein Vorgutachten (Nr. 5 a), v. Stackelberg referierte über „Theorie und Systematik der Wirtschaftslenkung“ (Nr. 6) und Wessels sprach über „Retadierende (sic) Momente beim Übergang zur Marktwirtschaft“ (Nr. 7)[71].

Der Verlauf dieser Tagung sowie die Diskussionsergebnisse sind in einem Protokoll (Nr. 8) von Lampe zusammengefaßt worden. Hauptthema der Aussprachen waren Probleme der Nachkriegszeit. Den Teilnehmern wurde dabei deutlich, wie notwendig die Erarbeitung von theoretischen Grundlagen für die in absehbarer Zukunft zu fällenden

---

[65] Lampe hatte bereits am 4. 3. 1943, bevor er von der Schließung der Arbeitsgemeinschaft Volkswirtschaftslehre wußte, an v. Stackelberg geschrieben: „Ich bin nun sehr neugierig, ob die Allgemeine Volkswirtschaftslehre als kriegswichtig angesprochen wird. Es könnte uns eigentlich fast nichts besseres passieren, als daß man sie — für nicht kriegswichtig hält. In diesem Falle sollte aber unsere Aussprache im kleinen Kreise so bald wie irgend möglich stattfinden.“

[66] Vgl. Brief von Lampe an v. Beckerath vom 5. 3. 1943.

[67] Vgl. Brief von Lampe an Hauenstein vom 13. 9. 1943.

[68] Vgl. Anhang IV: „Teilnehmer der ‚Arbeitsgemeinschaft Erwin v. Bekkerath‘“.

[69] Vgl. Brief von Lampe an v. Beckerath vom 5. 3. 1943.

[70] Die in Klammern angegebenen Nummern sind die der Aufstellung der Gutachten im Anhang III.

[71] Vgl. Brief von v. Beckerath an Lampe vom 10. 12. 1942; Gutachten „Diskussionsergebnisse zum Problem der Währungssanierung. Sitzung Freiburg/Br. 21./22. März 1943“, Freiburg, o. D. (März 1943), Adolf Lampe, als Manusk. vervielf. (im folgenden zitiert als Gutachten Nr. 8). Gutachten „Theorie und Systematik der Wirtschaftslenkung.“, Rhöndorf, März 1943, Heinrich v. Stackelberg, als Manusk. vervielf. (im folgenden zit. als Gutachten Nr. 6); Gutachten „Retadierende (sic) Momente beim Übergang zur Marktwirtschaft. (Entwurf!)“, Köln, März 1943, Theo Wessels als Manusk. vervielf. (im folgenden zit. als Gutachten Nr. 7).

Entscheidungen war. Deshalb entschloß man sich, die begonnene Arbeit der Anregung entsprechend im „privaten“ Kreise weiterzuführen und zu einem schnellen Abschluß zu bringen. Es entstand der „‚Rumpf-Ausschuß‘ Allgemeine Volkswirtschaftslehre der Akademie für Deutsches Recht“[72]. Diesen Namen legte man jedoch bald ab, da er eine nicht vorhandene Bindung an die Akademie vortäuschte[73]. Lampe, der sich als Schriftführer zur Verfügung gestellt hatte und durch dessen Institut die technische Abwicklung erfolgte, gab dem Gremium den Namen nach seinem Vorsitzenden: „Arbeitsgemeinschaft Erwin v. Beckerath“.

b) Die Zielsetzung

Auf der 1. Sitzung hatte man beschlossen, sich etwa alle vier bis sechs Wochen zu treffen, um ein „Gemeinschaftsgutachten“ vorzubereiten. Ziel der Zusammenarbeit war es, „ein wenigstens einigermaßen klar umrissenes wirtschaftspolitisches Programm zu entwerfen ..., um das Unsere zur Vermeidung eines vollendeten Chaos beizutragen“[74] und „die Grundlinien einer Übergangswirtschaft aus dem Krieg in den Frieden und die Gestaltung einer neuen Wirtschaftsordnung nach dem Zusammenbruch des Regimes zu besprechen“[75]. Dabei ging es den Teilnehmern nicht um theoretisch interessante Diskussionen, sondern vor allem um praktisch anwendbare Resultate, wenn man sich auch darüber klar war, daß die Wirtschaftspraktiker zunächst wenig ansprechbar sein würden. Man hoffte, daß die Praxis aber doch zu gegebener Zeit bereit sein würde, die „bittere Arzenei“, die man ihr zu verordnen habe, zu nehmen[76].

Die politische Stellung der Teilnehmer zum Nationalsozialismus war eindeutig negativ; einige waren zwar Parteimitglied, was aber aus Tarnungsgründen durchaus erwünscht war. Alle gingen bei ihrer Arbeit davon aus, daß das „1000jährige Reich“ bald untergehen müsse und werde[77].

Vor Beginn der ersten Tagung hatte die Absicht bestanden, Grundthesen zu erarbeiten und zu veröffentlichen. Nachdem der Kreis nur

---

[72] Vgl. Kopf des Gutachtens Nr. 8. Hieraus läßt sich eindeutig entnehmen, daß die Arbeitsgemeinschaft E. v. Beckerath ausschließlich aus der „Arbeitsgemeinschaft Volkswirtschaftslehre“ der Akademie für Deutsches Recht hervorging und nicht, wie vielfach fälschlich angenommen, aus der „Arbeitsgemeinschaft Preispolitik“.

[73] Vgl. Brief von v. Beckerath an Lampe vom 8. 4. 1943.

[74] Brief von Lampe an Schmölders vom 8. 3. 1943.

[75] *v. Beckerath*, Erwin: „Adolf Lampe“, in: Zeitschrift für die Gesamte Staatswissenschaft, Bd. 105, H. 4, Tübingen 1949, S. 602 - 614, hier S. 602.

[76] Vgl. Brief von Lampe an v. Stackelberg vom 14. 1. 1943.

[77] Vgl. *von Dietze*, „Die Universität Freiburg im Dritten Reich“, S. 103.

noch in privatem Rahmen tagte, nahm man hiervon Abstand, da kein direkter Erfolg von dieser Initiative erwartet werden konnte, andererseits aber die Gefahr bestand, daß durch ein zu frühes Bekanntwerden des Kreises seine zukünftige Arbeit gefährdet werden könnte[78].

c) Der organisatorische Rahmen

Die Entwicklung der Arbeit des Kreises läßt sich anhand der wohl vollständig vorhandenen Gutachten, Protokolle und Ausarbeitungen sowie am erhaltenen Schriftwechsel von Lampe recht gut nachvollziehen.

Die Arbeitsgemeinschaft traf sich zwischen März 1943 und Juli 1944 zwölfmal[79]. Abgesehen von Gesprächen zwischen nur einigen Teilnehmern, die anläßlich von Reisen aus anderem Grund stattfanden, traf man sich immer in Freiburg. Hier wohnten bereits drei Teilnehmer, außerdem kam Erwin v. Beckerath öfter durch Freiburg, und auch Franz Böhm nahm gerne die Gelegenheit wahr, seine in Freiburg lebende Mutter zu besuchen. Daneben galt Freiburg als politische Idylle, hier waren die Treffen relativ ungefährlich. Weiter sprach für Freiburg, daß es lange Zeit vor Luftangriffen verschont war und die Freunde aus dem arg in Mitleidenschaft gezogenen Rheinland hier ihre Nachtruhe fanden[80].

Man tagte in den Wohnungen der Freiburger, zumeist bei Lampe; die letzten Sitzungen fanden aus Tarnungsgründen teilweise im Fakultätszimmer der Rechts- und Staatswissenschaftlichen Fakultät statt. Das Hotel „Römischer Kaiser“ diente als Quartier, hier fanden auch häufig Arbeitsessen statt[81].

Mit finanziellen Schwierigkeiten hatte die Arbeitsgemeinschaft Erwin v. Beckerath trotz ihres privaten Charakters nicht zu kämpfen. Reise- und Übernachtungskosten konnten aus den Eucken und Lampe zur Verfügung stehenden Fonds vergütet werden[82]. Daneben bestand damals ohnehin ein allgemeiner Geldüberhang.

Die Tagesordnung der Sitzungen wurde in einem Einladungsrundschreiben, das als „Kollegenrundbrief“ bezeichnet wurde, bekanntgegeben. Diese sind leider bis auf einen nicht erhalten.

---

78 Vgl. Brief von Lampe an v. Beckerath vom 4. 3. 1943.

79 Vgl. Anhang V: „Übersicht über die Tagungstermine der ‚Arbeitsgemeinschaft Erwin v. Beckerath‘“; Anhang VI: „Übersicht über Tagungsteilnehmer, Tagungsverlauf und Tagungsergebnis“.

80 Vgl. Brief von v. Beckerath an Lampe vom 24. 4. 1944.

81 Vgl. *Hauenstein*, „Die Arbeitsgemeinschaft Erwin v. Beckerath“, S. 57; Brief von Theodor Wessels an d. Verf. vom 21. 3. 1972.

82 Vgl. Briefe von Lampe an Preiser vom 10. 1. 1944; vom 13. 9. 1943.

Zumeist diskutierte man die vorbereiteten und den Teilnehmern über Lampes Büro zugegangenen Arbeitspapiere, die in zwei Exemplaren versandt wurden, damit das eine Exemplar dem Verfasser mit Randbemerkungen und Kritik möglichst noch vor der Sitzung zurückgeschickt werden konnte. Die Arbeitspapiere enthielten zumeist die Grundkonzeption für ein Teilgebiet des zu erstellenden Gemeinschaftsgutachtens. Der Referent erläuterte sie dann auf der Sitzung, bevor man in eine Generaldebatte eintrat, deren Ergebnisse entweder in einem Protokoll oder einer Neufassung des Arbeitspapiers festgehalten wurden[83].

Es wurden auch einige Grundsatzreferate gehalten, die nicht unmittelbar Teil des geplanten Gemeinschaftsgutachtens waren, aber zu seiner theoretischen Fundierung dienen sollten. Beispielsweise setzte man sich mit dem White- und Keynes-Plan (Nr. 16 und Nr. 24) auseinander.

d) Die Erweiterung des Mitarbeiterkreises

Im August 1943 beschloß man, das Gremium zu erweitern. Gerhard Albrecht, Marburg, wurde um seine Mitarbeit gebeten. Er sollte insbesondere die Gebiete Sozialpolitik und Wohnungsfragen vertreten, für die ein Spezialist fehlte[84]. Außerdem glaubten die Herren, ihre theoretische Arbeit so weit vorangebracht zu haben, daß es ihnen ratsam schien, „Praktiker“ hinzuzuziehen. Gedacht war an Persönlichkeiten, die in der Wirtschaft, bei Banken und Verbänden an führender Stelle tätig waren. Sie sollten fähig und daran interessiert sein, in theoretischen Zusammenhängen zu denken. Ihre besondere Aufgabe sollte es sein, das von den Professoren theoretisch Vorbereitete auf seine Praktikabilität zu überprüfen und außerdem Zahlenmaterial zur Verfügung zu stellen. Daneben wäre es ihre Aufgabe gewesen, für die Wirtschaftspraxis wichtige Fragen an die Professoren heranzutragen[85].

Die Praktiker sollten als „äußerer Kreis“ angesehen werden und nicht an allen Sitzungen teilnehmen[86].

Adolf Lampe war dieserhalb mit etwa zehn qualifizierten Persönlichkeiten der Wirtschaftspraxis[87] in Verbindung getreten, ebenso mit dem „Deutschen Institut für Bankwissenschaft und Bankwesen“ in

---

[83] Vgl. Anhang III: „Ausarbeitungen der ‚Arbeitsgemeinschaft Erwin v. Beckerath‘“.

[84] Vgl. Briefe von Lampe an v. Beckerath vom 20. 8. 1943, der als „offener Brief“ an alle Teilnehmer der Arbeitsgemeinschaft verschickt wurde; an Albrecht vom 13. 10. 1943.

[85] Vgl. Briefe von Lampe an v. Beckerath vom 20. 8. 1943; vom 9. 9. 1943.

[86] Vgl. Brief von Lampe an v. Beckerath vom 20. 8. 1943.

[87] Vgl. Anhang VII: „Übersicht der persönlich angesprochenen Praktiker“.

Berlin. Daneben hoffte Lampe, die Zusammenarbeit mit einem vom Präsidenten der Industrie- und Handelskammer München Albert Pietzsch gegründeten Ausschuß, dem in erster Linie Wirtschaftsführer angehörten, zu erreichen[88].

Zunächst wurden Dr. Fritz Hauenstein[89], der damalige Leiter des Wirtschaftsteils der Kölnischen Zeitung, und Dr. Hans Gestrich[90], der Mitglied des Volkswirtschaftlichen Beirats des Deutschen Instituts für Bankwissenschaft und Bankwesen, Berlin, war, um ihre Mitarbeit gebeten. Sie sollten an der abschließenden Diskussion der geldpolitischen Probleme teilnehmen. Beide sagten grundsätzlich ihre Mitarbeit zu. Hans Gestrich verstarb jedoch plötzlich im November 1943. Fritz Hauenstein nahm ab November 1943[91] an allen Sitzungen teil.

Alle anderen Bemühungen, führende Persönlichkeiten der Wirtschaft für eine Zusammenarbeit zu gewinnen, scheiterten. Lediglich das Bankwissenschaftliche Institut zeigte ernsthaftes Interesse. Im Sommer 1943 wurde eine gemeinsame Tagung in Berlin, die dann nach Jena verlegt wurde, geplant. Das Bankwissenschaftliche Institut sagte die Sitzung jedoch kurzfristig wegen „Unabkömmlichkeit“ der Herren ab[92]. Lediglich einmal wurde ein Vertreter des Bankwissenschaftlichen Institutes, Leo Drescher, nach Freiburg entsandt, um eine seit längerer Zeit zwischen Lampe im Auftrag der Arbeitsgemeinschaft und Dr. Otto Christian Fischer, dem Leiter des Instituts, stattfindende schriftliche Diskussion über geldpolitische Probleme zu Ende zu führen[93]. Aus dem erhaltenen Schriftwechsel läßt sich entnehmen, daß das Bankwissenschaftliche Institut die politische Gefahr einer Zusammenarbeit mit der „Arbeitsgemeinschaft Erwin v. Beckerath“ erkannte und scheute. Daß Drescher weiter schriftlich mit dem Kreis in Verbindung blieb, ist eher auf seine freundschaftlichen Beziehungen zu einigen Arbeitskreis-Teilnehmern zurückzuführen als auf seine Position beim Bankwissenschaftlichen Institut. Er wurde ab September 1943 zu den Sitzungen eingeladen, konnte aber nicht mehr teilnehmen, da er eingezogen oder dienstlich verhindert war[94].

---

[88] Vgl. Briefe von Lampe an v. Beckerath vom 20. 8. 1943; an Pietzsch vom 19. 9. 1942.

[89] Vgl. Brief von Lampe an Hauenstein vom 13. 9. 1943.

[90] Vgl. Brief von Lampe an Gestrich vom 13. 9. 1943.

[91] Vgl. Brief von Hauenstein an Lampe vom 9. 11. 1943.

[92] Vgl. Brief von Drescher an Lampe vom 8. 9. 1943.

[93] Vgl. Brief von Lampe an Drescher vom 13. 11. 1943; Briefe von Drescher an Lampe vom 17. 11. 1943; vom 30. 11. 1943.

[94] Vgl. Briefe von Lampe an Drescher vom 19. 11. 1943; vom 18. 1. 1944; vom 15. 6. 1944; Briefe von Drescher an Lampe vom 19. 1. 1944; vom 25. 1. 1944; vom 12. 3. 1944; vom 31. 5. 1944; vom 22. 6. 1944.

e) Die Arbeitsaufteilung

Die verschiedenen zu behandelnden wirtschaftspolitischen Teilbereiche sollten ausführlich von je einem „Ressortleiter“ bearbeitet werden. Die jeweiligen Entwürfe sollten den Mitgliedern zugesandt, möglichst schriftlich vordiskutiert und auf den Sitzungen abschließend behandelt werden. Die endgültige Formulierung des Gutachtenbeitrages lag beim Ressortleiter, wobei die anderen Teilnehmer das Recht haben sollten, eine kritische Stellungnahme beizufügen. Man hoffte, durch die schriftliche Vordiskussion die Arbeit zügig voranzubringen. Das Verfahren ließ sich zumeist jedoch nicht durchführen, da dem Büro von Lampe die Beiträge zu kurz vor den Sitzungen zugeschickt wurden, so daß ein Versand oft nicht mehr möglich war[95].

Die Zuständigkeiten und Ressortaufteilungen wurden vorab nicht streng festgelegt. Im Laufe der Zeit ergab sich, durch die Spezialgebiete der teilnehmenden Herren bedingt, folgende Arbeitsaufteilung:

Erwin v. Beckerath übernahm den Vorsitz bei den Diskussionen. Durch seine Persönlichkeit und sein Geschick gelang es ihm, manchen heftigen, jedoch immer fachlichen Streit zu schlichten. Er bestimmte das Programm und den Gang der Diskussion, allerdings in enger Fühlungnahme mit Lampe als dem Schriftführer. Außerdem nahm v. Beckerath an der finanzpolitischen Beratung aktiv teil, überließ aber Lampe die Formulierung des Abschlußbeitrages, beabsichtigte jedoch, ein „Appendix-Recht“ für sich in Anspruch zu nehmen. Insbesondere über das Steuerproblem bestand zwischen den beiden keine Einstimmigkeit[96].

Gerhard Albrecht wurde gebeten, die Wohnungsfrage und das gesamte Gebiet der Sozialpolitik zu übernehmen, wobei die Lohnpolitik gemeinschaftlich mit Lampe bearbeitet wurde; die endgültige Formulierung hatte jedoch Albrecht übernommen[97].

Franz Böhm sollte alle mit der Marktordnung zusammenhängenden Fragen bearbeiten, beschränkte sich aber weitgehend auf das Konzentrationsproblem[98].

Constantin von Dietze hatte das Gebiet der Agrarwirtschaft übernommen. Da hierüber aber wenig diskutiert wurde, bleibt offen, ob im endgültigen Gutachten auf die Agrarpolitik überhaupt gesondert eingegangen werden sollte[99].

---

95 Vgl. Brief von Lampe an v. Beckerath vom 12. 7. 1944.

96 Vgl. Brief von v. Beckerath an Lampe vom 23. 7. 1944, S. 2; *Hauenstein*, „Die Arbeitsgemeinschaft Erwin v. Beckerath“, S. 56.

97 Vgl. Brief von Lampe an v. Beckerath vom 12. 7. 1944, S. 1.

98 Vgl. Brief von v. Beckerath an Lampe vom 26. 8. 1943.

99 Vgl. ebenda.

Adolf Lampe war für die Gebiete Steuerfragen und Geldpolitik verantwortlich[100]. Als Schriftführer oblag ihm daneben die Auswertung der Sitzungen und die Formulierung der Protokolle. Er war der Motor der Arbeitsgemeinschaft und drängte ständig zur Eile[101].

Theodor Wessels sollte nach der Vorstellung von Erwin v. Beckerath die Probleme der Übergangswirtschaft angehen. Daneben befaßte er sich intensiv mit den Fragen der Konzentration[102].

Die anderen Herren hatten kein spezielles Arbeitsgebiet übernommen. Erwin v. Beckerath legte jedoch größten Wert darauf, daß alle an der Erörterung der Probleme der Währungsfragen teilnahmen. Die Diskussion hierüber nahm dann auch einen Großteil der Zeit in Anspruch[103].

Im Laufe der Zeit erschwerten die Kriegswirren die Arbeit des Kreises mehr und mehr, insbesondere dadurch, daß einzelne Teilnehmer nicht mehr an den Sitzungen teilnehmen konnten, da sie eingezogen waren, so Heinrich v. Stackelberg und Günter Schmölders. Sie erhielten zwar bis Mitte November 1943 die Ausarbeitungen, nahmen teilweise schriftlich an der Diskussion teil, konnten selbst aber nicht anwesend sein. Deshalb bekamen sie ab November 1943 keine Unterlagen mehr zugeschickt[104]. Clemens Bauer war ebenfalls beim Militär, er erhielt das Material jedoch weiter an seine Freiburger Adresse. Sofern er Urlaub hatte, nahm er dann an den Sitzungen in Freiburg teil[105].

f) Die Gutachten

Im Laufe der Zusammenarbeit entstanden 41 Teilgutachten und Protokolle[106]. Erwin v. Beckerath hatte gehofft, daß bereits Mitte 1943 ein Gemeinschaftsgutachten formuliert werden könne[107]. Die notwendige Einigung zwischen den Teilnehmern ließ sich jedoch so schnell nicht erreichen. Außerdem war man zu der Einsicht gekommen, daß die notwendigen wirtschaftspolitischen Maßnahmen sehr viel detaillierter als zunächst beabsichtigt erörtert werden müßten[108].

---

[100] Vgl. Brief von v. Beckerath an Lampe vom 23. 7. 1944, S. 2.

[101] Vgl. *Hauenstein*, „Arbeitsgemeinschaft Erwin v. Beckerath“, S. 56.

[102] Vgl. Brief von v. Beckerath an Lampe vom 26. 8. 1943.

[103] Vgl. ebenda; Brief von Lampe an Albrecht vom 13. 10. 1943.

[104] Vgl. Adressenliste der Arbeitsgemeinschaft von Mitte November 1943, masch. geschr.

[105] Vgl. Interview mit Clemens Bauer vom 16. Februar 1972.

[106] Vgl. Anhang III: „Ausarbeitungen der ‚Arbeitsgemeinschaft Erwin v. Beckerath‘“.

[107] Vgl. Brief von Lampe an v. Beckerath vom 12. 6. 1943; Brief von v. Beckerath an Lampe vom 15. 6. 1943.

[108] Vgl. Brief von v. Beckerath an Lampe vom 15. 6. 1943.

Im Juni 1944 war schließlich soweit Einigkeit erzielt worden, daß die Abschlußsitzung für die zweite Septemberhälfte 1944 vereinbart wurde[109]. Bereits vor dem Treffen sollten die endgültigen Gutachtenbeiträge von den Ressortleitern fertiggestellt und an die Teilnehmer verschickt werden. Auf der Sitzung sollten sie lediglich redaktionell überarbeitet werden[110].

Die geplante Abschlußsitzung fand jedoch nicht mehr statt; am 8. September 1944 waren von Dietze und Lampe wegen ihrer Mitarbeit im Freiburger „Bonhoeffer Kreis" verhaftet worden. Daraufhin stellte die Arbeitsgemeinschaft ihre Tätigkeit ein, das abschließende Gutachten wurde nicht mehr fertiggestellt[111]. Es existiert lediglich das 1. Teilgutachten von Lampe: „Die Wiederherstellung der Währungsordnung" (Nr. 30)[112], das er Mitte August 1944 an die Kollegen verschicken ließ. Nach dem Kriege wurde das Gemeinschaftsgutachten nicht mehr zu Ende gebracht, obwohl die „Arbeitsgemeinschaft Erwin v. Beckerath" noch einige Aktivitäten entwickelte (vgl. 3. Kapitel).

g) Das erhaltene Material

Nach der Verhaftung der beiden Freiburger Professoren fuhr Rudolf Howald, ein Assistent von Lampe, zu fast allen Teilnehmern der Arbeitsgemeinschaft, um von den Vorfällen zu berichten und vor möglichen Haussuchungen zu warnen. Daraufhin verbrannten einige Beteiligte ihre gesamten Unterlagen[113], andere lagerten sie aus, nur wenige retteten Material[114].

Erwin v. Beckerath vergrub seine Akten in seinem Garten, nach denen er später vergeblich suchte[115]. Theodor Wessels war seinerzeit nicht in Köln, in Eile verbrannte seine Frau nach dem Besuch von Howald alle Unterlagen über die Arbeitsgemeinschaft[116]. Von Dietzes Material wurde nach dessen Verhaftung von seiner Frau gemeinsam mit Eucken ausgelagert. Die Gewährsleute, denen es damals übergeben worden war, haben es dann zu ihrer eigenen Sicherheit vernichtet[117].

---

109 Vgl. Brief von v. Beckerath an Lampe vom 23. 7. 1944.

110 Vgl. ebenda; Brief von Lampe an v. Beckerath vom 23. 8. 1944.

111 Vgl. *Hauenstein*, „Die Arbeitsgemeinschaft Erwin v. Beckerath", S. 60.

112 Vgl. Anhang III: „Ausarbeitungen der ‚Arbeitsgemeinschaft Erwin v. Beckerath'".

113 Vgl. Brief von Wessels an d. Verf. vom 16. 10. 1970; Brief von von Dietze an d. Verf. vom 19. 10. 1970.

114 Vgl. Anhang VIII: „Quellenübersicht".

115 Persönliche Auskunft von Thea v. Beckerath gegenüber d. Verf. am 20. Juli 1970.

116 Vgl. Brief von Wessels an d. Verf. vom 16. 10. 1970.

117 Vgl. Brief von von Dietze an d. Verf. vom 19. 10. 1970.

Hauenstein, der in Köln mehrfach ausgebombt wurde, konnte nicht alle Schriftstücke retten. Den Briefwechsel vernichtete er zumeist, da ein Aufbewahren für alle Seiten zu gefährlich war. Die Gutachten versteckte er unter Zeitungsmakulatur im Tiefkeller der Kölnischen Zeitung neben der Gemäldesammlung seines Verlegers. Nach dem Zusammenbruch holte er sie unversehrt aus ihrem Versteck[118]. Die Herren Albrecht[119] und Preiser[120] vernichteten ihr Handmaterial trotz der eindringlichen Warnung von Howald nicht und konnten es über das Kriegsende hinaus retten. Die Unterlagen von Gerhard Albrecht werden heute von der „Gesellschaft für Wirtschafts- und Sozialwissenschaften, Verein für Socialpolitik“ verwahrt, der sie vor einigen Jahren von Albrecht übergeben wurden[121]. Leider sind die Unterlagen nicht vollständig, so fehlt auch hier der Schriftwechsel, den Albrecht wahrscheinlich für zu belastend hielt und damals sogleich vernichtete[122].

Die Gutachten, die noch bei Preiser vorhanden waren, nahm Lampe auf seinem Fußmarsch vom Berliner KZ nach Freiburg mit, als er bei Preiser in Jena Station machte. Lampe brachte dieses Material nach Höchst und übergab es am 12. Juni 1945[123] dem Leiter der Abteilung „Economics“ des Hauptquartiers von General Eisenhower, dem Colonel Gilchrist[124], in der Hoffnung, daß die Alliierten den Vorarbeiten der Professoren Beachtung schenken würden.

Der Hauptteil der Unterlagen der Arbeitsgemeinschaft befand sich im Institut von Lampe. Walter Eucken riet nach der Verhaftung von Lampe, das gesamte Material zu verbrennen. Gertrud Lampe konnte sich aber nicht dazu entschließen, die Gutachten und den Schriftwechsel der „Arbeitsgemeinschaft Erwin v. Beckerath“ zu vernichten. Die Bedeutung der Ausarbeitungen für die spätere Wirtschaftspolitik, den Wiederaufbau, schien ihr schwerer zu wiegen als eine mögliche persönliche Gefährdung. So entschloß sie sich, nur alle Dritte belastenden Unterlagen zu verbrennen[125]. Auch den speziellen Aktenordner mit

---

[118] Persönliche Auskunft von Hauenstein gegenüber d. Verf. am 24. 3. 1972.

[119] Persönliche Auskunft von Albrecht gegenüber d. Verf. am 7. Februar 1970.

[120] Persönliche Auskunft von Gertrud Lampe gegenüber d. Verf. Vgl. auch tagebuchartige Notizen von Adolf Lampe vom 8. Juni 1945, stenographiert.

[121] Vgl. Brief von Arndt an d. Verf. vom 16. 11. 1970.

[122] Vgl. Brief von W. Albrecht, (dem Sohn von Gerhard Albrecht) an d. Verf. vom 3. 2. 1972.

[123] Vgl. tagebuchartige Notizen von Adolf Lampe (von seinem Rückmarsch aus dem KZ) vom 12. 6. 1945, stenographiert; Brief Lampe an Salin vom 12. 11. 1947, S. 3.

[124] Vgl. Brief von Lampe an Landauer vom 3. 6. 1947; ähnlich: Brief von Lampe an Machlup vom 12. 2. 1947, S. 3.

[125] Vgl. Brief von Gertrud Lampe an Gertrud Ritter vom 6. 3. 1972.

sämtlichen Kollegenrundbriefen, den Originalen der Ausarbeitungen, insbesondere den korrigiert an die Geschäftsstelle zurückgesandten, vernichtete Gertrud Lampe zusammen mit Walter Eucken im September 1944. Die über rund 60 Aktenordner verstreuten Ausarbeitungen der Arbeitsgemeinschaft, zum Teil in Originalfassung, zum Teil ohne Kopf und Überschrift, ließ sie zunächst im Institut ihres Mannes. Hier schien das Material sicherer als in ihrer Privatwohnung, da das Institut allgemein zugänglich war. Erst nachdem am 27. November 1944 das Institut stark zerstört worden war und das Haus einzustürzen drohte, holte sie unter Lebensgefahr zusammen mit dem damaligen Leiter der Fachschaft für Volkswirtschaft, Heinrich Kullmann, und ihrem Sohn Klaus die Unterlagen ihres Mannes aus dem Institut. Sie versteckte sie in Geheimfächern ihrer Möbel und in einem schwer zugänglichen Tiefkeller ihrer Wohnung. Die Verstecke waren so sicher, daß weder die Gestapo bei ihren Haussuchungen noch die Franzosen, die die Wohnung 1945 besetzten und plünderten, die Akten fanden. Ohne dieses Material wäre die Geschichte der „Arbeitsgemeinschaft Erwin v. Beckerath“ und ihr Wirken weitgehend im Dunkeln geblieben[126].

3. Beziehungen der „Arbeitsgemeinschaft Erwin v. Beckerath“ zu Widerstandsgruppen

a) Der Kreisauer Kreis

Aus dem erhaltenen Schriftwechsel der Arbeitsgemeinschaft geht hervor, daß sie als Gesamtheit keine Verbindung zu den „Kreisauern“ hatte. Ein allgemeiner Gedankenaustausch oder gemeinsame Sitzungen der beiden Kreise fanden nicht statt. Der bestehende Kontakt ging vielmehr auf private Bekanntschaften einzelner zurück; er blieb einigen Teilnehmern der Arbeitsgemeinschaft verborgen.

Wer die Verbindung zu den „Kreisauern“ zuerst aufnahm, ist unbekannt. Dem vorhandenen Schriftwechsel ist zu entnehmen, daß Peter Graf Yorck von Wartenburg, einer der Initiatoren des „Kreisauer Kreises“, regelmäßig die Teilgutachten der Arbeitsgemeinschaft erhielt[127]. Man muß annehmen, daß Lampe sie ihm in eigener Machtvollkommenheit schickte; ob Erwin v. Beckerath darum wußte, steht dahin. Lampe, der Graf Yorck spätestens auf der Münchner Tagung der AkfDR (siehe oben) im November 1940 kennengelernt hatte, arbeitete mit ihm in der Arbeitsgemeinschaft für „Preispolitik“ zusammen[128]. In der Fol-

---

[126] Persönliche Auskunft von Gertrud Lampe gegenüber d. Verf.

[127] Vgl. *Böhm,* FAZ; *van Roon,* Ger: Neuordnung im Widerstand. Der Kreisauer Kreis innerhalb der deutschen Widerstandsbewegung, München 1967, S. 272 f.

[128] Vgl. Brief von Schmölders an d. Verf. vom 20. 10. 1970.

gezeit traf Lampe Yorck bei gelegentlichen Berlin-Besuchen, wahrscheinlich besprach man dabei auch die Freiburger Ausarbeitungen[129].

Van Roon schreibt, daß die Freiburger Gutachten Yorck bei Kreisauer Gesprächen über Wirtschaftsfragen als Material dienten[130]. Es ist ungeklärt, ob die „Kreisauer“ versucht haben, über Yorck die Tätigkeit der Arbeitsgemeinschaft zu beeinflussen. Wahrscheinlich ist es nicht.

Von Dietze stand ebenfalls mit den „Kreisauern“ in Verbindung. Er hatte, wohl auf Einladung von Yorck, im Juni 1942 bei einer Agrartagung in Kreisau ein Referat gehalten[131]. Über spätere Beziehungen von Dietzes zu den „Kreisauern“ konnte kein Material gefunden werden.

Weiter hatte Günter Schmölders Verbindungen nach Kreisau; er zählte zu deren „äußerem Kreis“. In dieser Eigenschaft hat er in den Jahren 1942/43 eine Denkschrift verfaßt[132]. Allerdings deutet nichts darauf hin, daß Schmölders Versuche unternommen hätte, die „Freiburger“ und „Kreisauer“ zusammenzuführen. Dies liegt wohl auch darin begründet, daß die Arbeitsgemeinschaft E. v. Beckerath ihre volle Aktivität erst entfaltete, als Schmölders bereits zum Kriegsdienst eingezogen war.

Es bleibt verwunderlich, daß zwischen den beiden Kreisen kein engerer Kontakt zustande kam, zumal van Roon Parallelen in deren Ansichten aufzeigt und es für möglich hält, daß die „Freiburger“ die bestehenden Meinungsverschiedenheiten zwischen den „Kreisauern“ und Goerdeler und seinem Kreis hätten ausräumen helfen und damit eine Vermittlerrolle übernehmen können[133]. Es scheint aber, daß die unterschiedlichen politischen Auffassungen und die große Entfernung eine engere Zusammenarbeit verhinderten.

b) Carl Goerdeler

Von Dietze und Lampe standen seit Jahren in enger Verbindung mit Goerdeler, auch Eucken hatte Kontakt zu ihm. Die Freiburger Nationalökonomen hatten bereits 1940 oder 1941 an Goerdelers Denkschrift „Das Ziel“ mitgearbeitet[134]. 1942/43 hat von Dietze auf Anregung von Goerdeler eine „Wirtschaftsfibel“ vorbereitet, für die auch Eucken und

---

[129] Vgl. Briefe von Lampe an Graf Yorck von Wartenburg vom 6. 3. 1941; vom 19. 6. 1941.

[130] Vgl. *van Roon,* S. 272 f.

[131] Vgl. ebenda, S. 250; S. 272.

[132] Vgl. *Schmölders,* passim.

[133] Vgl. *van Roon,* S. 273.

[134] Vgl. *Hoffmann,* Peter: Widerstand, Staatsstreich, Attentat. Der Kampf der Opposition gegen Hitler, München 1969, S. 240.

Lampe einige Teile schrieben. Goerdeler oder ein von ihm Beauftragter überarbeitete das ihm von den Freiburgern übergebene Manuskript und schrieb große Teile um. Die endgültige Fassung der Wirtschaftsfibel wurde den „Freiburgern“ nicht bekannt[135]. Sie enthielt in allgemeinverständlichen Formulierungen wirtschaftliche Grundregeln. Goerdeler wollte sie nach einem Regierungswechsel in großer Auflage veröffentlichen, um im Volk Verständnis für wirtschaftliche Zusammenhänge zu wecken. Er glaubte, man müsse die wirtschaftlichen „Grundgesetze“ ebenso wie die mathematischen bereits auf der Schule erlernen, und strebte an, die Volkswirtschaftslehre als Fach in allen Schulen einzuführen. Die Wirtschaftsfibel sollte als Unterrichtsgrundlage dienen[136].

Goerdeler hatte auch Kontakt zur „Arbeitsgemeinschaft Erwin v. Beckerath“. Er erhielt regelmäßig die Freiburger Teilgutachten[137]. Es ist denkbar, daß er zu ihnen Stellung nahm, Hinweise dafür lassen sich jedoch weder im Material Lampes noch im Nachlaß Goerdelers, soweit er im Bundesarchiv in Koblenz liegt, finden. Möglicherweise sind die Briefe sogleich nach ihrer Beantwortung vernichtet worden. Aussagen über eine eventuelle Zusammenarbeit der Arbeitsgemeinschaft mit Goerdeler können deshalb nicht gemacht werden. Überlebende können sich an eine solche auch nicht erinnern. Sicher ist jedoch, daß die Arbeitsgemeinschaft an eine Regierung unter Goerdeler dachte, als die Gutachten geschrieben wurden, wenn dies auch nicht allen Mitwirkenden bekannt war.

Teilweise spricht die Literatur von einem „Freiburger Goerdeler Kreis“ (siehe oben). Damit sind die Kontakte der Freiburger Nationalökonomen zu Goerdeler gemeint. Tatsächlich trafen sie in den Jahren 1941 - 1944 etwa zehnmal mit Goerdeler zu vertraulichen Gesprächen zusammen. Man unterhielt sich über wirtschaftspolitische Fragen der Tagespolitik wie der Politik der Zukunft und arbeitete an den beiden Schriften mit. Daneben wurden die wirtschaftspolitischen Arbeiten der Freiburger Nationalökonomen diskutiert[138]. Die Freiburger hielten bei all ihren antinationalsozialistischen Aktivitäten engen Kontakt zu Carl Goerdeler. So soll er an mindestens einer Sitzung des Diehl-Seminars

---

135 Vgl. Erklärung von Constantin von Dietze vom 28. 2. 1952, in: Akte „Nachlaß Dr. Goerdeler“, Nr. 13 o. S. (Bundesarchiv Koblenz). Die Familie Goerdeler sieht die Entstehungsgeschichte der Wirtschaftsfibel vielschichtiger, Aus dem d. Verf. nur teilweise überlassenen Nachlaß von Carl Goerdeler und der spärlichen Literatur über die Wirtschaftsfibel konnte über ihre Entstehungsgeschichte nicht mehr entnommen werden.

136 Vgl. „Wirtschaftsfibel“, in: Akte „Nachlaß Dr. Goerdeler“, Nr. 13, S. 4, masch. geschr. (Bundesarchiv Koblenz).

137 Vgl. *Böhm*, FAZ.

138 Vgl. *Ritter*, Goerdeler, S. 501.

teilgenommen haben, über die Arbeit des Konzils genau informiert gewesen sein und im Freiburger „Bonhoeffer Kreis" aktiv mitgearbeitet haben. Eine enge Verbindung Goerdelers zu Freiburg ist demnach unbestreitbar. Es deutet jedoch nichts darauf hin, daß nach 1942 außer den Gutachten der „Arbeitsgemeinschaft Erwin v. Beckerath" irgendwelche eigenständigen Arbeiten für Goerdeler geschrieben und mit ihm diskutiert wurden. Die Mitarbeit an den Denkschriften war offensichtlich auch nur eine Beratertätigkeit, denn Goerdeler hat beide grundlegend überarbeitet oder überarbeiten lassen. Es scheint deshalb nicht gerechtfertigt, hier von einem vierten „Freiburger Kreis" zu sprechen, die Freiburger waren lediglich wirtschaftspolitische Berater.

c) Die Berliner Gruppen

Albrecht hatte schon seit 1935 engen Kontakt zu dem Kreis um Jakob Kaiser. Er arbeitete hier eine Denkschrift für den künftigen Aufbau des deutschen Gewerkschaftslebens mit aus[139]. Allerdings ist nichts über eine spätere Verbindung dieses Kreises mit den Freiburgern bekannt.

Engen Kontakt pflegten von Dietze und Lampe mit Jessen und seinem Kreis. Es fanden, wie aus dem Schriftwechsel andeutungsweise entnommen werden kann, vielfach Besprechungen anläßlich von Berlin-Reisen der Freiburger statt. Wer an ihnen teilnahm, kann jedoch nicht mehr geklärt werden, da keinerlei Material hierüber erhalten ist. Deshalb muß offen bleiben, ob Jessen Einfluß auf die Gutachten der „Arbeitsgemeinschaft Erwin v. Beckerath" genommen hat, und wenn, welchen.

Inwieweit die „Berliner Freunde" innerhalb der Bekennenden Kirche über die Arbeitsgemeinschaft und deren Gutachten informiert waren, ist nicht mehr feststellbar. Einiges spricht dafür, daß zumindest Walter Bauer um diese Arbeiten wußte.

Die hier angegebenen Kontakte zu den Berliner Gruppen sind sicherlich nicht vollständig. Man muß vermuten, daß die Freiburger Arbeiten noch weit mehr Persönlichkeiten des deutschen Widerstands bekannt waren, als heute nachvollzogen werden kann. So ist es sehr wahrscheinlich, daß Friedrich Lemmer, ein guter Bekannter von Lampe, der mit Sicherheit um die Freiburger Gutachten wußte, diese Tätigkeit gegenüber Wilhelm Leuschner und Hermann Maaß, mit denen er enge Verbindung hielt, erwähnte. Beweise dafür fehlen jedoch.

---

[139] Vgl. *Nebgen*, Elfriede: Jakob Kaiser. Der Widerstandskämpfer, Stuttgart - Berlin - Köln - Mainz 1967, S. 52 ff.

4. Die „Arbeitsgemeinschaft Erwin v. Beckerath“ — ein Kreis von Verschwörern?

Nachdem bekannt ist, daß von Mitgliedern der Arbeitsgemeinschaft Beziehungen zu Widerstandskreisen gepflegt wurden, drängt sich die Frage auf, ob sie selbst zur Widerstandsbewegung zu zählen ist.

Die Arbeitsgemeinschaft hatte die Vorbereitung des „Danach“ in den Mittelpunkt ihrer Arbeit gestellt. Alle an ihr Beteiligten waren entschiedene Gegner des Nationalsozialismus; den Sturz von Hitler hielten wohl alle für unumgänglich[140]. Aktiv nahmen die Professoren an den Umsturzvorbereitungen jedoch nicht teil; nur die wenigsten wußten um sie. Man bereitete gemeinsam ein wirtschaftspolitisches Konzept für eine Regierung vor, die nach einem verlorenen Krieg und nach dem Sturz der Nationalsozialisten das zu erwartende Chaos schnellstmöglich beseitigen sollte[141]. Daß nur wenige wußten, daß Goerdeler an der Spitze dieser Regierung stehen und sie durch einen Umsturz an die Macht gelangen sollte, erscheint unerheblich.

Bethge hat fünf Stufen des Widerstandes gegen den Nationalsozialismus aufgezeigt: „den einfachen passiven Widerstand, ... den offenen ideologischen ... ohne freilich eine neue politische Zukunft zu konzipieren und anzustreben; zum dritten die Stufe der Mitwisserschaft an Umsturzvorbereitungen ... schließlich die vierte Stufe aktiver Vorbereitung für das Danach ... und endlich die letzte Stufe der aktiven Konspiration“[142]. Die Ausarbeitungen der „Arbeitsgemeinschaft Erwin v. Beckerath“ erfüllen die Vorbedingungen der 4. Stufe, wobei auch Bethge die Mitwisserschaft nicht für so entscheidend wie die Mitarbeit hält. So scheint es richtig, die „Arbeitsgemeinschaft Erwin v. Beckerath“ als einen Widerstandskreis zu bezeichnen. Sicher dürfte sein, daß Freisler und sein Volksgerichtshof die Gutachten der Arbeitsgemeinschaft für eine gesellschaftliche Zukunftskonzeption erachtet und damit den Tatbestand der staatsfeindlichen Umtriebe als gegeben angesehen haben würden[143].

E. Die „Freiburger Kreise“ in der Literatur

Im Vergleich zu anderen Widerstandsgruppen findet die Arbeit der „Freiburger Kreise“ in der Literatur wenig Beachtung. Die Darstellungen sind meist ungenau, oftmals falsch.

---

[140] Vgl. Lampe, Adolf, Anlage 1 zum Fragebogen des Military Government of Germany, Freiburg, o. J. (1945), masch. geschr.

[141] Vgl. Lampe, Adolf, Anlage 1 zum Fragebogen des Military Government of Germany.

[142] *Bethge*, 1. Aufl., S. 890.

[143] Vgl. ebenda, S. 871.

Außer bei Hauenstein[1] wird nirgends eine Abgrenzung der verschiedenen Arbeitskreise, die in Freiburg im Dritten Reich wirkten, vorgenommen. Es wird meist von „dem ‚Freiburger Kreis‘“[2] oder den „Freiburgern“ gesprochen. Allenfalls wird auf das „Konzil“ hingewiesen, das meist nicht vom Freiburger „Bonhoeffer Kreis“ unterschieden wird[3].

Diese beiden Kreise werden immerhin erwähnt, teilweise ihre Ausarbeitungen kurz erörtert. Ihr Eingang in die Literatur dürfte allein mit der Tatsache zu erklären sein, daß Mitglieder dieser Kreise aufgrund ihrer Mitarbeit in ihnen von der Gestapo verhaftet und ins KZ gebracht wurden (siehe oben). Außerdem wird in der Literatur auf eine Zusammenarbeit von Goerdeler und den Freiburger Nationalökonomen hingewiesen, deren Art und Bedeutung zumeist keine Erwähnung findet.

Die „Arbeitsgemeinschaft Erwin v. Beckerath“ wird außer bei Hauenstein nicht genannt, oder sie tritt zumindest nicht unter dieser Bezeichnung auf. Selbst Ritter geht in seiner Goerdeler-Biografie nicht auf sie ein[4]. Van Roon spricht zwar die Gutachten der Arbeitsgemeinschaft an, verwechselt sie aber mit den beiden anderen Kreisen[5].

Die Vermischung der drei in Freiburg wirkenden Kreise läßt sich wohl am ehesten daraus erklären, daß die Freiburger Nationalökonomen in allen diesen Kreisen aktiv mitarbeiteten und deren Motor waren. Der Mangel an Abgrenzung ist dennoch nicht verständlich; denn es hätte auffallen müssen, daß die Kreise nebeneinander und unabhängig voneinander tagten.

Daß die „Arbeitsgemeinschaft Erwin v. Beckerath“ fast keine Erwähnung findet, mag weitgehend daran liegen, daß niemand wegen der Mitarbeit in ihr der Gestapo in die Hände fiel. Hauenstein stellte zwar bei einem Gespräch mit dem Obergruppenführer der SS Ohlendorf[6] in Berlin im Herbst 1944 fest, daß diesem die Tätigkeit der Arbeitsgemeinschaft bekannt war, daß sich die SS sogar für sie interessierte, angeblich deswegen, weil auch sie die Freiheit der Wirtschaft nach dem Kriege anstrebe. Hauenstein vermutet, daß sich die SS Hoff-

---

[1] Vgl. *Hauenstein,* „Die Arbeitsgemeinschaft Erwin v. Beckerath“, S. 55 ff.; *derselbe,* „Der Freiburger Kreis“, S. 42 h ff.

[2] Vgl. *van Roon,* S. 271 f.; *Bethge,* 1. Aufl., S. 870 f.

[3] Vgl. *Ritter,* Goerdeler, S. 511 f.; *von Dietze,* Constantin, „Die Universität Freiburg im Dritten Reich“, S. 102 f.

[4] Vgl. *Ritter,* Goerdeler, S. 501, 511 f.

[5] Vgl. *van Roon,* S. 271 f.

[6] Es gibt Vermutungen, daß Ohlendorf, ein ehemaliger Schüler von Jens Jessen, schon 1943/44 um die Arbeitsgemeinschaft Erwin v. Beckerath wußte und deren Arbeit deckte. Beweise hierfür fehlen jedoch.

nungen machte, nach Hitlers Ende an der Macht bleiben zu können und daß sie dann versuchen wollte, die Sachkunde der in der Arbeitsgemeinschaft Versammelten beim Wiederaufbau der Volkswirtschaft in Anspruch zu nehmen[7]. Anders scheint eine Erklärung dafür, daß viele Beteiligte unbehelligt blieben, kaum möglich.

Ein weiterer Grund dafür, daß die Arbeitsgemeinschaft in der Literatur meist unbeachtet bleibt, dürfte in dem bei Historikern oft fehlenden Interesse und Sachverstand für wirtschaftliche Zusammenhänge und auch an der allgemeinen Geringschätzung der Volkswirtschaftslehre liegen. Der Bedeutung der „Arbeitsgemeinschaft Erwin v. Beckerath“ wäre eine größere Beachtung angemessen, zumal ihre Arbeit nach dem Zusammenbruch sich noch teilweise auswirkte (siehe unten).

---

[7] Vgl. *Hauenstein*, „Die Arbeitsgemeinschaft Erwin v. Beckerath“, S. 60.

Zweites Kapitel

Die wirtschaftspolitischen Konzeptionen

1. Abschnitt

Entwurf einer auf christlicher Ethik aufbauenden Wirtschaftsordnung — Die wirtschaftspolitischen Gedanken des Freiburger „Bonhoeffer Kreises“[1]

A. Leitgedanken

Der Freiburger „Bonhoeffer Kreis“ hat es sich zur Aufgabe gemacht, „Grundsätze einer gesunden, auf christlicher Grundlage ruhenden Außen- und Innenpolitik“[2] zu formulieren (siehe oben). Im folgenden wird sein wirtschaftspolitisches Konzept wiedergegeben, ohne dabei im einzelnen auf die ausführlichen theologischen Erörterungen einzugehen. Wichtig ist jedoch, zu berücksichtigen, daß alle Vorschläge aus christlich-ethischer Sicht gemacht und begründet werden. Ziel ist es, eine Wirtschaftsordnung vorzuschlagen, die den Kirchen Raum für ihre Aufgaben läßt und den Menschen erlaubt, als Christen frei zu leben[3].

In der Studie wird davon ausgegangen, daß die sittliche Gefahr allen Wirtschaftens nicht das Streben nach Reichtum, sondern die materialistische Gesinnung ist. Hieraus ergeben sich für eine „auf Grundsätzen christlicher Ethik ruhende Wirtschaftsordnung“[4] zwei Aufgaben: sie muß den Machtmißbrauch der Wirtschaft verhindern und dazu beitragen, daß „die Arbeit als Segen statt als Fluch empfunden wird“[5], d. h., daß der Arbeitnehmer vor Ausbeutung sicher ist. Diese Aufgaben können jedoch nicht „durch zusammenhanglose wirtschaftspolitische Einzelmaßnahmen erreicht werden, ... sondern nur durch eine planmäßige, durchdachte, *staatliche Wirtschaftsordnung*“[6]. Die staatliche Wirt-

---

[1] Vgl. „Freiburger Denkschrift“, S. 53 - 56 und „Freiburger Denkschrift“ Anlage 4: „Wirtschafts- und Sozialordnung“ (im folgenden zit. als „Freiburger Denkschrift“ Anhang), S. 22 - 37.

[2] „Freiburger Denkschrift“, Vorwort S. 2.

[3] Vgl. „Freiburger Denkschrift“, S. 53; ebenda Anhang, S. 22.

[4] „Freiburger Denkschrift“, S. 53.

[5] Ebenda.

[6] „Freiburger Denkschrift“, S. 53.

schaftsordnung hat nach Vorstellung des Freiburger „Bonhoeffer Kreises“ die Ge- und Verbote, die sich aus Gottes Wort ergeben, ebenso zu berücksichtigen wie die „Grundsätze, die sich aus Sachnotwendigkeiten des Wirtschaftens ergeben und die für seine Ordnung dauernde Geltung besitzen“[7]. Dabei hat sie die gegebene und zukünftige Wirtschaftslage in Rechnung zu stellen.

B. Vorschläge und Forderungen für eine künftige Wirtschaftsordnung

I. Sachnotwendige Grundsätze der Ordnung des Wirtschaftslebens[1]

Aufgabe der Wirtschaftspolitik ist es, so die Verfasser der „Freiburger Denkschrift“ aus dem Jahre 1943, den Menschen der Gegenwart und Zukunft zu dienen, ihre Individualität („Personcharakter“[2]) und Freiheit zu fördern und zu erhalten, das materielle Wohl der Menschen und ihr Eigentum zu sichern, eine gesicherte Rechtsordnung und sittliche Grundlagen zu garantieren.

Voraussetzung für ein erfolgreiches Wirtschaften ist nach Ansicht der Verfasser die Erhaltung leistungsfähiger und arbeitswilliger Menschen. Sie sollten entsprechend ihren Fähigkeiten und Neigungen eingesetzt und ihren Leistungen gemäß entlohnt und befördert werden. Außerdem muß jeder ungerechten Verteilung vorgebeugt werden. Als Sonderaufgaben fallen dem modernen arbeitsteiligen Staat die Ordnung der Währungs- und Finanzverhältnisse sowie die Wiederbelebung der internationalen Arbeitsteilung zu. Der Staat wird diesen Forderungen nur gerecht werden können, wenn er das Wirtschaftsleben planmäßig durch eine „Gesamtwirtschaftsordnung“[3] sichert und diese mit Autorität verteidigt[4].

II. Würdigung der Lage

Die Verfasser der Denkschrift setzen sich mit der Lage der deutschen Wirtschaft vor und nach Kriegsende auseinander. Sie erwarten, daß die deutsche Wirtschaft nach dem Krieg sehr arm sein wird: Kapitalgüter sind weitgehend zerstört, die Arbeitskräfte stark dezimiert, Land- und Forstwirtschaft haben erheblich unter dem Krieg und der Kriegswirtschaft gelitten, die Konsumgüterindustrie ist veraltet oder

---

[7] Ebenda, Anhang, S. 22

[1] Vgl. ebenda, S. 24.

[2] „Freiburger Denkschrift“, S. 53.

[3] Ebenda Anhang, S. 26.

[4] Vgl. „Freiburger Denkschrift“, S. 53 f.; ebenda Anhang, S. 24 f.

stillgelegt, die Lager in Industrie und Handel sind geleert, Verkehrsmittel und insbesondere Wohnungen sind zum erheblichen Teil zerstört, nur die Rüstungsindustrie verfügt über (zu viele) Kapazitäten[5]. Dabei beruht die allgemeine Verarmung der Wirtschaft nicht nur auf der kriegsbedingten Vernichtung und Abnutzung von Produktionsmitteln und Produktivkräften, sondern auch auf der Zweckentfremdung ziviler Sachgüter für Kriegsbedarf, auf Kriegswirtschaft und Kriegsfinanzierung. Auch die falsche Wirtschaftsordnung trug das ihre zur Wirtschaftsverarmung bei[6].

Weitere Kennzeichen der Lage sind, daß „keine klar durchdachte und durchgeführte“[7] Wirtschaftsordnung vorhanden ist, sittliche und politische Grundlagen zerstört und die Familien innerlich zersetzt sind. Die bisherigen politischen und wirtschaftspolitischen Regelungen führen zu kollektivistischen Tendenzen. Diesen Mißständen muß der Wiederaufbau ebenso Rechnung tragen wie der Ordnung der Währungsverhältnisse, des Staatshaushalts und der Erfüllung der im Krieg eingegangenen Verpflichtungen[8].

III. Notwendigkeit einer neuen Wirtschaftsordnung

Da die befehlswirtschaftlichen Regelungen ein Funktionieren der Wirtschaft und der internationalen Beziehungen nicht ermöglicht und keine sittlichen Grundlagen aufzuweisen hat, muß nach Ansicht der Gutachter für die Zeit des Wiederaufbaus eine neue Wirtschaftsordnung gefunden werden. Möglich wäre die Rückkehr zu den Regelungen der Zeit vor 1933 oder vor 1914. Diese kommen jedoch für die Gutachter nicht in Frage, da sie bereits damals nicht der Situation Herr wurden. Eine neue Ordnung ist nötig. Sie könnte auf zentraler Lenkung oder Wettbewerb beruhen. Eine zentral gelenkte Wirtschaft wird abgelehnt, da sie weiterem Kollektivismus Vorschub leistet, die Gefahr der Vermassung heraufbeschwört und sittlichen Anforderungen nicht gerecht werden kann[9]. Eine auf „sauberem Wettbewerb“[10] beruhende Wirtschaftsordnung dagegen garantiert die freie Entfaltung des Menschen, verhindert Massenarbeitslosigkeit, erlaubt die Förderung und Erhaltung des Mittelstandes und von Familienbetrieben und bietet eine gerechtere Entlohnung. Sie ist auch sittlich keiner anderen Wirtschaftsordnung unterlegen[11].

---

[5] Vgl. „Freiburger Denkschrift“ Anhang, S. 26 f.

[6] Vgl. ebenda, S. 27.

[7] Ebenda, S. 29.

[8] Vgl. ebenda, S. 29 f.

[9] Vgl. ebenda, S. 30.

[10] Vgl. ebenda, S. 32.

[11] Vgl. ebenda, S. 30 ff., S. 35.

Die Gutachter schlagen vor, die Wirtschaftsordnung so zu gestalten, daß ihre Grundsätze automatisch wirken. Es herrscht Markt- und Preisfreiheit[12]. Den Wirtschaftern muß möglichst breiter Raum für Selbstverantwortlichkeit und Eigeninitiative bleiben, die durch berufsständische und genossenschaftliche Vereinigungen gestärkt werden sollen. Dabei ist jede Interessenherrschaft auszuschließen. Verstöße gegen den Wettbewerb sollen von Standesgerichten geahndet werden, die unter staatlicher Aufsicht stehen. Das Recht der Berufung bei öffentlichen Gerichten steht einem Verurteilten zu[13].

Aufgabe des Staates ist es, kein „Laissez-faire“, das Chaos bedeuten würde, zuzulassen, sondern sich als Ordnungsmacht mit Autorität einzusetzen, um den Wettbewerb zu erhalten[14].

IV. Aufgaben der Wettbewerbsordnung im einzelnen

1. Währungs- und Finanzpolitik

Wichtigstes Ziel der Wettbewerbsordnung muß es nach Meinung der Gutachter sein, das durch den Krieg zerrüttete Währungssystem wieder herzustellen. Der Geldwert muß wieder stabil werden und bleiben. (Die verdeckte Inflation ist in ihren Augen nicht stabil.) Das bedeutet, daß die Geldmenge gekürzt und dem Bedarf angepaßt werden muß. Eine Anlehnung an das Gold erscheint zweckmäßig[15]. Oberstes Gebot ist für die Verfasser der Denkschrift die Sicherung der Währung auf Dauer. Geldentwertung muß unbedingt vermieden werden, da sie das private Sparen ruiniert und das Vertrauen in den Staat erschüttert; denn Inflation wird als Volksbetrug angesehen[16].

Gleichzeitig mit der Währung muß der Staatshaushalt geordnet werden, wobei die Schuldenregelung nicht nur eine wirtschaftliche Belastung, sondern auch soziale Probleme mit sich bringt. Die Schulden müssen so geregelt werden, daß die Gesamtwirtschaft gefördert und der Anleihebesitz möglichst wenig geschädigt wird[17].

Diese Ziele sind, so die Gutachter, im Rahmen einer Wettbewerbsordnung und mit Hilfe einer gut durchdachten Finanzpolitik zu erreichen[18].

---

[12] Vgl. ebenda, S. 35.
[13] Vgl. „Freiburger Denkschrift“, S. 55.
[14] Ebenda.
[15] Vgl. ebenda; ebenda Anhang, S. 31.
[16] Vgl. „Freiburger Denkschrift“, S. 55.
[17] Vgl. „Freiburger Denkschrift“ Anhang, S. 31 f
[18] Vgl. ebenda, S. 32.

2. *Konzentrationspolitik*

Ziel der Verfasser der „Freiburger Denkschrift" ist es, die freie Marktpreisbildung so weit wie irgend angängig durchzusetzen. Die weder ökonomisch noch technisch begründbare Konzentration von Unternehmen, die durch die Kriegswirtschaft entstand, soll aufgehoben werden. Der Mittelstand und die Familienunternehmen sollen gefördert werden[19]. Sofern in einem Wirtschaftszweig oder Unternehmen kein Wettbewerb herrscht, ist es Aufgabe des Staates, wettbewerbsähnliche Verhältnisse zu schaffen, indem der Staat oder die Kommune selbst als Unternehmer auftritt oder die Unternehmensleitung unter Staatsaufsicht gestellt wird.

3. *Sozialpolitik*

Der Begriff „Sozialpolitik" wird in der „Freiburger Denkschrift" weit gefaßt. Es geht den Verfassern insbesondere darum, den Sozialkörper in enge Gemeinschaften aufzugliedern und eine „echte(n), alle Stände und Klassen umfassende(n) Volksgemeinschaft"[20] wiederherzustellen. Dabei muß der Staat den freien Trägern möglichst viel Initiative zugestehen und die Hauptaufgabe darin sehen, ihnen den Boden für ihre Wirkungsmöglichkeiten zu bereiten[21].

Aufgaben der Sozialpolitik sind:

1. Die Bereitstellung von menschenwürdigen Arbeitsplätzen und die Verhinderung der Ausbeutung des Menschen durch Unternehmer oder Staat[22].
2. Den Arbeitnehmern eine gerechte Entlohnung zu garantieren. Der Lohn soll zwischen Arbeitnehmer und Arbeitgeberorganisationen möglichst betrieblich ausgehandelt werden, wobei der Staat die Lohnbildung kontrolliert[23]. Er kann von den Arbeitnehmern angerufen werden, wenn sie einen Ausbeutungslohn vermuten[24].
3. Der Staat muß seine Bürger vor unverschuldeter Arbeitslosigkeit schützen. Er kann zwar keine sichere Garantie bieten, da internationale Krisen nicht ausgeschlossen werden können, muß aber mit seiner Wirtschaftspolitik deren Häufigkeit und Heftigkeit mildern. Bei „sauberem Wettbewerb" ist Massenarbeitslosigkeit kaum zu

[19] Vgl. ebenda, S. 32.
[20] „Freiburger Denkschrift", S. 49.
[21] Vgl. ebenda, S. 49; ebenda Anhang, S. 32.
[22] Vgl. „Freiburger Denkschrift", S. 54.
[23] Vgl. ebenda.
[24] Vgl. „Freiburger Denkschrift" Anhang, S. 32.

fürchten. Für Notzeiten muß aber für die Beschäftigung und Versorgung von Arbeitslosen vorgesorgt werden[25]. Hilfsmittel hierfür sind der staatliche Arbeitsnachweis und eine elastische Lohnpolitik[26].

4. Der Staat muß den Arbeitsschutz, die Kranken-, Invaliden- und Altersversorgung regeln, der Entartung der Sozialversicherung aber nicht Vorschub leisten[27].

5. Die Organisation der Arbeiter und Angestellten soll von Staats wegen ermöglicht werden. Der Staat hat dabei mehrere Möglichkeiten, welche zum Zuge kommt, wird von der innenpolitischen Lage bestimmt. Denkbar wäre[28]:

   — die Wiederherstellung der Verbände unter Ausschluß von Streik und Aussperrung bei staatlicher Kontrolle der Lohnbildung;

   — staatliche Zulassung je eines Arbeitgeber- und Arbeitnehmerverbandes;

   — Organisation von Arbeitskammern, denen Vertreter der Arbeitnehmerschaft angehören;

   — die Bildung von „Ausschüssen für Arbeitssachen in Wirtschaftskammern“[29].

6. Auch die Gestaltung der innerbetrieblichen Beziehungen zwischen Arbeitern und Unternehmer ist Sache des Staates. Eventuell wäre die teilweise Beibehaltung des Gesetzes zur Ordnung der nationalen Arbeit möglich. Dies ist aber von der endgültigen Organisationsform der Arbeitnehmer abhängig[30].

7. Genossenschaften, Nachbarschafts- und Berufsverbände können einen wichtigen Beitrag zur Sozialpolitik leisten. Ihr Wirken darf der Staat nicht behindern, er sollte es vielmehr fördern[31].

8. Schließlich bedarf das Wohnungswesen der staatlichen Ordnung. Zwar ist die private Unternehmerinitiative auf diesem Gebiet von großer Bedeutung, sie wird aber nicht ausreichen, um die große Wohnungsnot, insbesondere von kinderreichen Familien, bei tragbaren Preisen zu lindern. Der Staat muß zur Lösung der Wohnungsfrage beitragen, die Bedeutung des Bodenpreises darf dabei nicht überschätzt werden[32].

---

[25] Vgl. „Freiburger Denkschrift“, S. 54; ebenda Anhang, S. 34.

[26] Vgl. „Freiburger Denkschrift“, S. 54.

[27] Vgl. ebenda Anhang, S. 34.

[28] Vgl. ebenda.

[29] Ebenda.

[30] Vgl. ebenda.

[31] Vgl. ebenda, S. 34.

[32] Vgl. ebenda.

C. Bemerkungen zur Übergangswirtschaft

Die Verfasser der „Freiburger Denkschrift“ verzichten darauf, Vorschläge für eine Übergangswirtschaft auszuarbeiten, da diese von relativ geringer Bedeutung ist, wenn das Ziel, auf das sie auszurichten ist, klar vor Augen steht. Wichtig ist deshalb, eine zukünftige Wirtschaftsordnung zu entwerfen. In welcher Reihenfolge die Kriegswirtschaft tatsächlich abgebaut wird, hängt hauptsächlich von der Situation bei Kriegsende ab. Sicher ist nur, daß die Übergangswirtschaft nur dann ihren Aufgaben gerecht werden kann, wenn sie weiß, welche Wirtschaftsordnung angestrebt wird. Dabei müssen die Übergangsmaßnahmen so einfach und kurzfristig wie möglich sein. Als ersten Schritt zur Wettbewerbsordnung wird die Währungssanierung in Angriff genommen werden müssen[1].

2. Abschnitt

Marktliche Wirtschaftsordnung: Das wirtschaftspolitische Konzept der „Arbeitsgemeinschaft Erwin v. Beckerath“

A. Zielsetzung der Gutachter: Abbau der Zwangswirtschaft — Aufbau der Marktwirtschaft

Ziel der Gutachter ist es, eine leistungsfähige Friedenswirtschaft gedanklich vorzubereiten[1], ein Programm zu erarbeiten[2], und in ihm „die ökonomischen Probleme und sachdienlichsten Mittel zu ihrer Lösung unbefangen aufzuzeigen“[3]. Dabei sind sie sich darüber im klaren, daß es keine sicheren Rezepte für die Lösung der nach dem Krieg anstehenden Probleme gibt. Sie wollen jedoch einen optimalen Ausweg aufzeigen, der relativ schnell zur Wiederherstellung einer Friedenswirtschaft führt[4]. Sie fühlen sich dabei nur als „technische Berater“ der Politiker,

---

[1] Vgl. ebenda, S. 37.

[1] Vgl. Gutachten „Wiederaufbau der Friedenswirtschaft = Wiederaufbau der Marktwirtschaft.“, Freiburg, November 1942, Adolf Lampe, als Manusk. vervielf. (im folgenden zit. als Gutachten Nr. 1), S. 1.

[2] Vgl. Gutachten „Kritik und Antikritik zum Entwurf ‚Umrisse eines Systems wirtschaftspolitischer Wiederaufbau-Massnahmen nach dem Kriege‘.“, Freiburg, 22. September 1943, zusammengestellt von Adolf Lampe, als Manusk. vervielf. (im folgenden zit. als Gutachten Nr. 13), S. 2.

[3] Gutachten „Wichtigste Probleme des Wiederaufbaues der Friedenswirtschaft und ihre Lösung durch primär marktwirtschaftliche Wirtschaftsordnung.“, Freiburg 24./25. September 1943, Adolf Lampe (als „Gemeinschaftsgutachten“ bezeichnet), als Manusk. vervielf. (im folgenden zit. als Gutachten Nr. 14 a), S. 3.

[4] Vgl. Gutachten „Leitsätze zu einem Referat. Probleme der Übergangswirtschaft nach dem Krieg und Voraussetzungen für das Wiederingangbrin-

denen die Auswahl der von ihnen für möglich gehaltenen Maßnahmen obliegt[5]. Auf eine enge Zusammenarbeit mit den Politikern legen sie aber größten Wert.

Die Gutachter gehen bei ihren Überlegungen davon aus, daß bei Kriegsende ein Zustand völliger Wirtschaftsunordnung, eine Verzerrung sämtlicher Marktzusammenhänge bestehen wird. Die erste Aufgabe der Wiederaufbaupolitik sehen sie daher in der Reproportionierung der Wirtschaft[6]. Zunächst ist zu klären, welches Wirtschaftssystem den anstehenden Problemen am ehesten gerecht werden kann: die Zentralverwaltungwirtschaft oder die freie Marktwirtschaft[7]. Obwohl es herrschende Ansicht ist, man solle nach dem Krieg zunächst die Zentralverwaltungswirtschaft beibehalten, bis geordnete Verhältnisse bestehen, scheidet sie für die Teilnehmer der „Arbeitsgemeinschaft Erwin v. Beckerath“ von vorneherein aus; denn sie kann nur primitiven Anforderungen gerecht werden[8] und ist außerstande, einen modernen, komplizierten Wirtschaftsprozeß zu steuern[9], zumal wenn, wie nach dem Krieg zu erwarten ist, ihr jegliche Orientierungsmaßstäbe fehlen[10]. Darüber hinaus steht für die Gutachter außer Zweifel, daß die Friedenswirtschaft weit höhere Anforderungen an die Zentralverwaltungswirtschaft stellen würde als die Kriegswirtschaft[11]; denn nach dem Krieg scheidet der Staat als Nachfrager weitgehend aus, außerdem wird die notwendige Wirtschaftsumstellung den Verwaltungsapparat fast

---

gen marktlich geordneter Wirtschaft.“, Freiburg, Januar 1943, Adolf Lampe, als Manusk. vervielf. (im folgenden zit. als Gutachten Nr. 3), S. 1.

[5] Vgl. Gutachten „Kriegsschulden und Wiederaufbaulasten.“, Freiburg, Mitte November 1942, Adolf Lampe, als Manusk. vervielf. (im folgenden zit. als Gutachten Nr. 2), S. 8.

[6] Vgl. Gutachten Nr. 3, S. 9.

[7] Vgl. hierzu die theoretischen Erörterungen von Stackelbergs in Gutachten Nr. 6.

[8] Vgl. Gutachten Nr. 1, S. 5; Gutachten „Entwurf eines Vorgutachtens zum Thema ‚Massnahmen der Übergangswirtschaft nach dem Kriege zur Wiederingangsetzung marktlicher Wirtschaftslenkung‘.“, Freiburg, 3. März 1943, Adolf Lampe, als Manusk. vervielf. (im folgenden zit. als Gutachten Nr. 5 a), S. B 3; Gutachten „Entwurf. Umrisse eines Systems wirtschaftspolitischer Wiederaufbau-Massnahmen nach dem Kriege.“ (genannt: Langfassung), o. O. (Freiburg), o. D. (September 1943), Adolf Lampe, als Manusk. vervielf. (im folgenden zit. als Gutachten Nr. 11), S. 5.

[9] Vgl. Gutachten Nr. 3, S. 9; Gutachten Nr. 11, S. 7.

[10] Vgl. Gutachten Nr. 5 a, S. A 2; Gutachten Nr. 11, S. 6; Gutachten „Wichtigste Probleme des Wiederaufbaus der Friedenswirtschaft und ihre Lösung durch primär marktwirtschaftliche Wirtschaftsordnung.“ (genannt: Kurzfassung), Freiburg, Mitte September 1943, Adolf Lampe, als Manusk. vervielf. (im folgenden zit. als Gutachten Nr. 12), S. 3; Gutachten Nr. 14 a, S. 3.

[11] Vgl. Gutachten Nr. 11, S. 6; ähnlich: Gutachten Nr. 3, S. 9; Gutachten „Thesen zur Lohnpolitik.“, Freiburg, Anfang März 1944, Adolf Lampe, als Manusk. vervielf. (im folgenden zit. als Gutachten Nr. 19), S. 1.

völlig lahmlegen, so daß die technischen Voraussetzungen für die Zentralverwaltungswirtschaft in großem Maße fehlen[12]. Weiter spricht gegen die Beibehaltung der Zentralverwaltungswirtschaft, daß sie nicht fähig ist, das Güterangebot entsprechend dem in der Friedenswirtschaft sehr differenzierten privaten Bedarf zu lenken[13], sie der breiten Bevölkerung insgesamt mehr Opfer abverlangt als die Marktwirtschaft[14], sie die Arbeitnehmer ihrer persönlichen Freiheit beraubt[15] und sie somit die Entfaltung von Persönlichkeitswerten verhindert. Die Zentralverwaltungswirtschaft ist deshalb nach Meinung der Gutachter mit der „Erhaltung gesellschaftlicher Kultur unvereinbar“[16].

Auch der Übergang zur freien, selbstgesteuerten Marktwirtschaft nach dem Krieg wird von allen Gutachtern abgelehnt; denn für ihre Einführung fehlen alle erforderlichen Voraussetzungen und Orientierungsmaßstäbe[17]: die Marktmechanismen sind zerstört, die Marktdaten durch die Kriegswirtschaft verfälscht. Die Einführung der freien Marktwirtschaft würde Preissprünge, soziale Sprengwirkungen und Wirtschaftschaos bewirken[18]. Sie würde der Entstehung von Machtpositionen und Interessenteneinfluß Vorschub leisten[19] und in deren Gefolge die Gefahr zumindest latenter Ausbeutung der Arbeitnehmer heraufbeschwören[20].

Nachdem sich beide „reinen“ Wirtschaftssysteme als für die Aufgaben der Wirtschaftspolitik der Nachkriegszeit ungeeignet erweisen, ergibt sich die Notwendigkeit, eine neue Form der Wirtschaftslenkung, die die anstehenden Probleme zu lösen vermag, zu finden. Die Gutachter schlagen vor, ein System zu entwickeln, in das die Vorteile der beiden sich sehr fremden reinen Systeme übernommen, ihre Nachteile

---

[12] Vgl. Gutachten Nr. 11, S. 6.

[13] Vgl. Gutachten Nr. 5 a, S. A 2.

[14] Vgl. Gutachten Nr. 19, S. 1.

[15] Vgl. ebenda.

[16] Gutachten Nr. 11, S. 6.

[17] Vgl. Gutachten „Maßnahmen der Übergangswirtschaft nach dem Kriege zur Wiederingangsetzung marktlicher Wirtschaftslenkung. (Nachträgliche Niederschrift des Einleitungsvortrages zum erstatteten Vorgutachten.)“, Freiburg, o. D. (März 1943), Adolf Lampe, als Manusk. vervielf. (im folgenden zit. als Gutachten Nr. 5 b), S. 9; Gutachten Nr. 7, S. 7, S. 18; Gutachten Nr. 11, S. 7.

[18] Vgl. Gutachten Nr. 3, S. 10; Gutachten „Material zur Diskussion über ‚Vorschläge zur Wiederingangsetzung der Marktwirtschaft nach Kriegsende‘. (Beitrag zur Aussprache in Rhöndorf am 20. und 21. Februar 1943.)“, Freiburg, 17. Februar 1943, Adolf Lampe, als Manusk. vervielf. (im folgenden zit. als Gutachten Nr. 4), S. 1; Gutachten Nr. 5 a, S. A 2, Schluß S. 1; Gutachten Nr. 5 b, S. 2; Gutachten Nr. 12, S. 3 f.; Gutachten Nr. 14 a, S. 3.

[19] Vgl. Gutachten Nr. 11, S. 5.

[20] Vgl. Gutachten Nr. 19, S. 2.

jedoch ausgeschaltet werden[21]. Sie streben eine „primär *marktliche* Wirtschaftsordnung“[22] an, die auf marktgemäßer bzw. mittelbarer Wirtschaftslenkung beruht[23]. Diese neue Wirtschaftsordnung soll weitgehend auf den Prinzipien der Marktwirtschaft aufbauen; denn sie allein bringt höchste Leistung hervor, die zur Überwindung der Armut notwendig sein wird. Nur die Marktwirtschaft kann dem „elementaren Freiheitsstreben(s) der Menschen“[24] gerecht werden, da sie beweglicher, anpassungsfähiger und leistungsstärker als die Zentralverwaltungswirtschaft ist. Sie läßt die Unternehmerfähigkeiten wie die Produktivkraft der Arbeitnehmer voll zur Geltung kommen. Somit dient sie allen Teilen der Bevölkerung[25].

Die „marktliche Wirtschaftsordnung“ soll eine überbetrieblich geregelte Marktwirtschaft erstreben[26]. Ziel der Gutachten ist es, nach dem Krieg eine Annäherung an normale Wirtschaftsverhältnisse durch die Beeinflussung von Angebot und Nachfrage (siehe unten) zu bewirken und so das Ingangkommen der Marktwirtschaft zu ermöglichen, ohne dabei soziale Störungen hervorzurufen[27]. Dazu muß der Abbau der Zentralverwaltungswirtschaft mit Ordnungsmaßnahmen verbunden werden, die einen korrespondierenden Aufbau der auf Leistungswettbewerb basierenden Marktwirtschaft ermöglicht[28]. Die marktliche Wirtschaftslenkung wird zu einer zwangsweisen Zurechtrückung der Marktdaten und einer anschließenden Feinkorrektur durch den Marktmechanismus führen[29]. Es sollen dadurch die Bedingungen für eine Markt-

---

[21] Vgl. Gutachten Nr. 5 b, S. 3 f.

[22] Gutachten Nr. 14 a, S. 3.

[23] Vgl. Gutachten Nr. 11, S. 10. Die Notwendigkeit der Wirtschaftslenkung wurde von allen Gutachtern anerkannt, über das Ausmaß der lenkenden Eingriffe in die Wirtschaft bestanden jedoch unterschiedliche Ansichten. Eucken glaubte „die spontanen Kräfte der Unternehmer und aller übrigen Wirtschaftenden könnten die zu erwartende Situation meistern“ (a), es müßten nur die Voraussetzungen hierfür geschaffen werden. Die Wirtschaftspolitik solle nur den Rahmen für echten Leistungswettbewerb schaffen und erhalten, mehr aber nicht. Die Mehrheit der Gutachter scheint sich aber der Auffassung Lampes angeschlossen zu haben, der eine von einem starken Staat gelenkte Marktwirtschaft empfahl (b). (a) Gutachten Nr. 13, S. 6 (b) Vgl. Gutachten Nr. 13, S. 6 ff.; Gutachten Nr. 19, S. 1.

[24] Gutachten „Thesen zur Lohn-Politik.“, Marburg, Anfang März 1944, Gerhard Albrecht, als Manusk. vervielf. (im folgenden zit. als Gutachten Nr. 18), S. 2.

[25] Vgl. Gutachten „Grundsätzliche Bemerkungen zur Arbeits- und Lohnpolitik.“, Freiburg, Ende November 1943, Gerhard Albrecht, als Manusk. vervielf. (im folgenden zit. als Gutachten Nr. 15), S. 1.

[26] Vgl. Gutachten Nr. 3, S. 10.

[27] Vgl. ebenda, S. 11; Gutachten Nr. 4, S. 1; Gutachten Nr. 11, S. 11.

[28] Vgl. Gutachten Nr. 12, S. 4; Gutachten Nr. 14 a, S. 4.

[29] Vgl. Gutachten Nr. 5 a, Schluß S. 1.

wirtschaft geschaffen werden[30]. Wichtig ist den Gutachtern, daß die Wirtschaftslenkung so vorgenommen wird, daß die private Unternehmerinitiative nicht gestört wird[31]. Die Wirtschaftspolitik soll sich deshalb jeglicher direkter Eingriffe in die Preisbildung enthalten und sich mit der Gestaltung der übrigen Marktdaten begnügen[32]. Dabei muß die Interdependenz aller Wirtschaftsfaktoren berücksichtigt werden. „Die Entwicklung eines in sich geschlossenen Systems von Ordnungsmaßnahmen"[33] ist erforderlich, um Störungen und Überschneidungen zu vermeiden[34].

Wie sich die Gutachter die „marktliche Wirtschaftsordnung" im einzelnen vorstellen, wird im folgenden dargestellt. Dabei ist zu beachten, daß die Gutachten der „Arbeitsgemeinschaft Erwin v. Beckerath", die in den Jahren 1943 und 1944 entstanden, nur ein Fragment sind. Das abschließende Gutachten war zwar in Vorbereitung, fertig wurde aber nur ein Teilstück der Maßnahmen zur Sanierung der Währungsordnung, da im September 1944 einige Teilnehmer der „Arbeitsgemeinschaft Erwin v. Beckerath" verhaftet wurden und danach aus Sicherheitsgründen die Arbeit abgebrochen werden mußte (siehe oben).

Es wird nun versucht, einen Überblick über die Vorschläge der „Arbeitsgemeinschaft Erwin v. Beckerath" zu verschiedenen Problemkreisen zu geben und die möglichen Empfehlungen des abschließenden Gesamtgutachtens zusammenzustellen. Dabei mußte auf eine Darstellung des Diskussionsverlaufs verzichtet werden, sie hätte die Übersichtlichkeit der Arbeit gestört und ihren Rahmen gesprengt. Ebenso werden die theoretischen Erörterungen nicht wiedergegeben. Sie sind weitgehend in die Literatur eingegangen und haben für das wirtschaftspolitische Konzept der Arbeitsgemeinschaft nur untergeordnete Bedeutung.

B. Übergang von der Kriegs- zur Friedenswirtschaft

I. Die erwartete Wirtschaftslage bei Kriegsende

Die Möglichkeit, eine Prognose für die Lage der Wirtschaft bei Kriegsende zu geben, wird von einzelnen Teilnehmern der „Arbeitsgemeinschaft Erwin v. Beckerath", insbesondere von von Dietze, bestritten. Er geht dabei so weit, daß er die Erstellung von Gutachten für

---

30 Vgl. Gutachten Nr. 11, S. 10.

31 Vgl. Gutachten Nr. 5 b, S. 4.

32 Vgl. Gutachten Nr. 11, S. 11.

33 Gutachten Nr. 5 b, S. 1.

34 Vgl. ebenda.

unmöglich hält[1]. Es besteht jedoch Einigkeit darüber, daß zwar die politischen Faktoren bei Kriegsende nicht vorhersehbar sind, die Wirtschaftsverarmung durch den Krieg im voraus jedoch ausreichend bestimmt werden kann[2].

Die Gutachter gehen davon aus, daß sich die Wirtschaftsverarmung äußern werde in:

— weitgehender Zerstörung oder Beeinträchtigung der menschlichen Arbeitskraft,
— Substanzverlust der Wirtschaft durch ungenügende Re- und Neuinvestitionen und die kriegsbedingte Zerstörung von Industrieanlagen,
— einer Verzerrung der Wirtschaftsproportionen, d. h. der Ausweitung der Rüstungsindustrie auf Kosten der zivilen Produktion,
— dem Abbruch der internationalen Handelsbeziehungen, der zu einer Verknappung der Roh- und Hilfsstoffe führt[3].

Hieraus ergibt sich, daß der Lebensstandard nach Kriegsende erheblich unter das Vorkriegsniveau sinken wird[4]. Die Möglichkeit, daß Reparationsforderungen der Wirtschaft und Bevölkerung helfen können, wird von vorneherein ausgeschlossen, da jegliche Abwälzung von Kriegsschäden auf andere Nationen für widersinnig erachtet wird, weil sie die weltwirtschaftlichen Beziehungen nur weiter verschlechtern würde[5]. In diesem Sinne wird eine eventuelle Gewinnung von Kolonien abgelehnt, da sie für die Rohstoffbeschaffung weitgehend belanglos sind, eine Devisenersparnis durch sie Fiktion ist und mit Sicherheit hohe Kapitalaufwendungen notwendig würden, um deren Wirtschaft zu entwickeln[6]. Das bedeutet, daß es Aufgabe jeder Nation sein muß, die Kriegsfolgen aus eigener Kraft zu überwinden. (Mit diesen Bemerkungen wenden sich die Gutachter insbesondere an das Ausland; denn in diesem Kreis ist unumstritten, daß Deutschland den Krieg verlieren wird.)

II. Aufgaben der Übergangswirtschaft

1. Gesamtausgleich von Angebot und Nachfrage

Der Übergang von der Kriegs- zur Friedenswirtschaft wird nach Ansicht der Gutachter größte Schwierigkeiten bereiten, da die Bevölke-

[1] Vgl. Gutachten Nr. 13, S. 1.

[2] Vgl. Gutachten Nr. 11, S. 1; Gutachten Nr. 14 a, S. 1.

[3] Vgl. Gutachten Nr. 11, S. 1 f.; Gutachten Nr. 14 a, S. 1.

[4] Vgl. Gutachten Nr. 11, S. 2; Gutachten Nr. 14 a, S. 1.

[5] Vgl. Gutachten Nr. 1, S. 1; Gutachten Nr. 3, S. 1; Gutachten Nr. 12, S. 2; Gutachten Nr. 14 a, S. 2.

[6] Vgl. Gutachten Nr. 11, S. 58; Gutachten Nr. 12, S. 10 f.

rung nach dem Krieg einen schnellen Ausgleich für die im Krieg gebrachten Opfer erwartet. Hauptaufgabe der Politik der Übergangszeit wird es sein, die durch den Krieg insgesamt disproportionierte Volkswirtschaft wieder in ein richtiges Verhältnis zu bringen[7]. Voraussetzung hierfür ist es, einen Gesamtausgleich von Angebot und Nachfrage herbeizuführen, der durch Zusammenspiel von Kreditschöpfung und Preisstopp verlorengegangen ist[8].

Der marktliche Ausgleich von Angebot und Nachfrage scheint den Gutachtern nicht mehr möglich, da dem geringen Angebot eine aufgeblähte monetäre Nachfrage gegenübersteht. Eine marktliche Regelung würde zu Preis- und Lohnsteigerungen führen, die eine explosive Erhöhung der Kreditnachfrage und in deren Folge die offene Inflation bewirken würden[9]. Um den Gesamtausgleich von Angebot und Nachfrage herbeizuführen und den Preismechanismus wieder in Kraft zu setzen, müssen die durch die Kriegsfinanzierung in Unordnung geratenen Währungsverhältnisse durch Kaufkraftabschöpfung wieder geordnet und der Reichshaushalt zum Ausgleich gebracht werden, was zugleich eine währungspolitisch verantwortbare Regelung des Kriegsschuldendienstes bedeutet[10]. Durch diese Eingriffe wird die Nachfrage dem Angebot angepaßt[11].

2. *Wirtschaftsumstellung*

Parallel zur Anpassung der Nachfrage an das Angebot muß die der Produktion an die Nachfrage erfolgen. Die Gutachter fordern deshalb, daß die zugunsten der Rüstungsindustrie zurückgedrängte Konsumgüterindustrie vordringlich wieder aufgebaut[12] und die Rüstungsindustrie so weit wie irgend vertretbar abgebaut wird[13]. Schwierigkeiten bereitet hierbei, daß nahezu alle Industriebetriebe bei Kriegsende auf Rüstungsbedarf eingestellt sind[14]. Es stellt sich die Aufgabe, den vorhandenen Produktionsapparat so weit wie möglich auf die Produktion von Konsumgütern umzustellen[15], zumal die inländische Nachfrage nach

---

[7] Vgl. Gutachten Nr. 4, S. 1; Gutachten Nr. 5 a, S. A 1; Gutachten Nr. 11, S. 10; Gutachten Nr. 12, S. 4.

[8] Vgl. Gutachten Nr. 1, S. 7 f.; Gutachten Nr. 5 a, S. A 1; Gutachten Nr. 11, S. 13 f.; Gutachten Nr. 12, S. 4; Gutachten Nr. 14 a, S. 5.

[9] Vgl. Gutachten Nr. 11, S. 13.

[10] Vgl. Gutachten Nr. 5 a, S. B 1.

[11] Vgl. Gutachten Nr. 1, S. 7; Gutachten Nr. 5 a, S. B 3.

[12] Vgl. Gutachten Nr. 1, S. 4; Gutachten Nr. 2, S. 5; Gutachten Nr. 5 b, S. 1; Gutachten Nr. 11, S. 5.

[13] Vgl. Gutachten Nr. 1, S. 4; Gutachten Nr. 5 b, S. 5.

[14] Vgl. Gutachten Nr. 11, S. 18.

[15] Vgl. Gutachten Nr. 7, S. 1, S. 4.

Rüstungsmaterial entfallen wird; denn die Gutachter streben die vollständige Abrüstung an. Mit ausländischer Nachfrage nach Rüstungsgütern kann kaum gerechnet werden. Um die Umstellung der Produktion zu erreichen, wird es der „indirekten, zentralen Lenkung der Angebotswirtschaft (bedürfen), die grundsätzlich der wirtschaftlichen Selbststeuerung in von ihr bestimmten Grenzen Raum läßt und sich innerhalb dieses Spielraumes darauf beschränkt, die Marktbedingungen so zu gestalten, daß die Wirtschafter in vermeintlicher Wahrung betriebseigener Zielsetzungen das gesamtwirtschaftlich Gebotene tun“[16]. Dem Handel wird dabei als Vermittler zwischen Angebot und Nachfrage besondere Bedeutung zukommen[17].

Ziel aller Maßnahmen der Übergangswirtschaft zur Wirtschaftsumstellung muß es nach Ansicht der Gutachter sein, „friedenswirtschaftliche(n) Proportionen zwischen den Produktionselementen sowohl als zwischen den Produktionszweigen“[18] wiederherzustellen. Die Produktionsumstellung wird neben erheblichen Kapitalproblemen[19] die Gefahr der Arbeitslosigkeit[20] mit sich bringen. Deshalb wird es Aufgabe der ersten Übergangswirtschaft sein, möglichst arbeitsintensiv zu produzieren, die Lohnpolitik der Übergangszeit muß helfen, dies zu ermöglichen[21]. Wichtig erscheint den Gutachtern, daß bei der Produktionsumlenkung wehrwirtschaftliche Gesichtspunkte nicht außer acht gelassen werden. Sie halten es aus strategischen Gründen auch für angezeigt, auf eine Deglomeration der Bevölkerung hinzuarbeiten[22].

III. Probleme des Wiederaufbaus

Aufgabe der Wiederaufbaupolitik ist es, die zerstörten Produktivkräfte wiederherzustellen, das beinhaltet die Heilung der Verwundeten

[16] Gutachten Nr. 3, S. 11.

[17] Vgl. Gutachten Nr. 11, S. 25; Gutachten Nr. 12, S. 13 f.; Gutachten Nr. 14 a, S. 12 f.

[18] Gutachten Nr. 4, S. 1.

[19] Vgl. Gutachten Nr. 5 a, S. A 1.

[20] Vgl. Gutachten „Finanzpolitik der Wiederaufbauwirtschaft“, Freiburg, April 1944, Adolf Lampe, als Manusk. vervielf. (im folgenden zit. als Gutachten Nr. 25 a), S. 2.

[21] Vgl. Gutachten Nr. 3, S. 14 f.

[22] Vgl. Gutachten „Lohn- und Arbeitsmarktpolitik in der Übergangszeit.“, Freiburg, Ende Januar 1944, Adolf Lampe, als Manusk. vervielf. (im folgenden zit. als Gutachten Nr. 17 a), S. 4; Gutachten „Thesen zur Lohnpolitik.“, Freiburg Anfang März 1944, Adolf Lampe, als Manusk. vervielf. (im folgenden zit. als Gutachten Nr. 19), S. 19; Gutachten „Neuordnung des Arbeitsmarktes.“, Freiburg, April 1944, Adolf Lampe, als Manusk. vervielf. (im folgenden zit. als Gutachten Nr. 27). (Dieses Gutachten liegt in zwei identischen Fassungen vor, die unterschiedliche Seitenzahlen aufweisen. Im folgenden wird die erste Fassung als 27/1, die zweite als 27/2 ausgewiesen), 27/1, S. 21.

ebenso wie die Anknüpfung neuer weltwirtschaftlicher Beziehungen[23]. Die Gutachter fordern Mut zur Armut[24] und weisen darauf hin, daß es schwer fallen wird, das ökonomisch Notwendige in sozial tragbaren Formen zu erreichen[25]. Der Wiederaufbau der Wirtschaft verlangt von der Bevölkerung große Konsum- und Leistungsopfer, zu denen sie nach den Entbehrungen während des Krieges eigentlich nicht mehr bereit ist[26]. Es wird Aufgabe der Wiederaufbaupolitik sein, der Bevölkerung durch Aufklärungsarbeit einsichtig zu machen, daß Wiederaufbau mit Kreditschöpfung, die Substanzverzehr bedeutet, unvereinbar ist, daß das Tempo des Wiederaufbaus durch die Höhe des Sparens bestimmt ist und daß ein Aufschieben der Probleme das Leistungsopfer nicht mindert[27]. Die Frage, ob zunächst der private Konsum befriedigt werden soll bei geringerem Wiederaufbau oder umgekehrt, kann nur die Politik beantworten, nicht die Theorie[28].

C. Das geld- und währungspolitische Konzept

I. Wiederherstellung der Währungsordnung

1. Vorbemerkung

Die Diskussionen der Währungsfrage nehmen 1943 breiten Raum in den Gutachten und Protokollen der „Arbeitsgemeinschaft Erwin v. Beckerath“ ein[1]. Das Thema wurde von Lampe bearbeitet, seine Vorschläge hat er nach ausführlichen Diskussionen mehrmals verändert. Im folgenden wird hauptsächlich der im Gutachten Nr. 30 erarbeitete Kompromißvorschlag zur Kaufkraftabschöpfung erörtert, der aus dem radikalen Abschöpfungskonzept Lampes und einem von Eucken entwickelten milderen Abschöpfungsverfahren entstand[2]. Die Erörterung der verschiedenen Währungssanierungsvorschläge, so interessant sie wäre, muß unterbleiben, da sie den Rahmen sprengen würde.

---

[23] Vgl. Gutachten Nr. 5 a, S. D 1; Gutachten Nr. 14 a, S. 2.

[24] Vgl. Gutachten Nr. 4, S. 1; Gutachten Nr. 5 a, S. A 1; Gutachten „Jena = Godesberger Protokoll. Auswertender Bericht über Besprechungen mit den Herren Böhm und Preiser in Jena am 16. IV. und mit den Herren v. Beckerath und Wessels am 18. IV.“, Freiburg, Ende April 1943, Adolf Lampe, als Manusk. vervielf. (im folgenden zit. als Gutachten Nr. 9), S. 10.

[25] Vgl. Gutachten Nr. 11, S. 4.

[26] Vgl. Gutachten Nr. 3, S. 3; Gutachten Nr. 12, S. 2.

[27] Vgl. Gutachten Nr. 3, S. 2; Gutachten Nr. 5 a, S. C 1, D 1; Gutachten Nr. 11, S. 53 f.; Gutachten Nr. 14 a, S. 2.

[28] Vgl. Gutachten Nr. 2, S. 8.

[1] Die Währungssanierungsfrage wird in den Gutachten 1 bis 14 sehr ausführlich behandelt, vgl. diese.

[2] Vgl. Gutachten „2. Freiburger Protokoll. Diskussion zum Thema: Abschöpfung des Kaufkraftüberhangs.“, Freiburg, Ende Juli 1943, Adolf Lampe, als Manuskr. vervielf. (im folgenden zit. als Gutachten Nr. 10), S. 11.

Dem Gutachten Nr. 30, das im August 1944 geschrieben wurde, kann entnommen werden[3], daß im abschließenden Gesamtgutachten zwei Möglichkeiten zur Wiederherstellung der Währungsordnung aufgezeigt werden sollten: die Währungsreform und die „Währungsreparatur“ durch Abschöpfung des Kaufkraftüberhangs. Zur Formulierung des Währungsreformkonzeptes kam es nicht mehr. Die „Währungsreparatur“ dagegen wurde ausführlich diskutiert und im Gutachten Nr. 30 abschließend zusammengefaßt. So kann im folgenden nur die Reparaturlösung behandelt werden.

2. Währungssanierung durch Kaufkraftabschöpfung („Währungsreparatur“)

a) Entstehung des Kaufkraftüberhangs

Der Kaufkraftüberhang entstand, so die Gutachter, aus der Kombination von unproduktiver Kreditschöpfung zur Finanzierung des Krieges und dem Preisstopp seit 1936[4]. Kaufkraftüberhang bedeutet, daß Teile des Geldeinkommens keine Verwendung finden können und sich stauen. Hierin liegt eine neue Form der Geldentwertung[5]: der Preisstopp und die Rationierung verhinderten die Zerstörung des Geldes, d. h. die offene Inflation, es entstand eine „verdeckte Inflation“. In ihr bleibt ein ständig abnehmender Teil der Geldmenge intakt, während der andere Teil zwar seinen nominellen Wert behält, faktisch aber wertlos ist, da ihm kein Angebot gegenübersteht.

Der Kaufkraftüberhang wird zunächst allgemein als eine vorübergehende, kriegsbedingte Erscheinung angesehen. Die überschüssigen Beträge werden in mittelfristigen und kurzfristigen Staatsschuldentiteln angelegt. Bei zunehmendem Kaufkraftüberhang werden die Bürger jedoch skeptisch, sie verlieren das Vertrauen zum Geld, das „halbfreiwillige“ Sparen in Staatspapieren geht zurück. Der Staat wird sich nun durch Zwangssparmaßnahmen Liquidität verschaffen: Kreditinstitute, öffentliche Körperschaften, Versicherungen und ähnliche werden verpflichtet, disponible Mittel in Staatspapiere anzulegen. Die Kreditschöpfung geht weiter[6].

---

[3] Vgl. Gutachten „Abschliessende Gutachten zur Vorbereitung der nächsten Sitzung der Arbeitsgemeinschaft: Allgemeine Volkswirtschaftslehre. 1. Gutachten: Die Wiederherstellung der Währungsordnung.“, Freiburg, Mitte August 1944, Adolf Lampe, als Manusk. vervielf. (im folgenden zit. als Gutachten Nr. 30), S. 4.

[4] Vgl. Gutachten Nr. 30, S. 1; ähnlich: Gutachten Nr. 3, S. 3 f.; Gutachten Nr. 12, S. 5.

[5] Vgl. Gutachten Nr. 9, S. 10; ähnlich: Gutachten Nr. 30, S. 1 f.

[6] Vgl. Gutachten Nr. 30, S. 2 f.

Die Gutachter weisen darauf hin, daß angesichts des ständig sinkenden Geldwertes die Tendenz zum Warentausch stark zunimmt. Das Geld verliert seine Zahlungsmittelfunktion, es dient nur noch als Rechnungseinheit. Das Geld hat damit weitgehend seine Bedeutung eingebüßt. Eine neue Währung wird notwendig, wobei zu prüfen ist, ob eine „Währungsreparatur" in Form von Kaufkraftabschöpfung noch möglich oder eine Währungsreform notwendig ist. Die Reparaturlösung ist nur anwendbar, wenn der Kaufkraftüberhang nicht sehr hoch und das Güterangebot nicht völlig lahmgelegt ist[7].

b) Notwendigkeit der Kaufkraftabschöpfung

Die Rückkehr zu normalen Verhältnissen und der Übergang zur Marktwirtschaft machen die Kaufkraftabschöpfung notwendig[8]. Die Gutachter legen ihren Überlegungen die Quantitätsgleichung zugrunde, die durch den Preisstopp verfälscht wurde. Da eine aufgeblähte Geldmenge schon aus sozialen Erwägungen nicht möglich ist und ein Hineinwachsen des Angebots in die monetäre Nachfrage die Beibehaltung der Zwangswirtschaft und des Preisstopps bedeuten würde, bleibt nach dem Krieg nur die Anpassung der Geldmenge an die niedrigeren Preise, um einen Gesamtausgleich von Angebot und Nachfrage zu erreichen[9]. Wird die Geldmenge nicht den niedrigeren Preisen angepaßt, muß mit einem erheblichen Druck der aufgeblähten Geldmenge auf die Preise gerechnet werden, dem die Preisbehörden nicht mehr standhalten könnten[10].

Die Gutachter gehen davon aus, daß eine Kaufkraftabschöpfung nur dann sinnvoll ist, wenn der Reichshaushalt ausgeglichen ist, damit eine güterwirtschaftlich ungerechtfertigte Kreditschöpfung unterbleibt[11] und die Staatsausgaben so gedrosselt werden, daß der Druck des Kaufkraftüberhangs auf das Preisniveau gemindert wird[12]. Gleichzeitig müssen sämtliche Aufträge an die Rüstungsindustrie gestoppt werden[13]. Hauptproblem der Kaufkraftabschöpfung ist jedoch, daß der Kaufkraftüberhang möglichst vollständig erfaßt wird und insbesondere die liquiden Mittel der Unternehmen gekürzt werden, da sonst die Gefahr der se-

---

[7] Vgl. ebenda, S. 3 f.

[8] Vgl. Gutachten Nr. 3, S. 6; Gutachten Nr. 8, S. 1.

[9] Vgl. Gutachten Nr. 3, S. 6 f.; Gutachten Nr. 5 a, S. B 3; Gutachten Nr. 11, S. 13 f.; Gutachten Nr. 12, S. 5; Gutachten Nr. 14 a, S. 5; Gutachten Nr. 30, S. 5.

[10] Vgl. Gutachten Nr. 30, S. 6.

[11] Vgl. Gutachten Nr. 11, S. 14.

[12] Vgl. Gutachten Nr. 8, S. 1.

[13] Vgl. Gutachten Nr. 11, S. 14.

kundären Inflation bestehen bleibt[14]. Eine Kaufkraftabschöpfung auf dem Steuerwege durch Erzielung von Haushaltsüberschüssen verbietet sich schon deshalb[15].

c) Die Technik der Kaufkraftabschöpfung

ca) Das Maß der Kaufkraftabschöpfung

Die Höhe des Kaufkraftüberhangs bei Kriegsende ist im voraus nicht feststellbar. Zur Bestimmung des Abschöpfungsprozentsatzes fehlen weitgehend Anhaltspunkte. Die Gutachter rechnen damit, daß die Geldmenge auf die des Krisenjahres 1932 reduziert werden muß, sehen aber von der Nennung der angestrebten Geldmengenhöhe ab[16]. Sie empfehlen, die Geldmenge keinesfalls zu stark zu kürzen, da dann die Gefahr der Deflationstendenz besteht[17]. Ebenso ist die Belassung eines Geldüberhanges bedenklich, da durch ihn bei gleichzeitiger Aufhebung des Preisstopps Preissteigerungstendenzen bewirkt würden und die Produktion möglicherweise in falsche Bahnen gelenkt würde. Richtig ist die Höhe der Kaufkraftabschöpfung nach Ansicht der Gutachter dann, wenn sie eine der Nachfrage gemäße Entwicklung der Produktion bewirkt. Dies soll das Verfahren der individuellen Kaufkraftabschöpfung gewährleisten[18].

cb) Die individuelle Kaufkraftabschöpfung[19]

Die Kaufkraftabschöpfung muß, so die Vorstellungen der Gutachter, überraschend erfolgen, damit sich keine Signalwirkungen einstellen können. Sie sollte abends nach Geschäftsschluß angekündigt und anderntags durchgeführt werden. Möglicherweise wird ein halber oder ganzer Geschäftsfeiertag eingelegt werden müssen, von dem nur Geschäfte, die rationierte Lebensmittel anbieten, ausgenommen werden sollen[20]. Es wird vorgeschlagen, die Kaufkraftabschöpfung auf den letzten Freitag im Monat, also das Ende der Lohn- und Gehaltszahlungsperiode zu legen[21]. Wichtig ist, daß die Kaufkraftabschöpfung so angelegt wird,

---

[14] Vgl. ebenda, S. 55.

[15] Vgl. Gutachten Nr. 1, S. 10 f.; Gutachten Nr. 5 a, S. B 4; Gutachten Nr. 8, S. 1; Gutachten Nr. 10, S. 3 f.

[16] Vgl. Gutachten Nr. 30, S. 7; ähnlich: Gutachten Nr. 7, S. 1; Gutachten Nr. 9, S. 2. In diesem Gutachten wird jedoch noch mit einer geringeren Geldmengenkürzung gerechnet.

[17] Vgl. Gutachten Nr. 3, S. 7; Gutachten Nr. 8, S. 2; Gutachten Nr. 9, S. 8; S. 1; Gutachten Nr. 10, S. 3 f.

[18] Vgl. Gutachten Nr. 30, S. 7 f.

[19] Vgl. zu diesem Absatz auch Gutachten Nr. 10, S. 11 - 21.

[20] Vgl. Gutachten Nr. 30, S. 9; ähnlich: Gutachten Nr. 3, S. 7; Gutachten Nr. 5 a, S. B 2.

[21] Vgl. Gutachten Nr. 9, S. 2; Gutachten Nr. 10, S. 11.

daß keine Kaufkraftüberhänge bestehen bleiben. Das Verfahren ist so gedacht, daß die Kaufkraftabschöpfung bewußt sehr hoch ausfällt, die Möglichkeit aber besteht, die gekürzten Gelder wieder freizubekommen, wenn dies der wirtschaftlichen Entwicklung entspricht[22] (siehe unten).

In den Gutachten wird die Auffassung vertreten, daß die Abschöpfung des Buchgeldes ohne Schwierigkeiten erfolgen kann: Die Banken müssen die Giralgelder um den entsprechenden Prozentsatz kürzen. Der gekürzte Betrag wird dem Kunden auf einem „Sperrkonto" gutgeschrieben. Auch die Postscheckämter müssen die Kontoeinlagen ihrer Kunden kürzen und für diese bei einer Bank deren Wahl ein Sperrkonto errichten.

Die Banknoten sollen nach den Plänen der Gutachter durch Abstempelung um den festgesetzten Prozentsatz entwertet werden. Von dieser Aktion werden nur die kleinen Scheine bis zu einem Wert von 5 oder 10 RM ausgenommen, wodurch soziale Härten vermieden und das Verfahren vereinfacht werden. Die größeren Scheine müssen zum Ausgleich um einen entsprechend höheren Prozentsatz gekürzt werden[23]. Da die Geldabschöpfung Zeit beansprucht, möglichst aber Kassenklemmen vermieden werden sollen, können zunächst nur runde Summen abgestempelt, beispielsweise bei einer Abstempelung 1:4 in den ersten Tagen nur Beträge zu 20, 40, 60, . . ., 200 . . . RM umgetauscht werden.

Die Abstempelung der Geldzeichen soll, so der Gutachtervorschlag, für die Unselbständigen durch die Ernährungsämter erfolgen, da dann jedem Bürger die für ihn zuständige Stelle bekannt ist. Das Amt wird die Geldzeichen durch Stempel für gültig erklären und eine laufend numerierte Quittung in doppelter Ausfertigung ausstellen, auf der Name und Adresse des Einreichenden, die bearbeitende Stelle, die Bank, bei der das Sperrkonto errichtet werden soll, und die Nummern der eingereichten Geldscheine einzutragen sind. Das Original der Quittung dient dem Einzahlenden als Unterlage zur Errichtung seines Sperrkontos, der Durchschlag bleibt mit den angehefteten eingezogenen Geldnoten bis zur Überprüfung bei der einziehenden Stelle.

Handelt es sich um „Betriebsgelder", so soll die Abstempelung von den Privatbanken vorgenommen werden. Das Verfahren bleibt aber das gleiche, nur daß die Sperrkonten sofort errichtet werden können.

---

[22] Vgl. Gutachten Nr. 30, S. 8.

[23] Vgl. Gutachten Nr. 9, S. 2 f.; Gutachten Nr. 10, S. 11; Gutachten Nr. 30, S. 9 f.

Dadurch sind die Unternehmer in der Lage, schneller über ihre Gelder zu verfügen[24].

Damit die Kaufkraftabschöpfung voll wirksam werden kann, müssen nach Ansicht der Gutachter die Sparguthaben und alle Schuldtitel zumindest für eine Übergangszeit eingefroren werden, da sie sonst zu Giralgeld werden könnten[25]. Ebenso müssen Wertpapiere zunächst festgelegt werden, um einen Run auf die Banken und die Gefährdung ihrer Liquidität zu vermeiden[26].

cc) Kaufkraftabschöpfung und Kreditvergabe

Die Gutachter gehen davon aus, daß die Wirtschaft im Wiederaufbau Kredite benötigt. Da das private Sparen bei Kriegsende sehr gering sein, es durch die Geldabstempelung noch zusätzlich abnehmen wird, muß der Staat das Sparen fördern[27]. Wichtiger als die Beeinflussung des Sparens ist aber die der Kreditvergabe. Der Zins wird seine Lenkungsfunktion verlieren, die Unternehmer akzeptieren ihn in jeder Höhe[28]. Es muß deshalb nach Meinung der Gutachter ein anderer Maßstab zur Kreditverteilung gefunden werden. Eine Kreditzuteilung scheitert, da jedes sinnvolle Richtmaß fehlt und durch sie die Zwangswirtschaft erhalten bliebe[29]. Möglich ist nur eine Verteilung der Kredite, die sich an der Güternachfrage orientiert. Deshalb sollen Kredite, soweit es sich nicht um Notkredite für sonst zusammenbrechende, aber zu erhaltende Unternehmen handelt, vom Konsumenten ausgehen[30].

Gedacht ist an eine bedingte Freilassung der bei der Kreditschöpfung entstandenen Sperrkonten. Den Konsumenten sollen in Höhe ihrer Sperrkontoguthaben „Sperrkontokarten“ ausgestellt werden, mit de-

---

[24] Vgl. Gutachten Nr. 30, S. 9 ff.; ähnlich: Gutachten Nr. 10, S. 11 f., S. 19 f.; Gutachten Nr. 11, S. 15 f.

[25] Vgl. Gutachten Nr. 10, S. 13; Gutachten Nr. 30, S. 13.

[26] Vgl. Gutachten Nr. 5 a, S. D 2; Gutachten Nr. 8, S. 2; Gutachten Nr. 10, S. 23; Gutachten Nr. 11, S. 16.

[27] Vgl. Gutachten Nr. 3, S. 8, S. 14; Gutachten Nr. 5 a, S. B 4; Gutachten Nr. 11, S. 34 f., 54 f.; Gutachten Nr. 12, S. 8 f.; Gutachten Nr. 14 a, S. 8.

[28] Vgl. Gutachten Nr. 3, S. 10, S. 13; Gutachten Nr. 5 a, S. D 5; Gutachten Nr. 7, S. 10 f.; Gutachten Nr. 9, S. 5; Gutachten Nr. 11, S. 33 f.; Gutachten Nr. 12, S. 8; Gutachten Nr. 14 a, S. 8.

[29] Vgl. Gutachten Nr. 9, S. 5; Gutachten Nr. 10, S. 1.

[30] Vgl. Gutachten Nr. 30, S. 13 f.; ähnlich: Gutachten Nr. 10, S. 5; Gutachten Nr. 11, S. 56; Gutachten Nr. 12, S. 8. — Im folgenden werden ausschließlich die Vorschläge des Gutachtens Nr. 30 erörtert. Es kann davon ausgegangen werden, daß die Gutachter ihre in früheren Gutachten gemachten Vorschläge zur Erhöhung des „Geldkapitalangebotes“ und zur Einschränkung der „Geldkapitalnachfrage“ nicht mehr für durchsetzbar erachteten, sie werden jedenfalls im Gutachten Nr. 30 nicht erörtert. Es steht zu vermuten, daß die früheren Vorschläge fallengelassen wurden, da sie zu viele zwangswirtschaftliche Eingriffe erforderlich machen würden.

nen sie beim Einzelhandel und Handwerk Waren vorbestellen können. Der mutmaßliche Warenpreis wird von den Lieferanten in der Sperrkontokarte eingetragen, der Betrag somit für sie gesperrt. Die Zahlung erfolgt bei Lieferung der Waren durch die Privatbank an den Lieferanten. Benötigt der Unternehmer zur Erfüllung der bei ihm eingegangenen Vorbestellungen Kapital, so kann er, sofern er ein bestimmtes Kontingent an Vorbestellungen der Privatbank nachweisen kann, bei dieser Kredite beantragen. Durch dieses Verfahren ergibt sich eine wirtschaftlich sinnvolle Debitorenauslese, und gleichzeitig wird eine sozial und politisch untragbare Zinshöhe vermieden[31]. Daneben erhöht das Vorbestellsystem nach Meinung der Gutachter die Markttransparenz, und es kann so gestaltet werden, daß es den Leistungswettbewerb erhöht[32].

cd) Kaufkraftabschöpfung und Staatsschuldentitel

Im Unterschied zur offenen Inflation behalten die Gläubigerrechte in der verdeckten Inflation ihren vollen Wert, obwohl ihnen güterwirtschaftlich keinerlei Werte gegenüberstehen. So stellen die im Krieg in erheblicher Höhe angesammelten Spareinlagen und Staatsschuldtitel ein echtes Problem dar. Die Versuchung liegt nahe, im Zuge der „Währungsreparatur" die Ersparnisse ebenfalls zusammenzustreichen. Diese an sich wünschenswerte Lösung läßt sich aber nach Ansicht der Gutachter politisch nicht verantworten, da dies als Bankrotterklärung des Staates und als Volksbetrug verstanden würde. Eine derartige Erschütterung des Vertrauens kann sich der Staat nach Meinung der Gutachter in der Wiederaufbauphase nicht leisten, weil diese Maßnahmen nicht nur fiktives, sondern auch echtes Sparen treffen würde.

Unstreitig ist, daß die in Privathand befindlichen Staatsschuldtitel „wirtschaftlich fiktive Werte"[33] darstellen. Sie dienten nicht der Finanzierung von Investitionen, sondern der Finanzierung von „Zerstörungsgütern"[34]. Da die Gutachter eine Entwertung dieser Ersparnisse nicht für möglich halten, schlagen sie deren „Unterbauung"[35] vor. Es sollen in einem mehrere Jahre umfassenden Zeitraum Werte geschaffen werden, ohne daß gleichzeitig neue Gläubigerrechte entstehen. Gedacht ist offensichtlich an die Erzielung von Haushaltsüberschüssen durch Besteuerung. Mit diesen Überschüssen sollen die Kriegsschulden zurück-

---

[31] Vgl. Gutachten Nr. 30, S. 13 ff.; ähnlich: Gutachten Nr. 10, S. 11 ff.; Gutachten Nr. 13, S. 15 f.; Gutachten Nr. 17 a, S. 3.

[32] Vgl. Gutachten Nr. 11, S. 21 f.; Gutachten Nr. 12, S. 14; Gutachten Nr. 14 a, S. 13.

[33] Gutachten Nr. 30, S. 12.

[34] Ebenda.

[35] Ebenda.

gezahlt werden, wobei der Staat keinerlei feste Zusagen machen sollte. Die Rückzahlung muß an die Verpflichtung gebunden sein, die Gelder langfristig wirtschaftlich anzulegen.

Weitere Einzelheiten sollten in späteren Gutachten erörtert werden, die jedoch nicht mehr fertiggestellt wurden. Zum Verfahren ist nur bekannt, daß eine zwangsweise Anleihekonversion vorgesehen war. Die öffentlich-rechtlichen Schuldtitel sollten in Namenspapiere umgewandelt werden, um zu vermeiden, daß die Unternehmer sich mit ihrer Hilfe Liquidität verschaffen könnten[36]. In früheren Gutachten[37] wurde ausführlich erörtert, daß die Rediskontzusage weitgehend eingeschränkt oder aufgehoben werden soll, um eine sekundäre Inflationswelle zu vermeiden. Es darf angenommen werden, daß die Gutachter an diesem Vorschlag festgehalten hätten.

II. Übergang zu marktlicher Devisenordnung[38]

1. Problemstellung

Die Gutachter halten die Anbahnung geordneter Außenhandelsbeziehungen für eine vordringliche Aufgabe der Wiederaufbaupolitik. Da die Gold- und Devisenbestände bei Kriegsende nahezu erschöpft sein werden, muß der Export intensiv gefördert werden[39]. Voraussetzung hierfür ist nach Ansicht der Gutachter, daß die Devisenzwangswirtschaft parallel zur Kaufkraftabschöpfung aufgehoben wird[40]. Die theoretisch mögliche Beibehaltung der Devisenzwangswirtschaft halten sie für widersinnig. Es stellt sich das Problem, wie eine marktliche Devisenordnung erreicht werden kann; denn die Selbstregelung durch den Markt scheidet aus, da sie zunächst abnorme Devisenpreise bewirken und später durch starke Kursschwankungen zu einer ständigen Un-

---

[36] Vgl. ebenda, S. 12 f.; ähnlich: Gutachten Nr. 10, S. 21 - 25.

[37] Vgl. Gutachten Nr. 1, S. 11 ff.; Gutachten Nr. 2, S. 6; Gutachten Nr. 3, S. 8; Gutachten Nr. 4, S. 2; Gutachten Nr. 5 a, S. D 2; Gutachten Nr. 8, S. 2; Gutachten Nr. 9, S. 3 f.; Gutachten Nr. 10, S. 3; Gutachten Nr. 11, S. 15.

[38] Dieses Problem wurde ausführlich erörtert (vgl. Gutachten Nr. 5 a, S. E 2; Gutachten Nr. 11, S. 28 ff.; Gutachten Nr. 12, S. 12; Gutachten Nr. 13, S. 13; Gutachten Nr. 14, S. 11). Das im folgenden Wiedergegebene stützt sich in erster Linie auf das Gutachten „Die Zwischenregelung des Valutaproblems.“, Freiburg, Anfang Juli 1944, Adolf Lampe, als Manusk. vervielf. (im folgenden zit. als Gutachten Nr. 32), in dem Lampe seine Vorschläge zusammenfaßt. Es dürfte sich bei dieser Ausarbeitung um die Vorbereitung des abschließenden Gutachtens handeln, so daß dieses Thema wohl ausdiskutiert war.

[39] Vgl. Gutachten Nr. 11, S. 27.

[40] Vgl. Gutachten Nr. 12, S. 12; Gutachten Nr. 14 a, S. 11; Gutachten Nr. 32, S. 1.

sicherheit der innerwirtschaftlichen Beziehungen führen würde[41]. Es würde jeder normale Außenhandel erschwert und die dringend notwendige Kreditaufnahme im Ausland nahezu unmöglich[42]. Die Gutachter halten es daher für notwendig, eine Übergangslösung von der Devisenzwangswirtschaft zur Devisenordnung zu finden.

2. *Einfuhrscheinsystem als Übergangslösung*

Die Gutachter schlagen zur Überleitung der Devisenzwangswirtschaft in eine marktliche Devisenordnung ein Einfuhrscheinsystem vor, das auf dem Krogmann-Plan[43] von 1931 aufbaut[44]. Dieses Verfahren erlaubt ein langsames Einspielen der neuen Kurse und ein vorläufiges formales Festhalten an den alten Kursen[45].

Das Einfuhrscheinsystem ermöglicht, daß alle Exporteure frei disponieren können: Für jedes Exportgeschäft erhält der Exporteur in der Höhe des Exports einen auf die Valuta des Bestimmungslandes ausgestellten Einfuhrschein[46]. Dieser kann entweder bei Abschluß des Exportgeschäftes oder bei Zahlungseingang ausgestellt werden. Das erste Verfahren hat den Vorzug, daß die Einfuhrscheine früher zum Verkauf angeboten werden können, das andere dagegen garantiert, daß alle erhaltenen Devisen freiwillig abgeliefert werden. Die Gutachter stellen zur Diskussion, die Einfuhrscheine bei Vollzug des Exports auszugeben, weitere Einfuhrscheine für spätere Geschäfte aber erst dann zuzuteilen, wenn für die bereits erhaltenen Einfuhrscheine, soweit zahlungstechnisch möglich, die Devisen eingegangen sind[47].

Importe werden nur dann genehmigt, wenn im Wert der Importwaren Einfuhrscheine vorgelegt werden, die auf die Valuta des Herkunftlandes lauten. Diese müssen die Importeure von den Exporteuren erwerben. Da nach dem Krieg eine große Nachfrage nach Importwaren zu erwarten ist, wird sich sehr schnell ein Markt für Einfuhrscheine bilden. Die Preise werden anfänglich recht hoch, für die einzelnen Va-

---

[41] Vgl. Gutachten Nr. 32, S. 1; ähnlich: Gutachten Nr. 11, S. 28; Gutachten Nr. 12, S. 12; Gutachten Nr. 14 a, S. 1.

[42] Vgl. Gutachten Nr. 32, S. 1; ähnlich Gutachten Nr. 12, S. 12.

[43] Vgl. *Krogmann*, Carl Vincent: „Zur Regelung der Auslands-Verschuldung", in: Wirtschaftsdienst (Hamburg), 16. Jg., H. 14 (1931), S. 584 - 586; *Seesemann*, Kurt: „Der Krogmann-Plan", in: Blut und Boden, 1. Jg., H. 6 (1933), S. 235 - 237.

[44] Vgl. Gutachten Nr. 5 a, S. E 2; Gutachten Nr. 11, S. 28 ff.; Gutachten Nr. 12, S. 12 ff.; Gutachten Nr. 13, S. 13; Gutachten Nr. 14 a, S. 11; Gutachten Nr. 32, S. 2 ff.

[45] Vgl. Gutachten Nr. 5 a, S. E 2.

[46] Vgl. Gutachten Nr. 5 a, S. E 2; Gutachten Nr. 11, S. 28 f.

[47] Vgl. Gutachten Nr. 32, S. 2.

luten jedoch sehr unterschiedlich sein, je nachdem, ob mit dem betreffenden Land eine aktive oder passive Handels- und Dienstleistungsbilanz besteht. Da aber auch ausländische Kreditgeber in Höhe der in ausländischer Währung eingezahlten Kredite Einfuhrscheine erhalten, werden aus Ländern mit passiver Handels- und Dienstleistungsbilanz Kredite einströmen. Preisbildungsvorgänge werden auf einen Ausgleich der Handelsbilanz hinwirken, denn die Importe aus diesen Ländern werden teurer, die Exporte in diese jedoch billiger. Die Gefahr, daß die ausländischen Kreditgeber die gewährten Kredite überraschend kündigen werden, scheint den Gutachtern deshalb gering, weil die Gläubiger für den Abzug der ausländischen Gelder Einfuhrscheine vorlegen müssen, die sie auf dem freien Markt erwerben müssen; dadurch würden sie einen Großteil ihrer durch den Verkauf der Einfuhrscheine erzielten Gewinne wieder einbüßen.

Der Effekt des Einfuhrscheinsystems wird darin gesehen, daß die Exporte auf Kosten der Importe gefördert und gesteuert werden können[48]. Den Exporteuren fällt durch den Verkauf der Einfuhrscheine eine Exportprämie zu, die es ihnen ermöglicht, auf dem ausländischen Markt zu günstigeren Preisen anzubieten, ohne daß Dumping vorliegt. Die Importe werden jedoch verteuert, da der Importeur die Einfuhrscheine erwerben muß[49]. Dieses System ermöglicht zunächst, völlig auf Zölle zu verzichten[50]. Ein weiterer Vorteil des Einfuhrscheinsystems wäre, daß die nach dem Krieg zu erwartenden starken Preisschwankungen nicht auf den internationalen Devisenmärkten ausgetragen, sondern ins Landesinnere verlagert werden[51].

Mit einer Selbstauflösung des Einfuhrscheinsystems rechnen die Gutachter dann, wenn die ausländischen Preise stärker steigen als die durch Kaufkraftabschöpfung stabilisierten deutschen. Wahrscheinlicher erscheint ihnen jedoch, daß sich die anfänglich stark schwankenden Einfuhrscheinpreise stabilisieren und nur noch in engen Grenzen bewegen. Dies ist dann zu erwarten, wenn sich die internationalen Außenhandels- und Kreditbeziehungen normalisiert haben. Dann wäre es möglich, für ausländische Währungen wieder marktgemäße Kurse festzulegen. Die Bemessungsgrundlagen werden die für die betreffende Währung noch bestehenden durchschnittlichen Einfuhrscheinpreise sein, die dem alten Kurs zugeschlagen werden. Es wäre eventuell eine Fixierung der neuen Kurse in Gold möglich[52]. Nun könnte das Einfuhr-

[48] Vgl. Gutachten Nr. 11, S. 29 f.

[49] Vgl. Gutachten Nr. 32, S. 2 f.

[50] Vgl. Gutachten Nr. 5 a, S. E 2.

[51] Vgl. Gutachten Nr. 12, S. 12; Gutachten Nr. 14 a, S. 11.

[52] Die Gutachter waren sehr unterschiedlicher Meinung, ob eine Goldwährung wiedereingeführt werden sollte oder nicht. Wie die endgültige Ent-

scheinsystem wegfallen. Der Anschluß an eine neue Weltwirtschaft wäre erreicht[53]. Die langwierigen Vorverhandlungen zur Sanierung des Weltwährungssystems könnten nach Ansicht der Gutachter beginnen, vorausgesetzt, daß die politische Situation konsolidiert wäre[54].

D. Finanzpolitik der Wiederaufbauwirtschaft[1]

I. Aufgaben der Finanzpolitik nach dem Krieg[2]

1. Notwendigkeit eines Reichshaushaltsausgleichs

a) Finanzlage des Staates

Nach dem Krieg werden außerordentliche Anforderungen an den Staat gestellt werden. Lampe, der 1944 für die Arbeitsgemeinschaft das finanzpolitische Konzept entwickelte, mißt deshalb der Finanzpolitik „im Rahmen der Wiederaufbauwirtschaft zentrale Bedeutung“[3] bei. Sie darf nicht vor unpopulären Maßnahmen zurückschrecken. Kostensteigerungen und Substanzzerstörung muß sie unbedingt vermeiden[4]. Die Wiederherstellung eines ausgeglichenen Staatshaushalts halten die Gutachter für eine Grundvoraussetzung zur Erreichung der Marktwirt-

---

scheidung ausgefallen wäre, ist unklar. Vgl. Gutachten Nr. 11, S. 44; Gutachten Nr. 13, S. 12; Gutachten Nr. 14 a, S. 1.

[53] Vgl. Gutachten Nr. 32, S. 4; ähnlich: Gutachten Nr. 5 a, S. E 2; Gutachten Nr. 11, S. 30; Gutachten Nr. 12, S. 12 f.; Gutachten Nr. 14 a, S. 12.

[54] Vgl. Gutachten Nr. 32, S. 1.

[1] In diesem Kapitel werden im wesentlichen die Ausführungen Lampes im Gutachten Nr. 25 a unter Berücksichtigung der Kritik von Albrecht im Gutachten „Bemerkungen von Herrn Prof. Dr. Albrecht zu ‚Finanzpolitik der Wiederaufbauwirtschaft‘“, o. O. (Freiburg), o. D. (April/Mai 1944), als Manusk. vervielf. (im folgenden zit. als Nr. 25 b) und v. Beckeraths „Diskussionsbeitrag zur Frage der Einkommensteuer-Überwälzung“, Freiburg, Anfang Juli 1944, Erwin v. Beckerath, als Manusk. vervielf. (im folgenden zit. als Gutachten Nr. 29 b) wiedergegeben. Das abschließende Gutachten der Finanzpolitik sollte Lampe erstellen, v. Beckerath hatte einen Appendix angekündigt. Es darf angenommen werden, daß Lampe sein vorliegendes Gutachten nur unwesentlich verändert haben würde, so daß im folgenden die endgültigen finanzpolitischen Vorschläge der „Arbeitsgemeinschaft Erwin v. Beckerath“ enthalten sind. Die ausführlichen theoretischen Erörterungen insbesondere über die Möglichkeiten einer Einkommensteuerüberwälzung, wie sie in den Gutachten Nr. 29 a - c enthalten sind, werden nur am Rande erwähnt, da hier in erster Linie die wirtschaftspolitischen und finanzpolitischen Vorschläge aufgezeigt werden sollen. Die in den Gutachten Nr. 29 a - c enthaltenen Argumente und Gegenargumente zur Einkommensteuerüberwälzung und der Einkommensteuer als Zentralsteuer sind ohnehin in die Literatur eingegangen.

[2] Der Aufbau dieses Kapitels lehnt sich eng an den des Gutachtens Nr. 25 a an.

[3] Gutachten Nr. 25 a, S. 1.

[4] Vgl. Gutachten Nr. 25 a, S. 1; ähnlich: Gutachten Nr. 11, S. 48.

schaft[5]; denn „Wiederaufbau ist mit Substanzverzehr wirtschaftslogisch unvereinbar"[6]. Die Beibehaltung der Kreditschöpfung würde jedoch die „Fortsetzung des Raubbaus am Realkapital der Wirtschaft"[7] bedeuten.

Eine Verschuldung des Staates auf dem Kapitalmarkt ist nach übereinstimmender Meinung der Gutachter wegen der zu erwartenden geringen Sparneigung breiter Schichten und dem hohen Kapitalbedarf der privaten Wirtschaft nicht möglich. Mit hohen Einnahmen aus den öffentlichen Unternehmen kann nach dem Krieg nicht gerechnet werden, da gerade bei ihnen erhebliche Substanzverluste zu verzeichnen sind. Dem Staat bleibt somit als einzige Einnahmequelle die Erhebung von Steuern.

Wird auf Kreditschöpfung verzichtet und die wirtschaftliche Demobilmachung eingeleitet, wäre für einen längeren Zeitraum mit einer schwierigen Finanzlage des Staates zu rechnen. Praktische Maßnahmen sind erforderlich[8].

b) Sparpolitik

Die Gutachter gehen davon aus, daß der Wegfall der Kriegsausgaben den Reichshaushalt nicht erheblich entlasten wird, da zur Vermeidung von sozialen und wirtschaftlichen Katastrophen die gegebenen Rüstungsaufträge kurzfristig erhalten bleiben müssen. Das war jedoch umstritten. Einig war man sich darüber, daß eine schnelle Umstellung der Rüstungsindustrie auf zivilen Bedarf erwünscht ist. Die Gewinne der in erster Linie auf Rüstungsbedarf ausgerichteten Industrie werden spürbar sinken, ebenso deren Steuerzahlung. Auf der anderen Seite wird der Staat erhebliche Beträge für die Wirtschaftsdemobilmachung aufwenden müssen. Eine entschiedene Sparpolitik des Staates ist notwendig. Lampe schlägt folgende Maßnahmen vor:

1. Die öffentliche Arbeitsbeschaffung nach dem Krieg muß so angelegt sein, daß sie kurzfristig beendet werden kann.
2. Die Verzinsung von im Krieg ausgegebenen Reichsschuldtiteln soll nur in den Fällen erfolgen, wo es wirtschaftlich oder sozial notwendig ist. Ansonsten sollen für die Zinsbeträge Schuldscheine ausgegeben werden[9]. Banken soll teilweise die Zinszahlung verweigert werden.

---

[5] Albrecht dagegen sieht in der Übergangszeit keine Möglichkeit zu einem Ausgleich des öffentlichen Haushalts, da die auf den Staat zukommenden Aufgaben zu groß seien.

[6] Gutachten Nr. 25 a, S. 1.

[7] Ebenda.

[8] Vgl. ebenda, S. 1 f.; ähnlich: Gutachten Nr. 14 a, S. 5.

3. Kulturelle Sachausgaben sollen weitestgehend unterbleiben, nicht dagegen kulturelle Personalausgaben.

4. Die Beamtengehälter sind entsprechend der allgemeinen Reallohnsenkung zu kürzen[10].

Die Sparpolitik allein wird den Ausgleich des Staatshaushalts nicht herbeiführen können. Auch die Veräußerung von Heeresbeständen, die der zivilen Versorgung oder der Industrie als Halb- oder Rohmaterial dienen können, werden die Finanzlage des Staates nur wenig entspannen[11]. Erhebliche Steuererhöhungen sind nach Auffassung der Gutachter unumgänglich, sie müssen jedoch wirtschaftlich wie sozial tragbar bleiben. Eine allgemeine, planlose Erhöhung der Steuern wird keinen Weg aus der Finanzmisere weisen; eine umgreifende Finanzreform ist erforderlich[12].

2. *Aufbau eines funktionierenden Steuersystems*

a) Steueransatz

Ziel der Steuerpolitik muß es sein, alle unerwünschten Angebots- und Nachfrageverschiebungen infolge der Besteuerung so gering wie möglich zu halten. Gerade bei sehr hoher Steuerbelastung ist eine sorgfältige Auswahl der Steuern erforderlich.

Lampe schlägt vor, die Steuern ausschließlich am Einkommen anzusetzen[13]. Die Erhebung von Substanzsteuern, die das reale Vermögen belasten, lehnt er ab, da der Staat dadurch den Wiederaufbau gefährden, zumindest hemmen würde. Neben dem Verzicht auf Substanzbesteuerung soll eine möglichst geringe Beeinträchtigung der Gesamtwirtschaft erreicht werden, indem:

1. „jede vermeidbare durch Steuern etwa sonst herausgeforderte Produktionsumstellung vermieden wird“[14],

---

9 Albrecht schlägt dagegen vor, für bestimmte Zeit die Verzinsung auszusetzen und die dadurch ersparten Beträge dem Wiederaufbau zuzuführen. Vgl. Gutachten Nr. 25 b, S. 1.

10 Vgl. Gutachten Nr. 25 a, S. 3.

11 Vgl. Gutachten Nr. 1, S. 13; Gutachten Nr. 3, S. 6; Gutachten Nr. 5 a, S. E 1 f.; Gutachten Nr. 12, S. 11 ff.

12 Vgl. Gutachten Nr. 25 a, S. 3 f.

13 Vgl. Gutachten Nr. 25 a, S. 4; ähnlich: Gutachten Nr. 3, S. 5; Gutachten Nr. 4, S. 2.

14 Gutachten Nr. 25 a, S. 5.

2. alle dem privaten Konsum entzogenen Mittel für Staatskonsum verwendet werden[15],
3. die Steuererhebung den Leistungswillen nicht beeinträchtigt.

Lampe räumt diesen ökonomischen Gesichtspunkten bei der Konzipierung eines Steuersystems den Vorrang vor der sozialen Lastenverteilung ein, die ohnehin durch keine noch so kunstvolle Steuertechnik erreicht werden könne[16].

b) Lastenverteilung

Voraussetzung für eine Lastenverteilung ist, daß der Destinatar auch tatsächlich zum Steuerträger wird, wobei Lampe darauf hinweist, daß ein Verbot legaler Steuerabwehr nicht möglich ist. Deshalb bleiben alle Maßstäbe der Steuergerechtigkeit sehr subjektiv. Möglich ist nur, eindeutige Grundsätze für eine Lastenverteilung zu entwickeln, wenn ein funktionierendes Steuersystem vorhanden ist. Für die Wiederaufbauphase ergibt sich daraus:

1. Das erforderliche Steueraufkommen ist nur bei hoher Besteuerung der kleinen und mittleren Einkommen zu erreichen.
2. Die Höhe des freizulassenden Existenzminimums muß politisch bestimmt werden.
3. Wird dieses Existenzminimum überschritten, so muß die Einkommensteuer mit starker Progression einsetzen[17].
4. Da bei höherem Einkommen mehr gespart wird, muß eine Wegsteuerung jener Einkommensteile vermieden werden, die sonst dem Kapitalmarkt zugeführt würden[18]. Ein Aussetzen der Progression ist politisch nicht möglich, ein Abflachen jedoch notwendig. Der Staat soll die ihm aus der Progression zugeflossenen Mittel dem Kapitalmarkt zuführen. Es wäre an eine Sparsteuer (siehe unten) zu denken. Die Steuerbelastungsgrenze ist dort zu ziehen, wo die Besteuerung den Leistungswillen[19] beeinträchtigt[20].

---

[15] Albrecht wendet ein, daß bei sehr hoher Einkommenbesteuerung auch das private Sparen reduziert werde. (Vgl. Gutachten Nr. 25 b, S. 2.)

[16] Vgl. Gutachten Nr. 25 a, S. 4 f.

[17] Albrecht wendet hiergegen ein, daß durch die starke Progression die niedrigeren Einkommensgruppen auf das Existenzminimum herabgedrückt würden und sie keine Möglichkeit zur Hebung ihres Lebensstandards hätten. (Vgl. Gutachten Nr. 25 b, S. 2).

[18] Albrecht weist darauf hin, daß die Sparneigung der niederen Einkommensschichten nicht übersehen werden dürfte (vgl. Gutachten Nr. 25 b, S. 2).

[19] Vgl. hierzu auch Gutachten Nr. 1, S. 14; Gutachten Nr. 11, S. 51 f.; Gutachten Nr. 12, S. 7.

[20] Vgl. Gutachten Nr. 25 a, S. 5 ff.

Ein wirtschaftlich richtiges Steuersystem kann an der Einkommensentstehung oder der Einkommensverwendung ansetzen. Alle anderen Ansatzpunkte hält Lampe für verfehlt. Weder Verkehrssteuern noch Besitzsteuern sind für ihn akzeptabel. Auch hält er den Grundsatz der Unmerklichkeit der Steuern für nicht vertretbar. Er plädiert für ein wirtschaftlich richtiges Steuersystem, das an der Leistungsfähigkeit des Steuerzahlers anknüpft[21]. Das Schwergewicht wird auf eine sinnvolle Steuerlastverteilung gelegt. Das Steuersystem muß so aufgebaut werden, daß Steuerdestinatare auch Steuerträger sind, andernfalls ergibt sich eine willkürliche Steuerlastverteilung[22].

3. Abbau der Verbrauchsbesteuerung

Im bestehenden Steuersystem sind die Verbrauchssteuern von großer Bedeutung. Lampe hält die Verbrauchsbesteuerung[23] aus preistheoretischen und sozialen Überlegungen für wirtschaftlich falsch, außerdem träfen diese Steuern oft nicht die vom Gesetzgeber gemeinten Schichten. Daneben sieht er die Gefahr der Wirtschaftsschädigung durch die Verbrauchssteuern, da sie als kostenbelastende Steuern eine Produktionsminderung verursachen. Er glaubt, daß die Verbrauchsbesteuerung den Wiederaufbau gefährde, und spricht sich für deren Abbau aus[24]. Das neue Steuersystem soll deshalb die Einkommensteuer als Zentralsteuer einführen[25], da sie eine gerechtere Lastenverteilung ermögliche und den Steuerdestinatar zum Steuerträger macht.

II. Die veranlagte Einkommensteuer als Zentralsteuer eines rationalen Steuersystems

1. Vorzüge der veranlagten Einkommensteuer

Lampe geht von folgenden Überlegungen aus: Die Einkommensteuer setzt außerhalb des Erwerbsprozesses an, wodurch sie sich von den kostenbelastenden Steuern unterscheidet. Ihre Bemessungsgrundlage

---

[21] Vgl. Gutachten Nr. 25 a, S. 7 f.

[22] Vgl. Gutachten „Fortwälzung der Einkommensteuer? Antikritische Bemerkungen zur Freiburger Diskussion des Themas am 8. und 9. 7. 1944.“, Freiburg, 13. Juli 1944, Adolf Lampe, masch. geschr. (im folgenden zit. als Gutachten Nr. 29 c), S. 1.

[23] Lampe zählt die Umsatzsteuer zu den Verbrauchssteuern (vgl. Gutachten Nr. 25 a, S. 11).

[24] Albrecht und v. Beckerath dagegen stehen der Verbrauchssteuer weniger kritisch gegenüber. v. Beckerath spricht sich zwar für eine Abschaffung der Umsatzsteuer aus, die Verbrauchssteuern, insbesondere Luxussteuer, will er jedoch beibehalten. (Vgl. Gutachten Nr. 25 a, S. 8 ff.; Gutachten Nr. 25 b, S. 2 f.; Gutachten Nr. 29 b, S. 5 f.)

[25] Vgl. Gutachten Nr. 5 a, S. D 4; Gutachten Nr. 3, S. 6.

ist das Ergebnis des Erwerbsprozesses. Sie kann nicht oder nur schwer überwälzt werden[26]. Daraus folgt, daß bei der Einkommensteuer Steuerzahler, Steuerdestinatar und Steuerträger weitgehend zusammenfallen. „Damit wird hier die Grundbedingung zur praktischen Durchsetzung der für gerecht bzw. gesamtwirtschaftlich notwendig gehaltenen Steuerlastenverteilung erfüllt[27].“

Da die Steuerbemessungsgrundlage das Einkommen des Destinatars ist, kann die Steuer nach Lampe so gestaltet werden, daß sie dessen persönliche Situation berücksichtigt. Die Einkommensteuer ermöglicht dem Fiskus, sorgfältige „Maßarbeit“ zu leisten[28]. Bei der Einkommensteuerveranlagung soll berücksichtigt werden:

— der Familienstand,

— die Freilassung eines differenzierten Existenzminimums,

— die Notwendigkeit privater Kapitalbildung,

— die Art des Einkommens,

— Steuerfreiheit für bestimmte Einkommensverwendung[29].

Weitere Vorzüge der Einkommensteuer sind für Lampe, daß sie, sofern man sie als Zentralsteuer verwendet, auch bei kleinen und mittleren Einkommen erhoben werden kann. Sie erlaubt somit die Berücksichtigung bevölkerungspolitischer Gesichtspunkte. Bei der Einkommensteuer ist eine geplante Lastenverteilung besser möglich als bei kostenbelastenden Steuern. Es kommt zu weniger Benachteiligung gerade der niedrigeren Einkommensschichten. Die Wahrscheinlichkeit, daß diese unter das Existenzminimum gedrückt werden, ist sehr viel geringer[30].

2. *Argumente gegen die veranlagte Einkommensteuer*

Die Kritiker der veranlagten Einkommensteuer als Zentralsteuer bringen gegen sie vor, daß sie

1. sozial untragbar sei, da sie zu konzentriert besteuere;

---

[26] Hierzu vgl. die ausführliche theoretische Diskussion in den Gutachten Nr. 29 a - c. v. Beckerath unterstellt dort eine sehr viel größere Überwälzbarkeit der Einkommensteuer, als Lampe annimmt. Lampe argumentiert aber, daß sein Steuersystem dadurch noch nicht widerlegt sei. Dies sei erst dann der Fall, wenn es eine Steuer gäbe, die noch weniger überwälzbar sei als die veranlagte Einkommensteuer. (Vgl. Gutachten Nr. 29 c, S. 2 ff.)

[27] Gutachten Nr. 25 a, S. 13.

[28] Vgl. Gutachten Nr. 25 a, S. 14; ähnlich: Gutachten Nr. 1, S. 14.

[29] Vgl. Gutachten Nr. 25 a, S. 13 f.; ähnlich: Gutachten Nr. 5 a, S. D 4.

[30] Vgl. Gutachten Nr. 25 a, S. 14 f.; Gutachten Nr. 5 a, S. D 4.

2. die Gefahr der indirekten Lastenverschiebung durch Steuerabwehr oder Steuerhinterziehung heraufbeschwöre;
3. durch die Höhe der Steuerbelastung den Leistungswillen hemme;
4. nicht alle Teile des Volkseinkommens erfassen könne;
5. konjunkturempfindlich sei und man auch über konjunkturunempfindliche Steuern verfügen müsse;
6. mit den Erfordernissen des Finanzausgleichs unvereinbar sei, er erfordere ein mehrgliedriges Steuersystem[31].

Lampe geht ausführlich auf die Gegenargumente ein[32], glaubt aber, daß diese Mängel durch einen Ausbau der Steuertechnik und eine Ergänzung der Einkommensteuer durch „einkommensteuerähnlich" konstruierte Steuern ausgeglichen werden können[33] und müssen, sofern „überhaupt ein in sich geschlossenes Steuersystem aufgebaut werden soll"[34]. Wie er sich ein solches Steuersystem vorstellt, soll nun erörtert werden.

3. Ausgestaltung der zentralen Einkommensteuer

a) Voraussetzung

Die Realisierbarkeit der veranlagten Einkommensteuer hängt nach Lampe davon ab, ob der Bürger bereit ist, die mit ihr verbundene hohe Steuerbelastung zu tragen. Er ist hierzu zu bewegen, wenn die notwendige Aufklärungsarbeit geleistet wird. Sie muß dem Bürger klarmachen, daß die hohen Abgaben notwendig sind und daß die Einkommensteuer eine sehr viel gerechtere Steuer ist als alle anderen. Dies ist durch eine gerechte, einleuchtende Steuerabstufung zu beweisen. Der Steuerwiderstand kann nach Lampe auch dadurch gebrochen werden, daß durch eine Tarifhäufung die prozentuale Aufgliederung der Steuerzahlung erfolgt, die die Steuerverwendung transparent macht. Allerdings darf hiermit keine starre Fondsbildung verbunden werden.

Die zentrale Einkommensteuer hält Lampe dann für durchsetzbar, wenn überzeugend an die Pflicht des Staatsbürgers gemahnt wird. Der Eigennutz des Bürgers kann dadurch angesprochen werden, daß ein (bei höherem Einkommen geringerer) Prozentsatz der Einkommensteuerzahlungen für eine Zwangsanleihe verwendet wird. Diese wird erst dann zurückgezahlt, wenn der Reichshaushalt Überschüsse auf-

[31] Vgl. Gutachten Nr. 25 a, S. 15.
[32] Vgl. ebenda, S. 15 - 23.
[33] Vgl. ebenda, S. 15.
[34] Ebenda, S. 15.

weist. Somit wird der Bürger gleichzeitig an einer sparsamen Haushaltsführung interessiert (siehe unten „Sparsteuer“)[35].

b) Erfassung der verschiedenen Einkommensteile

Die Erfassung der verschiedenen Einkommensteile bereitet nach Lampe keine großen Schwierigkeiten: Die Gesamtheit der Arbeitseinkünfte können an der Quelle erfaßt werden. Da dem Arbeitgeber ohnehin die persönlichen Verhältnisse seiner Beschäftigten bekannt sind, können diese weitgehend durch ein verfeinertes Abzugsverfahren berücksichtigt werden[36]. Auch die Unternehmergewinne können an der Quelle erfaßt werden; es empfiehlt sich die Selbstveranlagung mit anschließender Steuerkontrolle (siehe unten)[37]. In Kleinstbetrieben und der Landwirtschaft ist dieses Verfahren nur dann möglich, wenn eine ordnungsgemäße Buchführung vorliegt. Andernfalls wird entweder auf eine Besteuerung verzichtet oder ein Steuerfestsetzungsverfahren angewendet werden müssen. Sofern die Buchführung in Steuerhinterziehungsabsicht unterbleibt, sollte diese durch hohe Steuerfestsetzung erzwungen werden[38]. Die Erfassung der an Steuerausländer fließenden Einkommen ist für die Einkommensteuer ebenso wie für alle anderen Steuern unmöglich. Es bleibt nur, diese pauschal bei den Schuldnern zu erfassen[39]. Somit sind alle Einkommen außer den Zinsen aus privaten Darlehen an der Quelle erfaßbar. Die Quellenabzüge sollen nach dem durchschnittlichen Steuerbelastungsgrad eines mittleren Einkommens berechnet werden. Den Vorteil dieses Ansatzes sieht Lampe darin, daß zu hoch belastete Destinatare ihre überzahlten Steuerbeträge beim Fiskus eintreiben müssen und nicht umgekehrt[40].

Unberücksichtigt blieben bisher die nicht ausgeschütteten Gewinne der Kapitalgesellschaften. Diese sollen nach den Vorschlägen Lampes nicht von der wirtschaftswidrigen Körperschaftssteuer, sondern ebenfalls von der Einkommensteuer erfaßt werden. Die nicht ausgeschütteten Gewinne sollen den Aktionären als Einkommen zugerechnet werden, da zwischen ihnen und den ausgeschütteten Gewinnen keine wirtschaftlichen Unterschiede bestehen. Um die im Unternehmen verbliebenen Gewinne den Aktionären zurechnen zu können, sollen die Unternehmen verpflichtet werden, das Verhältnis zwischen ausgezahlten Dividenden und einbehaltenem Gewinn zu veröffentlichen. Ein ent-

[35] Vgl. ebenda, S. 16 f.
[36] Vgl. ebenda, S. 17.
[37] Vgl. ebenda, S. 18.
[38] Vgl. ebenda, S. 20 f.
[39] Vgl. ebenda, S. 21.
[40] Vgl. ebenda, S. 18.

sprechender Aufschlag wird dann auf die an den Aktionär ausgezahlte Dividende berechnet und so der steuerpflichtige Betrag errechnet. Eine Steuerhinterziehung ist durch einfache Kontrolle zu vermeiden. Denkbar ist, daß hierdurch kleine Aktionäre vom Aktienkauf abgehalten werden. Die dadurch bewirkten Kapitalbeschaffungsschwierigkeiten der Kapitalgesellschaften bewertet Lampe ebenso positiv wie die stärkere Bindung des Aktionärs an das Unternehmen[41].

c) Steuerkontrolle

Bei einer solcherart gestalteten Besteuerung sieht Lampe keine Entschuldigungsgründe für Steuerhinterziehungen; denn die Einkommen werden an der Quelle erfaßt, und die Einkommensempfänger werden zum Steuerbekenntnis aufgefordert. Die Abzüge werden nach den durchschnittlichen Belastungen des mittleren Einkommens berechnet. Die Destinatare müssen ihre persönlichen Verhältnisse offenlegen; evtl. überzahlte Steuerbeträge muß der Destinatar vom Staat zurückfordern. Hier ist der Fiskus und nicht wie bisher der Destinatar Schuldner.

Der Staat muß dennoch insbesondere wegen der Unternehmergewinne Steuerkontrollen einbauen, die insbesondere auf der Buchprüfung beruhen. Grundlage für die Steuerschuld wird die Gewinnrechnung des Unternehmens sein, eine Trennung in Handels- und Steuerbilanz sollte unterbleiben. Um Steuerhinterziehung von vornherein zu unterbinden, gibt Lampe zu überlegen, ob bei zu niedrigem Steuerbekenntnis Strafen auferlegt werden sollen. Er denkt an eine Kürzung der Zwangsanleiheansprüche[42]. Der Spar- und Leistungswille sollte jedoch erhalten bleiben. Deshalb schlägt er die Festsetzung eines Steuermaximums entsprechend der individuellen Einkommensverhältnisse des Destinatars vor. Wird dieses überschritten, sollte nur noch ein proportionaler Steuersatz Anwendung finden. Hierin läge geradezu ein Ansporn zur Mehrleistung, ein im Wiederaufbau willkommener Effekt[43].

d) Finanzausgleich

Das bestehende Steuer„system“ wird noch dadurch kompliziert, daß die Verteilung der Steuern auf verschiedene Körperschaften notwendig ist. Lampe ist der Ansicht, daß das angeblich so schwierige Problem

---

[41] Vgl. ebenda, S. 21 f.

[42] Vgl. ebenda, S. 18 f.

[43] Vgl. ebenda, S. 20 f.; ähnlich: Gutachten Nr. 1, S. 14; Gutachten Nr. 3, S. 6; Gutachten Nr. 5 a, S. D 5; Gutachten Nr. 11, S. 51 f.; Gutachten Nr. 12, S. 7; Gutachten Nr. 25 a, S. 5 f.

des Finanzausgleichs auf die Feststellung reduzierbar ist, daß diejenigen die Mittel zu beschaffen haben, die die Ausgaben verursachen. Seiner Meinung nach ist es nicht einsehbar, warum hierzu eine Vielzahl von Steuern erforderlich ist.

In dem vorgeschlagenen Steuersystem wäre das Problem des Finanzausgleichs leicht zu lösen: den Körperschaften wird zugebilligt, einen Zuschlag auf die veranlagte Einkommensteuer zu erheben. Bedingung hierfür ist jedoch, daß keinerlei kostenbelastende Steuern erhoben werden, da sonst die Gefahr der lokalen Steuerwillkür besteht[44].

e) Zusammenfassung

Lampe ist nach eingehender Erörterung der Argumente und Gegenargumente der Meinung, daß die Vorteile der Einkommensteuer überwiegen. Die Möglichkeit, das Wirtschaftsopfer auf ein Minimum zu beschränken und eine „subtile Steuerlastverteilung“[45] zu garantieren, sprechen für ein auf der Einkommensteuer aufgebautes Steuersystem. Wenn ein solches Steuersystem nicht realisiert wird, so kann dies allein politisch motiviert werden.

Eine andere Frage ist, ob diese „große Finanzreform“[46] in der Wiederaufbauphase vorgenommen werden kann und ob sie gegebenenfalls durch Sondermaßnahmen für die Übergangszeit ergänzt werden muß[47].

III. Finanzreform und Wiederaufbau

1. Zeitpunkt der Durchführung

Wird die Finanzreform nicht sofort in Angriff genommen, so bedeutet dies nach Lampe, daß zur Finanzierung der höheren Staatsausgaben auch die kostenbelastenden Steuern erhöht werden müssen. Sobald die Einnahmen des Staates steigen und die Möglichkeit der Steuersenkung gegeben ist, würde sich die Kostenstruktur wiederum ändern. Unerwünschte Beschäftigungswirkungen wären die Folge. Eine zweimalige Erschütterung der Wirtschaft erscheint unangebracht[48]. Problematisch ist insbesondere, daß die Umsatzsteuer beibehalten, ja erhöht werden müßte. Gleichzeitig ist aber aus sozialen und volkswirtschaftlichen Erwägungen jegliche örtliche, betriebliche und kapitalmäßige Konzentra-

---

[44] Vgl. ebenda, S. 23.

[45] Ebenda, S. 24.

[46] Ebenda.

[47] Vgl. ebenda, S. 24.

[48] Vgl. ebenda, S. 25.

tion (siehe diese) unerwünscht. Die Erhöhung der Umsatzsteuer würde sie jedoch erheblich begünstigen[49].

Das oft vorgebrachte Argument, in Notzeiten sei eine Finanzreform nicht durchführbar, erscheint Lampe anfechtbar: Da Notzeiten Zeiten der Wirtschaftsumschichtung sind, kann nach Lampe gleichzeitig ein Wirtschaftsumbau vorgenommen und so zwei Aufgaben gleichzeitig gelöst werden. Die Finanzreform wäre seiner Meinung nach mit dem Wiederaufbau vereinbar, ja unumgänglich. Auch die finanztechnischen Maßnahmen seien nach dem Krieg kurzfristig durchführbar[50].

2. *Reformmaßnahmen im einzelnen*

a) Steuererhebung

Die Konzentration der Steuererhebung auf die Einkommensteuer läßt sich recht einfach darstellen. Lampe schlägt vor, einen angemessenen Zuschlag auf die bisherigen Einkommen- und Lohnsteuertarife zu erheben. Alle „Fein-Korrekturen“[51] können zunächst zurückgestellt werden[52].

b) Bemessungsgrundlage

Die Bemessungsgrundlage aller an der Quelle erfaßten Einkommen ist laut Lampe eindeutig bestimmbar. Schwieriger ist die Erfassung des Unternehmergewinns. Infolge des radikalen Wirtschaftsumbaus muß mit einer erheblichen Verminderung der Unternehmergewinne gerechnet werden. Deshalb ist die einfache Beibehaltung der bisherigen Vorauszahlungsbeträge nicht möglich, die Besteuerung der Unternehmergewinne ist aber aus sozialen und wirtschaftlichen Gründen unumgänglich. Man wird zu einer Behelfsregelung kommen müssen. Lampe schlägt vor, die bisherigen Vorauszahlungen weiter zu erheben und erst dann Nachlässe zu gewähren, wenn die Unternehmer eine Minderung des Gewinns nachweisen. Dieser Nachweis kann wohl in der überwiegenden Zahl der Fälle anhand der Buchführung und Kostenrechnung erfolgen. Aus den Werten der vergangenen Jahre läßt sich das Verhältnis zum gesamten Umsatz und den Gesamtkosten nachweisen. Diesen Durchschnittswert der vergangenen Jahre wird der Unternehmer dem im Wirtschaftsumbau veränderten Quotienten aus Gesamtumsatz und

---

[49] Vgl. ebenda, S. 24; ähnlich: Gutachten Nr. 1, S. 14; Gutachten Nr. 11, S. 24; Gutachten Nr. 17 a, S. 5; Gutachten Nr. 20, S. 1.

[50] Vgl. Gutachten Nr. 25 a, S. 24 f.

[51] Ebenda, S. 25.

[52] Vgl. ebenda, S. 25.

Gesamtkosten gegenüberstellen. Damit liefert er dem Fiskus einen zwar rohen, aber doch verwertbaren Maßstab zur Herabsetzung der Steuervorauszahlung. Die Tatsache, daß die Unternehmer versuchen werden, ihre Situation möglichst schlecht darzustellen, hält Lampe für legitim, eine Nachbesteuerung wird bei der Nachveranlagung erfolgen. Falls zuviel Steuern einbehalten wurden, werden diese erst nach einem Jahr rückvergütet. In diesem Zeitraum kann der Fiskus den Aufbau der Verwaltungsapparatur vornehmen[53].

c) Abbau der übrigen Steuern

Den Abbau der anderen Steuern will Lampe auf mehrere Monate verteilt wissen: Der stufenweise Abbau ermöglicht eine Überprüfung und eventuelle Korrektur der neuen Lohn- und Einkommensteuertarife.

Mit dem Abbau der kostenbelastenden Steuern werden Preissenkungstendenzen einhergehen. Ihnen kann in entsprechendem Maße durch Kreditschöpfung begegnet werden. Der Fiskus muß hier jedoch mit gebotener Vorsicht seine Kreditschöpfungsmöglichkeit voll nutzen[54].

d) Ausgestaltung der Einkommen- und Lohnsteuerzuschläge

Die Einkommen- und Lohnsteuertarife sollen aus einem allgemeinen Grundtarif und Zuschlägen bestehen, die fest miteinander verkoppelt sein werden[55]. Die Zuschläge sollen offen ausgewiesen werden und für solche öffentlichen Zwecke erhoben werden, die unstreitig Vorrang vor dem privaten Konsum haben. Lampe schlägt folgende Zuschläge vor:

1. einen *Kriegsopferzuschlag*. Er soll die Versorgung von Kriegsversehrten- und Hinterbliebenen sichern[56];
2. einen *Wiederaufbauzuschlag*. Er soll dem Aufbau der zerstörten Städte dienen und die sachlichen Kriegsschäden beseitigen helfen;
3. einen *Schuldenlastenaufschlag*. Er soll insbesondere bei den Empfängern höherer Einkommen erhoben werden zur „nachträgliche(n) ‚Fundierung‘ wirtschaftlich unfundierter Schulden“[57] durch jene Bevölkerungsschichten, die in der Lage waren, Anleihen zu zeichnen.

Die Zuschläge sollen nach der Einkommenshöhe gestaffelt werden und stufenweise einsetzen, wobei der Schuldenlastenaufschlag erst spät

[53] Vgl. ebenda, S. 26 f.
[54] Vgl. ebenda, S. 26.
[55] Vgl. ebenda.
[56] Vgl. auch Gutachten Nr. 1, S. 14; Gutachten Nr. 5 a, S. D 5.
[57] Gutachten Nr. 25 a, S. 28.

erhoben werden soll[58]. Die von den Gemeinden zu erhebenden Zuschläge sollen in ihrer Höhe in deren Ermessen gestellt werden. Die Gefahr einer ungerechtfertigten Überhöhung der gemeindlichen Steuerzuschläge besteht kaum, da die Höhe offen ausgewiesen und politisch begründet werden muß[59].

3. Ergänzungsmaßnahmen

a) Sparsteuer

Da nach Überzeugung der Gutachter für die Wiederaufbauphase mit Sicherheit eine geringe Sparneigung erwartet werden kann, muß der Staat eine künstliche Geldkapitalbildung bewirken. Dabei soll der Staat gleichzeitig gesellschaftspolitische Ziele verfolgen; so, indem er die übersteigerte Progression, die zunächst nicht abgebaut werden kann, als „supertax" erhebt, die als Verwendungszwecksteuer dem Kapitalmarkt zufließt.

Lampe schlägt folgendes Verfahren vor: Die „supertax" soll von Beziehern höherer und mittlerer Einkommen erhoben werden. Die Steuerschuldner müssen die von ihnen eingeforderten Steuerbeträge an eine Bank ihrer Wahl überweisen, die diese auf ein Sperrkonto verbucht. Die Gelder stehen der Bank zur freien Verfügung unter Ausschluß der Vergabe an die öffentlichen Körperschaften. Der Steuerzahler sammelt Zwangskapital an, das erst bei Auflösung des Kontos verzinst wird. Zwischenzeitlich sind die Zinsen von der Privatbank an eine soziale Institution, z. B. an die Sozialversicherung, zu überweisen[60].

Der Vorzug dieser Steuer wird darin gesehen, daß der Steuerzahler sie nicht als Steuer, sondern als Vermögensbestandteil ansieht, und daß durch sie eine Massierung des Geldkapitals beim Staat vermieden wird. Sie wird außerdem den Wiederaufbau entscheidend fördern[61].

b) „Über-Mietsteuer"

Die Mietsteuer soll, so die Vorstellung der Gutachter, den Wiederaufbau der zerstörten Städte mitfinanzieren helfen und gleichzeitig einen baldigen Übergang zur Marktwirtschaft auf dem Wohnungsbausektor ermöglichen. Die Steuererhebung ist folgendermaßen gedacht: Die Mieten sollen eine dem Markt entsprechende Höhe erreichen, die Mieter-

[58] Vgl. ebenda, S. 26 f.

[59] Vgl. ebenda, S. 25 f.

[60] Vgl. Gutachten Nr. 3, S. 14; Gutachten Nr. 4, S. 2 f.; Gutachten Nr. 5 a, S. D 2 ff.; Gutachten Nr. 11, S. 56; Gutachten Nr. 12, S. 8; Gutachten Nr. 25 a, S. 28.

[61] Vgl. Gutachten Nr. 3, S. 14.

höhungsbeträge werden jedoch nicht dem Vermieter zufließen. Er soll nur einen staatlich festgesetzten Prozentsatz der tatsächlichen Miete erhalten. Der andere Teil der Miete wird dem Staat als „Über-Mietsteuer" zufließen. Steuerschuldner ist der Mieter unter Haftung des Vermieters, der dem Finanzamt die ausgehandelte Gesamtmiete melden muß.

Allen Mietern, die eine soziale oder wirtschaftliche Notlage nachweisen können, ist die „Über-Mietsteuer" zu erlassen. Sollte sich bei einer späteren Steuerprüfung erweisen, daß die Stundung unberechtigt war, so ist die Steuer einschließlich hoher Zinsen nachzuzahlen. So sind soziale Härten bei der „Über-Mietsteuer" zu vermeiden, dennoch ist mit einer großen Ergiebigkeit zu rechnen[62].

4. Würdigung

Das Gutachten von Lampe endet mit dem Satz: „Das Gesamtergebnis ist dahin zusammenzufassen, daß die Finanzreform mit dem Wiederaufbau verbunden werden kann und muß[63]." Ob das endgültige Gesamtgutachten allerdings die Lampesche Konzeption übernommen haben würde, ist unklar. Die Kritik Albrechts (vgl. Gutachten Nr. 25 b) läßt darauf schließen, daß er dem Vorschlag Lampes nicht grundsätzlich negativ gegenüberstand. Erwin v. Beckerath dagegen hält die Einkommensteuer als Zentralsteuer für problematisch. Er will insbesondere die Massenluxussteuer beibehalten und eventuell ausbauen. Lediglich die Umsatzsteuer will auch er abgeschafft wissen[64]. Seine Vorstellungen wollte er in einem angekündigten Appendix zum Abschlußgutachten von Lampe darlegen.

E. Das Problem der industriellen Konzentration in der Marktwirtschaft[1]

I. Die industrielle Konzentration

1. Begriff der industriellen Konzentration

Die Gutachten zur Konzentration von Wessels und Böhm entstanden in den ersten Monaten des Jahres 1944. Der Begriff „industrielle Kon-

[62] Vgl. Gutachten Nr. 25 a, S. 28 f.; Gutachten „Überlegungen zur Erörterung der Wohnungsfrage.", o. O. (Freiburg), Juni 1944, Gerhard Albrecht, als Manusk. vervielf. (im folgenden zit. als Gutachten Nr. 26. Es liegt in zwei Fassungen vor. Die erste wird als 26/1, die zweite als 26/2 ausgewiesen werden.), Gutachten Nr. 26/2, S. 8 f.

[63] Gutachten Nr. 25 a, S. 29.

[64] Vgl. Gutachten Nr. 29 b, S. 1 ff.

[1] Das Problem der industriellen Konzentration wird im Gutachten Nr. 20

zentration" wurde von den Gutachtern bewußt sehr weit gefaßt. Sie verstanden unter industrieller Konzentration sowohl die leistungs- und eigentumsmäßige Verbindung einzelner Betriebe zu einem einheitlichen Gesamtunternehmen (Konzern, Trust)[2] und „die Verdrängung einer Vielzahl von Klein- und Mittelbetrieben durch einzelne den Wirtschaftszweig bestimmende Großunternehmungen"[3], als auch alle Marktvereinbarungen[4].

2. *Beurteilung der industriellen Konzentration*

a) Ursachen der Konzentration bei Kriegsende

In einer Wirtschaftspolitik, die einen funktionsfähigen Wettbewerb anstrebt, stört das Auftreten industrieller Konzentration grundsätzlich, da sie die vollständige Konkurrenz gefährden kann. Eine globale Beurteilung der industriellen Konzentration ist jedoch nicht möglich, da die Konzentration die verschiedensten Motive haben kann. Laut Wessels[5] können die bei Kriegsende bestehenden Konzentrationen folgende Ursachen haben:

1. Die Wirtschaftspolitik des letzten Jahrzehnts begünstigte die Industrie-Konzentration ebenso wie durch sie geschaffene Tatbestände: die Kreditexpansion und die durch sie bewirkten Preissteigerungen, sowie der Dividendenstopp führten zur Anhäufung von Geldkapitalien. Diese konnten nicht für Investitionen verwandt werden, so kam es zur Angliederung von Unternehmen, die durch die Arisierung und den Ankauf von Auslandsbeteiligungen ermöglicht wurde. Diese Art der Konzentration wurde durch die Kriegs- und Aufrüstungswirtschaft des Reiches begünstigt, das Absatzrisiko war sehr gering.

---

von Theodor Wessels, im Gutachten „Konzentration.", o. O. (Freiburg), o. D. (März/April 1944), Franz Böhm, als Manusk. vervielf. (im folgenden zit. als Gutachten Nr. 21 a) und in Gutachten „Konzentration.", o. O., o. D. (Mitte 1944), Franz Böhm, als Manusk. vervielf. (im folgenden zit. als Gutachten Nr. 21 b) behandelt. Ein drittes Gutachten von Franz Böhm zu diesem Thema stand auf der Juli-Sitzung 1944 zur Diskussion. Es wurde nicht mehr vervielfältigt und ging verloren. Erhalten ist lediglich die „Disposition zu ‚Konzentration'", o. O. (Freiburg), Juli 1944, Franz Böhm, als Manusk. vervielf. (im folgenden zit. als Gutachten Nr. 21 c), die als Leitfaden für dieses Gutachten gedacht war. Einem Brief von Böhm an Lampe kann entnommen werden, daß das verlorene Gutachten lediglich eine Erweiterung des Gutachtens Nr. 21 b darstellte und keine wesentlichen neuen Gedanken enthielt. Es darf somit angenommen werden, daß die hier verwerteten Gutachten die abschließende Meinung der Gutachter enthalten. (Vgl. Brief Böhm an Lampe vom 4. 7. 1944.)

[2] Vgl. Gutachten Nr. 20, S. 1; Gutachten Nr. 21 b, S. 1.

[3] Gutachten Nr. 21 b, S. 1.

[4] Vgl. ebenda, S. 1.

[5] Vgl. zum folgenden Gutachten Nr. 20, S. 1 f.

In einigen Industriezweigen, etwa der synthetischen Rohstoffproduktion, förderte der Staat geradezu die Bildung von Großunternehmen.

2. Die Konzentration geht nicht selten auf ältere finanz- oder wirtschaftspolitische Maßnahmen zurück, so auf die Begünstigung der Großbetriebe durch Steuergesetze (insbesondere bei der Umsatzsteuer), Verkehrs- und Energietarife, Patentrecht und die mangelnde staatliche Forschung, die durch private, d. h. unternehmensinterne wissenschaftliche Institute ersetzt werden muß.

3. Ein weiteres Motiv für die Konzentration liegt häufiger, als zumeist angenommen wird, im persönlichen Macht- oder Geltungsstreben des Unternehmers.

4. Die Konzentration aufgrund des Machtstrebens führt nicht selten zu Oligopolen oder Teilmonopolen. Die dadurch möglichen Preissteigerungen führen zu erhöhter Rentabilität des Unternehmens, die aber nur in der Marktmacht des Unternehmens begründet liegt. Es kann zum Oligopolkampf kommen, der die Existenz der kleinen Konkurrenten gefährdet.

5. Vom Oligopol ist die Konzentration zu unterscheiden, die aufgrund echter Kostenvorteile der Großunternehmen, etwa durch die Möglichkeit der Technisierung des Produktionsprozesses und Massenproduktion, entsteht. Allerdings findet man oft die Kombination dieser beiden Fälle, d. h. Konzentration führt nicht selten gleichzeitig zu Kostenvorteilen und Marktpreiserhöhung.

Nur wenn die Ursachen der Konzentration bekannt sind, kann beurteilt werden, ob diese mit der Marktwirtschaft vereinbar, also systemimmanent, oder ob sie mit einer Wettbewerbsordnung unvereinbar und damit systemwidrig ist[6].

b) Systemverträgliche Konzentration

Die Verflechtung einzelner Betriebe und die Verdrängung von Klein- und Mittelunternehmen durch ein Großunternehmen sind nach Ansicht der Gutachter durchaus mit der Marktwirtschaft vereinbar. Voraussetzung hierfür ist jedoch, daß die Entstehung der Großunternehmen auf Kostenvorteile oder einen Vorteil im Leistungswettbewerb zurückzuführen ist und keine systemfremden Mittel angewandt wurden. Das heißt, daß der Wettbewerb nicht durch Kampfmethoden oder die Begründung von Marktmacht ausgeschaltet wurde. Sofern diese Bedingungen erfüllt sind, ist die Konzentration eines der wichtigsten Mittel zur Kostensenkung.

---

[6] Vgl. ebenda, S. 2 f.; Gutachten Nr. 21 b, S. 1.

Die systemgerechte Konzentration verdient die Unterstützung der Wirtschaftspolitik. Deshalb wird in den Gutachten Wert darauf gelegt, daß die Maßnahmen zur Bekämpfung der systemwidrigen Konzentration die systemimmanente nicht berührt oder behindert[7]. Denn es darf nicht übersehen werden, daß die durch echte Vorteile entstandene Konzentration nicht selten mit einer Preissenkung einhergeht und durch Massenproduktion Luxusgüter in den Kaufkraftbereich breiterer Bevölkerungsschichten rückt. Aus ihr ergeben sich günstige Rückwirkungen auf das Sozialprodukt. Würde die Wirtschaftspolitik diese Entwicklung hindern, müßte mit sozialen Unruhen und einer Ablehnung der Marktwirtschaft durch breite Bevölkerungsschichten gerechnet werden[8].

c) Systemwidrige Konzentration

Systemwidrig sind laut Böhm alle Konzentrationsformen, die durch Maßnahmen und Tatsachen der Wirtschaftspolitik sowie durch jegliche Begünstigung der Großunternehmen durch Rechtsordnung und Verwaltung entstanden sind. Diese sind von einer Wirtschaftspolitik, die eine funktionsfähige Wettbewerbswirtschaft anstrebt, alsbald zu beseitigen[9]. Böhm fordert, daß die zukünftige Wirtschaftspolitik insbesondere jene Konzentrationsformen berücksichtigt, die auf Marktabsprachen wie Kartellen, „Preisbildungssysteme(n), Gegenseitigkeitsverträge(n) und gentlemen agreements usw.“[10] beruhen. Sie sind grundsätzlich systemwidrig. Bereits die Mittel, die zu ihrer Entstehung führen, sind systemwidrig, da sie den Wettbewerb auszuschalten trachten[11].

Systembedrohend oder systemwidrig sind außerdem nach Böhm alle Konzentrationsformen, die systemfremde Marktformen wie Oligopole oder Teilmonopole zur Folge oder zum Ziel haben. Er hält es zwar für theoretisch möglich und denkbar, aber praktisch für höchst unwahrscheinlich, daß sich Oligopolisten oder Teilmonopolisten systemgerecht verhalten. Deshalb sei es Aufgabe des Staates, die Marktmacht dieser zu zerschlagen oder andernfalls die Unternehmer durch staatliche Maßnahmen zu systemimmanentem Verhalten zu zwingen[12].

---

[7] Vgl. Gutachten Nr. 21 b, S. 1; ähnlich: Gutachten Nr. 20, S. 3 f.

[8] Vgl. Gutachten Nr. 20, S. 3 f.

[9] Vgl. ebenda, S. 2 f.; Gutachten Nr. 21 b, S. 1, S. 5.

[10] Gutachten Nr. 21 b, S. 1.

[11] Vgl. ebenda, S. 1.

[12] Vgl. ebenda, S. 2.

II. Möglichkeiten der Bekämpfung der verschiedenen Konzentrationsformen

1. Maßnahmen gegen systemwidrige Konzentration[13]

a) Prophylaktische Politik

aa) Aufgabe

Ziel jeglicher Antikonzentrationspolitik muß es sein, so führt Böhm aus, die Entstehung von systemfremden Marktformen zu verhindern oder für deren Verschwinden zu sorgen. „Auf diese prophylaktische Politik ist der Hauptnachdruck zu legen[14].“ Ihr stehen zwei Mittel zur Verfügung: die Machtbehinderung und die Wettbewerbsbelebung[15].

ab) Machtbehinderung

Die Machtbehinderung kann durch die Verweigerung jeglichen Rechts- und Verwaltungsschutzes für Marktvereinbarungen und Kampfmethoden, die systemfremde Marktformen zum Ziel haben, erfolgen. Böhm schlägt deshalb folgende staatliche Maßnahmen vor:

— „Verbot von Marktabreden jeder Art mit Nichtigkeits- und Schadensersatzfolge[16].“

— „Unterdrückung aller Formen von Monopolkampf als unerlaubten Wettbewerb“[17] mit Hilfe des Wettbewerbsrechts sowie der Wettbewerbspolizei[18].

— „Unterlassung der nachträglichen Legalisierung von Kartellen usw. durch Gesetze oder staatlichen Verwaltungsakt[19].“

— „Entkräftung monopolfreundlicher Ideologien durch Wort und Schrift[20].“

— „Vermeidung aller mittelbaren Begünstigung von Marktmachtbestrebungen durch Stützungsaktionen, Subventionen, Staatsaufträge usw.[21]“

ac) Wettbewerbsbelebung

Die Wettbewerbsbelebung ist laut Böhm eine Aufgabe der staatlichen Wirtschaftspolitik, die sie mit aller Beharrlichkeit verfolgen muß. Sie

---

[13] Die Gliederung dieses Punktes lehnt sich eng an die des Gutachtens Nr. 21 b an. Vgl. Gutachten Nr. 21 b, S. 2 ff.

[14] Ebenda, S. 2.

[15] Vgl. ebenda, S. 2 f.

[16] Ebenda, S. 2.

[17] Ebenda.

[18] Vgl. ebenda.

[19] Ebenda.

[20] Ebenda.

[21] Ebenda.

kann erreicht werden durch eine Erweiterung der Märkte, eine Verbesserung der Marktübersicht, eine Erleichterung des Verkehrs und der Stärkung des Handels. Hierdurch soll ein Entstehen von Oligopolen oder Monopolen möglichst von vorneherein verhindert oder die bereits bestehenden stark geschwächt werden. Böhm glaubt, daß so „aus vermachteten Märkten ... wieder Konkurrenzmärkte“[22] werden können. Auch die unter staatlicher Geschäftsleitung stehenden Monopolunternehmen sollen aufgelockert werden; dabei dürfen fiskalische Gesichtspunkte nicht berücksichtigt werden. Diese Wettbewerbsbelebung bezeichnet Böhm als positive Maßnahmen, wogegen er die Machtbehinderung als negative Maßnahmen sieht[23].

b) Staatliche Monopolkontrolle

ba) Aufgabe

Die staatliche Monopolkontrolle wird nach Böhm erforderlich, da die Maßnahmen der prophylaktischen Politik allein die Entstehung marktfremder Marktformen nicht verhindern können. Sie greift dann oft nicht, wenn die Oligopole und ihnen verwandte Marktformen aufgrund systemgerechter Konzentrationen, also durch Verflechtung und Errichtung von Großunternehmen (siehe oben)[24] entstanden sind. Der Monopolkontrolle sind deshalb „alle systemfremden Märkte zu unterstellen“[25]. Ihre Aufgabe ist es, „störende Einwirkungen des Wirtschaftsverhaltens von Marktmachtträgern auf den geordneten Ablauf der Marktwirtschaft (zu verhindern und) die Anziehungskraft von Marktmacht auf die Privatwirtschaft entscheidend“[26] zu dämpfen. Dabei muß jede Konservierung von vorhandener Marktmacht vermieden werden. Dies hält Böhm für durchsetzbar, wenn sich staatliche Monopolkontrolle und prophylaktische Politik ergänzen[27].

bb) Mittel

Der staatlichen Monopolkontrolle stehen, so führt Böhm aus, folgende Mittel zur Verfügung, die sie gegenüber den von ihr kontrollierten Unternehmen und Unternehmenszusammenfassungen anwenden kann:

1. Sie kann veranlassen, daß die Unternehmen bei gegebenem Produktionsapparat die Preise und Angebotsmengen (beim Nachfragemonopol Nachfragemengen) so bemißt, als herrsche vollständige Kon-

---

[22] Ebenda, S. 3.
[23] Vgl. ebenda.
[24] Vgl. ebenda.
[25] Ebenda.
[26] Ebenda, S. 4.
[27] Vgl. ebenda, S. 3, S. 4.

kurrenz. Notfalls muß die Monopolkontrolle die Preise selbst festsetzen.

2. Sie muß Einfluß auf die Erweiterung oder Einschränkung des Produktionsapparates nehmen können. Sie hat diesen Einfluß zu nehmen, wenn eine solche Entwicklung bei vollständiger Konkurrenz stattfinden würde.
3. Sie muß auf ständige Kostenniveausenkung hinarbeiten.
4. Sie muß dafür sorgen, daß die Geschäftsbedingungen den Wettbewerb nicht gefährden oder verfälschen, insbesondere, da diese in die Preise eingehen[28].

Für Unternehmen, die sich den Maßnahmen der Monopolkontrolle entziehen oder widersetzen, schlägt Böhm ein öffentliches Rügeverfahren vor, das die Ausnutzung einer Machtstellung anprangert und diese durch die öffentliche Bekanntmachung schwächt[29]. Sollte auch dieses Mittel keinen Erfolg zeitigen, bleibt als letzte Maßnahme die Übernahme der Geschäftsleitung durch ein staatliches Gremium. Dies würde eine Zwangsverwaltung und eine vorläufige Beschlagnahme des Vermögens bedeuten. Die Verstaatlichung der Unternehmen ist aus Gründen der Konzentrationsabwehr nicht zu rechtfertigen, da sie der Monopolkontrolle keinen größeren Einfluß gewährt als die staatliche Geschäftsleitung. Böhm schlägt als weiteres Mittel der Konzentrationsabwehr die Einführung einer Monopolsteuer vor, da alle Maßnahmen der Monopolkontrolle die Entstehung von Monopolgewinnen nicht unterbinden können. Diese Monopolsteuer soll differenziert eingeführt werden. Da Böhm unterstellt, daß im Monopol die kalkulatorischen Kosten aufgebläht sind, sollen Unternehmen, die freiwillig ihre Kosten senken, für einen bestimmten Zeitraum von der Monopolsteuer befreit bleiben[30].

2. *Maßnahmen gegen Auswüchse der systemgerechten Konzentration*

a) Problemstellung

Als weitaus schwieriger als die Bekämpfung der systemwidrigen Konzentration sieht Böhm die jener Konzentrationsformen an, die sich systemgerecht durch Verflechtung usw. ergeben haben: Die Unternehmen haben mit den Wettbewerb nicht verfälschenden Mitteln eine Größe erreicht, die das System stört oder stören kann z. B. dadurch, daß die Risiken der Wirtschaftspläne von Großunternehmen die Ge-

---

[28] Vgl. ebenda, S. 3 f.; Gutachten Nr. 20, S. 3.

[29] Vgl. Gutachten Nr. 21 b, S. 4.

[30] Vgl. ebenda, S. 4.

samtwirtschaft in weit größerem Ausmaß beeinträchtigen können als die Risiken der Wirtschaftspläne von kleinen Unternehmen, oder daß die Gefahr von Fehlinvestitionen bei Großunternehmen eher besteht. Daneben weist Böhm darauf hin, daß immer die Möglichkeit besteht, daß auch mit systemgerechten Mitteln Oligopole, Monopole oder Teilmonopole entstehen[31]. Dies zu verhindern, ist „der eigentliche Schwerpunkt der Konzentrationsproblematik"[32].

b) Abwendung von Auswüchsen

Theoretisch stehen der Wirtschaftspolitik wirksame Mittel zur Bekämpfung der Großunternehmen zur Verfügung. Böhm führt an: Kontrolle des gesamten Privatrechtsverkehrs, also Genehmigungszwang oder Verbot, eine bestimmte Unternehmensgröße zu überschreiten, oder Genehmigungspflicht für Gesellschaftsbeschlüsse und ähnliche Vorgänge, sowie staatliche Beaufsichtigung der Geschäftsführung. Alle diese Maßnahmen sind in einer freien Marktwirtschaft jedoch sinnlos oder undurchführbar. Die Entscheidung über Betriebsgröße und Verflechtungsausmaß wird deshalb der Privatinitiative überlassen werden müssen[33].

Böhm schlägt vor, den Auswüchsen der systemgerechten Konzentration dadurch entgegenzuwirken, daß „den vermögensrechtlichen Trägern der Großbetriebe und Konzerne"[34] in vollem Umfang die gesteigerten „Absatz-, Investitions-, Marktformen- und Kampfrisiken"[35] aufgelastet und ihnen alle Möglichkeiten der Risikoabwälzung verstellt werden. Sinn dieser Politik ist es, den „Abschreckungseffekt des privatwirtschaftlichen Mißerfolgs mit seiner ganzen Wucht ins Spiel"[36] zu bringen und die Großunternehmen zu wirtschaftlich vertretbarer Konzentration aus privatwirtschaftlichem Interesse zu zwingen[37]. Als Mittel schlägt Böhm wie bereits zur Bekämpfung der systemwidrigen Konzentration vor: Verbot aller Marktvereinbarungen und aller Formen wettbewerbswidrigen Wirtschaftskampfes bei gleichzeitiger straffer staatlicher Monopolaufsicht und eine allgemeine Wirtschaftspolitik, die auf die Aktivierung aller Wettbewerbskräfte ausgerichtet ist[38].

---

[31] Vgl. ebenda, S. 5 f. Dort sind weitere Gefahren des Großunternehmens ausführlich erörtert.

[32] Ebenda, S. 5.

[33] Vgl. ebenda, S. 6.

[34] Ebenda, S. 7.

[35] Ebenda, S. 6.

[36] Ebenda, S. 7.

[37] Vgl. ebenda, S. 6 f.

[38] Vgl. ebenda, S. 7.

Böhm geht sodann auf das mögliche Argument ein, daß bei bestehendem Oligopol kein berechtigter Anlaß bestehe, dieses nicht in ein Monopol oder Teilmonopol überführen zu lassen, da letztere den Vorzug hätten, einen Gleichgewichtszustand herbeiführen zu können und somit die Gesamtwirtschaft weniger zu schädigen. Er setzt sich an dieser Stelle ausführlich mit der Oligopol- und Monopoltheorie auseinander und untersucht die Gleichgewichts- und Machtposition in beiden Marktformen. Er kommt zu dem Schluß, daß jeder Oligopolist das Monopol anstrebe und Kampfmaßnahmen in Kauf nehme, denn das Monopol sei frei von der Kontrolle des Marktes und biete die Chancen der Monopolgewinne[39]. An diesem Streben der Unternehmen zum Trust oder Kartell setzt deshalb der Lösungsversuch von Böhm an: er will den Unternehmen den Weg vom Oligopol zum Monopol oder Teilmonopol verschließen (durch Verbot) oder verleiden (durch Monopolkontrolle und Monopolsteuer). Das Risiko des Oligopolkampfes soll dadurch stark erhöht werden. Böhm glaubt, einen starken Abschreckungseffekt zu erzielen und einer vorhandenen Überschätzung des Großunternehmens entgegenzuwirken; er will den Anfängen zu übertriebenem Ausdehnungs- und Angliederungsdrang wehren. Er glaubt, daß aufgrund der Erschwerung nur solche Unternehmen und Konzerne Marktstellungen erlangen werden, „die sich vermöge ihrer Kostenstruktur auch auf lange Sicht als die leistungsüberlegene Unternehmens- und Betriebsform erweisen“[40]. Ihr Entstehen sei somit volkswirtschaftlich erwünscht und mit der Marktwirtschaft vereinbar.

3. *Zusammenfassung*

Denkbar ist, daß die hier erörterten Mittel, insbesondere die der Monopolkontrolle, nicht immer ausreichen. Der Staat muß bei „marktstrategischen Machtkämpfen“[41] auf gleichgewichtslosen Märkten über kurz oder lang eingreifen. Für diesen Fall schlägt Böhm die vorübergehende Errichtung eines Zwangskartells vor. Es soll verhindern, daß die Unternehmen zur Selbsthilfe greifen und selbst ein Kartell bilden und somit den Kampf untereinander auf dem Rücken ihrer Marktpartner austragen. Dabei ist jedoch eine strenge Kontrolle des Zwangskartells, das keinesfalls konserviert werden darf, erforderlich[42]. Inwieweit die vorgeschlagenen Maßnahmen ihr Ziel erreichen werden, kann laut Böhm nur die Erfahrung lehren. Sollte es der Wirtschaftspolitik gelingen, das angestrebte Vermachtungsminimum zu erreichen, könne zu-

---

[39] Vgl. ebenda, S. 7 f.

[40] Ebenda, S. 8.

[41] Ebenda, S. 9.

[42] Vgl. ebenda, S. 9 f.

verlässig festgestellt werden, „wieviel Wahres an der Behauptung ist, daß der Wettbewerbsordnung die unwiderstehliche Neigung innewohnt, sich selbst zu zerstören“[43]. Wird das angestrebte Ziel erreicht, so bedeutet das auch, daß die staatliche Monopolaufsicht weitestgehend entlastet wird, da der Wettbewerb Überwachungsfunktionen auf weiten Teilen des Marktes übernimmt. Dies zu gewährleisten, ist eine wichtige Aufgabe der Wirtschaftspolitik, denn sobald die Monopolaufsicht ihren Schrecken verliert, wird sie von den Unternehmern mehr und mehr unterlaufen. Allein ein funktionsfähiger Wettbewerb kann dem vorbeugen[44]; hierzu bedarf es aber einer ständigen Anpassung der Wettbewerbsverfassung an die sich mit der Zeit verändernde Gesamtsituation. Böhm sieht deshalb in der Anpassung der gesamten, die Wirtschaft berührenden Rechtsordnung eine Daueraufgabe, die eine Zusammenarbeit der Wirtschaftspolitik, der Legislative, der Gerichtsbarkeit, der Wirtschaft und der Wissenschaft voraussetzen. Daneben muß die Finanz-, Sozial- und öffentliche Ausgabenpolitik die Ziele der Konzentrationspolitik beachten und unterstützen. Auch Unternehmen des Staates müssen der Monopolkontrolle unterliegen, lediglich Finanzmonopole sollen zulässig sein. Diese sind als solche auszuweisen und durch Gesetz zu begründen[45].

III. Übergangsaufgabe

Für die Wirtschaftspolitik der Übergangszeit werden sich erhebliche Probleme aus der riesenhaften kriegsbedingten Konzentration ergeben. Die Ursachen, die zu ihr führten, werden nach Kriegsende entfallen. Dennoch werden sich die Unternehmen gegen eine Entflechtung wehren. Diese ist dennoch mit allem Nachdruck voranzutreiben[46].

Die Auflösung kriegsbedingter Konzerne muß vom Staat notfalls erzwungen werden. Böhm schlägt vor, die Großunternehmen dem Wettbewerb voll auszusetzen und keinerlei staatliche Stützungsaktionen vorzunehmen. Abweichungen hiervon sind kurzfristig nur dann denkbar, wenn andere Unternehmen auf die Zulieferung der Konzerne angewiesen sind[47]. Diese Ausnahmen wären jedoch sorgfältig zu prüfen und möglichst öffentlich zu begründen[48]. Daneben soll der Staat Entflechtungen und Umstellungen von Unternehmen durch Verbilligung der Umgründskosten und Beihilfen oder Prämien bei privater Initiative

[43] Ebenda, S. 8.
[44] Vgl. ebenda, S. 7 f.
[45] Vgl. ebenda, S. 10.
[46] Vgl. ebenda, S. 10; Gutachten Nr. 20, S. 1, S. 3.
[47] Vgl. ebenda.
[48] Vgl. Gutachten Nr. 21 b, S. 11.

zur Entflechtung fördern. Die Aufklärung der Öffentlichkeit über die Ziele der Wirtschaftspolitik sollen eine „Popularisierung des Entflechtungsprogramms“[49] bewirken[50].

F. Das sozialpolitische Konzept

I. Vorbemerkungen

Fragen der Sozialpolitik wurden seit Herbst 1943 in der „Arbeitsgemeinschaft Erwin v. Beckerath“ intensiv diskutiert. Wichtiger Bestandteil einer sinnvollen Wiederaufbaupolitik ist nach Ansicht der Gutachter eine Sozialpolitik, die „das ökonomisch Notwendige in sozial tragbaren Formen durchzusetzen“[1] versucht. Eine Pseudosozialpolitik, die wirtschaftliche Zustände außer acht läßt, ist unter allen Umständen zu vermeiden[2]. Die Gutachter lassen keinen Zweifel daran, daß sie der Lösung der ökonomischen Probleme den Vorrang geben vor allen noch so begründeten sozialpolitischen Forderungen, soweit diese eine Belastung der Volkswirtschaft bedeuten. Erst wenn die Verarmung der deutschen Wirtschaft einigermaßen überwunden ist, können die sozialen Fragen in Angriff genommen werden[3].

Die Sozialpolitik der Nachkriegszeit muß nach Auffassung der Gutachter davon ausgehen, daß Arbeitskraft und Produktionsanlagen durch Kriegseinwirkungen empfindlich geschwächt wurden, und daß deshalb das Sozialprodukt der Nachkriegszeit erheblich unter dem der Vorkriegszeit zurückbleiben wird[4]. Ziel der Sozialpolitik muß es sein, schnellstens alle verfügbaren Arbeitskräfte optimal einzusetzen, die Wiedereingliederung der Soldaten in den Wirtschaftsprozeß alsbald zu ermöglichen und Massenarbeitslosigkeit zu verhindern[5].

Daneben muß die Sozialpolitik nach dem Konzept der Gutachter dafür Sorge tragen, daß eine Ausbeutung der Arbeitnehmer unterbleibt. Dazu bedarf es der Stärkung ihrer Marktposition; sie müssen die Möglichkeit erhalten, sich betrieblich und überbetrieblich zu organisieren. Es wird Aufgabe einer staatlichen Marktordnung sein, den Ausgleich der Positionen auf dem Arbeitsmarkt herbeizuführen und gleichzeitig

---

49 Ebenda, S. 11.

50 Vgl. ebenda.

1 Gutachten Nr. 11, S. 4.

2 Vgl. ebenda.

3 Vgl. Gutachten „Grundsätzliche Bemerkungen zur Arbeits- und Lohnpolitik.“, Freiburg, Ende November 1943, Gerhard Albrecht, als Manusk. vervielf. (im folgenden zit. als Gutachten Nr. 15), S. 1.

4 Vgl. Gutachten Nr. 19, S. 1; Gutachten Nr. 27/1, S. 1.

5 Vgl. Gutachten Nr. 11, S. 4; Gutachten Nr. 17 a, S. 1; Gutachten Nr. 19, S. 3; Gutachten Nr. 27/1, S. 1.

die Bildung feindlicher sozialer Fronten durch eine marktgerechte Lohnpolitik zu verhindern. Die Gutachter sehen im Übergang zur Marktwirtschaft die einzige Möglichkeit, die anstehenden sozialökonomischen Probleme zu lösen. Die zentrale Verwaltungswirtschaft oder eine andere Form der verstaatlichten bzw. kollektivierten Wirtschaft ist nach ihrer Ansicht außerstande, die Lage der Arbeitnehmer zu verbessern. Die bisherige Unfreiheit der Arbeitskräfte würde durch die Zwangsbewirtschaftung von Sachgütern und Arbeitskraft beibehalten, ohne höhere Löhne als die Marktwirtschaft zu bieten, die Hebung des Lebensstandards würde unnötig verzögert[6].

II. Arbeitsmarktpolitik

1. Arbeitsmarktlage

Bei Kriegsende erwarten die Gutachter folgende Situation am Arbeitsmarkt:

1. die noch im Arbeitsprozeß befindlichen Arbeitskräfte sind weitgehend in der Rüstungsindustrie beschäftigt;
2. die in großer Zahl in deutschen Betrieben arbeitenden Ausländer werden abwandern;
3. die seit Jahren im Wehrdienst stehenden Soldaten sind ihrem Beruf entfremdet;
4. die Relation von produktiven zu unproduktiven Altersschichten hat sich durch die große Zahl der Gefallenen und Verwundeten erheblich verschlechtert[7]; dennoch werden nach dem Krieg relativ viel Arbeitskräfte vorhanden sein, das Knappheitsverhältnis zwischen Arbeit und Kapital wird sich umgekehrt haben[8], allerdings werden qualifizierte Facharbeiter fehlen[9];
5. ein Großteil der Vorkriegsarbeitsplätze ist zerstört. Weitere Arbeitsplätze werden bei Kriegsende entfallen, da sie der Rüstung dienten[10]; viele Arbeitsplätze werden von Frauen besetzt, deren Ernährer eingezogen waren.

Daraus ergibt sich, daß bei einem Übergang zur Friedenswirtschaft mit einer Umstrukturierung der Arbeitsplätze und einer starken Fluk-

---

6 Vgl. Gutachten Nr. 15, S. 1; Gutachten Nr. 18, S. 1 f.; Gutachten Nr. 19, S. 1 f.; Gutachten Nr. 27/1, S. 1.

7 Vgl. Gutachten Nr. 1, S. 2; Gutachten Nr. 12, S. 9; Gutachten Nr. 14 a, S. 9.

8 Vgl. Gutachten Nr. 7, S. 15.

9 Vgl. Gutachten Nr. 26/2, S. 3.

10 Vgl. Gutachten Nr. 5 b, S. 5.

tuation der Arbeitskräfte, die nicht selten eine Umschulung voraussetzt, zu rechnen ist[11].

Um eine möglichst schnelle und reibungslose Wiedereingliederung der arbeitsfähigen Bevölkerung zu erreichen, schlagen die Gutachter vor:

1. Die Mobilisierung aller Wirtschaftskräfte, d. h. alle aus dem Heeresdienst und der Rüstungsindustrie Ausscheidenden sollen möglichst ohne zwischenzeitliche Arbeitslosigkeit in den Wirtschaftsprozeß eingegliedert werden[12].
2. Den Soldaten und den zwangsweise von ihrem früheren Arbeitsplatz Versetzten soll ein Rückkehrrecht auf die im Oktober 1936 (= Stichtag) innegehabten Arbeitsplätze erlaubt werden. Für diejenigen, die 1936 noch nicht im Beruf standen, und für jene, deren Arbeitsplätze zerstört wurden, müssen Sonderregelungen gefunden werden. Diese Arbeitskräfte sollten möglichst in der Konsumgüterindustrie eingesetzt werden[13]. Das Rückkehrrecht würde eine erste grobe Annäherung an friedenswirtschaftliche Verhältnisse ermöglichen[14]. Es ist aber wegen der starken Zerstörung und weitgehenden Stillegung der Konsumgüterindustrie während des Krieges nur beschränkt anwendbar[15].
3. Um Arbeitsplätze für Kriegsheimkehrer freizumachen, muß den Unternehmern gestattet werden, ausländischen Arbeitnehmern und jenen weiblichen Aushilfskräften, deren Ernährer eine Tätigkeit gefunden haben, zu kündigen[16].
4. Alle privaten Selbsteingliederungsbemühungen Arbeitsuchender sollen vom Staat unterstützt werden, ebenso jede private Initiative der Unternehmer, die geeignet ist, neue Arbeitsplätze mit produktiver Tätigkeit zu schaffen[17]. Landwirtschaft und Industrie sollen angehalten werden, möglichst arbeitsintensiv zu produzieren[18].

---

[11] Vgl. Gutachten Nr. 5 b, S. 4 f.; Gutachten Nr. 7, S. 16; Gutachten Nr. 11, S. 31.

[12] Vgl. Gutachten Nr. 3, S. 2; Gutachten Nr. 15, S. 5; Gutachten Nr. 17, S. 1.

[13] Vgl. Gutachten Nr. 5 a, S. C 2 f.; Gutachten Nr. 11, S. 31.

[14] Vgl. Gutachten Nr. 11, S. 31.

[15] Vgl. Gutachten Nr. 17 a, S. 1; Gutachten Nr. 19, S. 16.

[16] Vgl. Gutachten Nr. 1, S. 4; Gutachten Nr. 11, S. 31; Gutachten Nr. 17 a, S. 3; Gutachten Nr. 19, S. 18.

[17] Vgl. Gutachten Nr. 11, S. 31; Gutachten Nr. 17 a, S. 1, S. 3; Gutachten Nr. 19, S. 16, S. 18.

[18] Vgl. Gutachten Nr. 7, S. 15; Gutachten Nr. 17 a, S. 4; Gutachten Nr. 19, S. 18.

5. Das Kündigungsrecht für neu eingestellte Arbeitskräfte soll für eine kurze Zeit aufgehoben werden, dennoch arbeitslos gewordenen Kriegsteilnehmern ist bis sechs Monate nach ihrer Entlassung aus dem Kriegsdienst die Rückkehrmöglichkeit in militärische Verwendung (Aufräumungsarbeiten etc.) zu ermöglichen[19].
6. Die Löhne sollen aus beschäftigungspolitischen Gründen gesenkt werden. Lohnkürzungen sollen als ein Opfer für die sonst arbeitslosen Kollegen deklariert werden. Man erwartet, daß die Arbeitnehmer sich dann eher mit ihr einverstanden erklären. Lohnsenkungen sind aus produktionspolitischen Erwägungen Entlassungen oder Arbeitszeitverkürzungen vorzuziehen[20].

Die Abwanderung der Arbeitskräfte von schlechter zu besser zahlenden Unternehmen soll nach Vorstellung der Gutachter vom Staat durch die Veröffentlichung der Lohnzahlung aller Unternehmen durch die Arbeitsämter gefördert werden[21]. Es ergibt sich daraus eine natürliche Auslese: qualifizierte Arbeitskräfte wandern zu den Unternehmen mit höchsten Löhnen, als Arbeitslose bleiben die unqualifizierten Arbeiter übrig. Unerwünschte Fluktuationen sollten durch die Begrenzung des Wahlrechts für betriebliche Organe und durch eine Beschränkung des Rückwanderungsrechts verhindert werden (siehe unten)[22].

Um die vorgeschlagenen Maßnahmen durchführen zu können, halten die Gutachter eine staatliche Arbeitsmarktordnung für dringend erforderlich.

2. *Staatliche Arbeitsmarktordnung*[23]

a) Aufgaben der staatlichen Arbeitsmarktordnung

aa) Problemstellung

In den Gutachten der Arbeitsgemeinschaft wird davon ausgegangen, daß weder eine nur die privaten Wirtschaftsinteressen der Unternehmer berücksichtigende noch eine ausschließlich auf soziale Gesichtspunkte ausgerichtete Arbeitsmarktordnung die anstehenden Probleme der Nachkriegswirtschaft befriedigend lösen kann. Erstere wird die

[19] Vgl. Gutachten Nr. 17 a, S. 4; Gutachten Nr. 19, S. 19; Gutachten Nr. 25 a, S. 2 f.; Gutachten Nr. 27/1, S. 19.

[20] Vgl. Gutachten Nr. 11, S. 32 f.; Gutachten Nr. 15, S. 6; Gutachten Nr. 17 a, S. 21; Gutachten Nr. 19, S. 17; Gutachten Nr. 27/1, S. 19.

[21] Vgl. Gutachten Nr. 12, S. 16 f.; Gutachten Nr. 17 a, S. 2; Gutachten „Thesen zur Frage der Lohnpolitik.“, Freiburg, Ende Januar 1944, Gerhard Albrecht, als Manusk. vervielf. (im folgenden zit. als Gutachten Nr. 17 b), S. 2 f.

[22] Vgl. Gutachten Nr. 19, S. 7 f., S. 20; Gutachten Nr. 27/1, S. 11 f., S. 15.

[23] Die Gliederung dieses Punktes entspricht weitgehend der des Gutachtens Nr. 27/1 (vgl. Gutachten Nr. 27/1, S. 4 ff.).

Belange der Arbeitnehmerschaft weitgehend unberücksichtigt lassen, letztere dürfte wirtschaftliche Interdependenzen übersehen und zur Massenarbeitslosigkeit führen. Die gestellte Alternative, wirtschaftliche oder soziale Arbeitsmarktpolitik, soll nach Ansicht der Gutachter durch die Synthese: soziale *und* wirtschaftliche Lohnpolitik überwunden werden. Diese kann nur erreicht werden, wenn ein Ausgleich der Marktpositionen der Arbeitsmarktpartner ermöglicht wird[24].

Ziel der staatlichen Arbeitsmarktpolitik muß nach Auffassung der Gutachter eine Minimalisierung der Arbeitslosigkeit und die höchstmögliche Beteiligung der Arbeitnehmer am Sozialprodukt sein[25]. Die Ansatzmöglichkeiten der staatlichen Arbeitsmarktpolitik ergeben sich „aus der Bestimmung der ... Schwächen der Marktposition des Arbeitnehmers“[26], die sich in dem „Nicht-warten-können“, einem weitgehenden Fehlen der Marktübersicht und in der geringen örtlichen Beweglichkeit der Arbeitnehmer äußert[27].

ab) Arbeitslosenversicherung

Den von den Gutachtern mit der Arbeitsmarktpolitik angestrebten Ausgleich der Marktposition von Arbeitnehmern und Arbeitgebern halten sie nur dann für erreichbar, wenn dem Arbeitnehmer die Möglichkeit eröffnet wird, „nein“ zu sagen. Erst wenn der meist über keine Rücklagen verfügende Arbeitnehmer vom Annahmezwang befreit ist, besteht formale Vertragsfreiheit. Dieses Ziel kann allein mit Hilfe der Arbeitslosenversicherung, die möglicherweise mit einem Zwangssparsystem verbunden werden könnte, erreicht werden[28]. (Näheres über die Ausgestaltung der Arbeitslosenversicherung siehe unter „Gewerkschaften als Träger der Arbeitslosenversicherung“.)

ac) Betriebliche Arbeitsordnung

Für die betriebliche Arbeitsordnung sollen gesetzliche Rahmenvorschriften errichtet werden; im übrigen steht ihre Ausgestaltung in der Dispositionsfreiheit der Unternehmen[29]. Jegliche Herrschaftstendenzen und die Wiedereinführung von patriarchalischen Arbeitsverhältnissen wollen die Gutachter durch Ordnungsmaßnahmen vermieden wissen[30]. Sie schlagen deshalb folgende gesetzliche Regelungen vor:

---

[24] Vgl. Gutachten Nr. 19, S. 2 f.; Gutachten Nr. 27/1, S. 2, S. 4.

[25] Vgl. Gutachten Nr. 19, S. 3; Gutachten Nr. 27/1, S. 3.

[26] Gutachten Nr. 19, S. 6.

[27] Vgl. ebenda, S. 6.

[28] Vgl. ebenda, S. 6 f.; Gutachten Nr. 27/1, S. 4 f.

[29] Vgl. Gutachten Nr. 19, S. 8; Gutachten Nr. 27/1, S. 5.

[30] Vgl. Gutachten Nr. 27/1, S. 5 f. Genauere Vorstellungen über die Ausgestaltung der gesamten Rahmenvorschriften werden in dem Gutachten nicht gemacht.

1. Den Arbeitnehmern soll die Möglichkeit geboten werden, sich durch Dritte vertreten zu lassen. Aus der Belegschaft des Unternehmens soll ein Vertrauensrat bzw. Vertrauensleute gewählt werden.
2. Das passive Wahlrecht soll an ein hohes Mindesalter und eine mehrjährige Betriebszugehörigkeit gebunden sein[31]. Die Wahlrechtsbeschränkung soll hauptsächlich einer unerwünschten Fluktuation entgegenwirken[32].
3. Das aktive Wahlrecht erhält ein Arbeitnehmer, wenn er mindestens sechs Monate dem Unternehmen angehört und das 18. Lebensjahr vollendet hat.
4. Die Interessen der Lehrlinge, Jungarbeiter und nicht Wahlberechtigten soll im Vertrauensrat ein Arbeiter, bzw. Angestellter wahrnehmen, der mindestens seit drei Jahren dem Unternehmen angehört[33].
5. Aufgabe der Vertrauensräte ist es, insbesondere bei der Lohnfestsetzung und in allen betrieblichen Fragen die Interessen der Arbeitnehmer wahrzunehmen.
6. Der Unternehmer muß vor allen die Arbeitnehmerschaft berührenden Maßnahmen je einen Vertrauensmann der Angestellten und Arbeiter hören, gegebenenfalls den Vertrauensrat einschalten.
7. Wird bei Verhandlungen zwischen Unternehmer und Vertrauensrat keine Einigung erzielt, so muß zur nächsten Besprechung ein Vertreter der Gewerkschaft, sofern diese Interesse bekundet, hinzugezogen werden. Vorsitz führt in diesem Fall ein unparteiischer Vertreter des Treuhänders der Arbeit (siehe diesen)[34].

ad) Überbetriebliche Arbeitsmarktordnung

Die Gutachter gehen bei ihren Überlegungen davon aus, daß eine funktionsfähige Arbeitsmarktordnung betriebliche und überbetriebliche Aufgaben berücksichtigen muß, die von betrieblichen Organen der Arbeitnehmer allein nicht bewältigt werden können. Bei einer nur betrieblichen Arbeitsmarktordnung besteht die Gefahr, daß entweder Pseudo-Werkgemeinschaften entstehen, in denen der Unternehmer den größten Einfluß hätte, oder daß die betrieblichen Institutionen syndikalistisch entarten. Aber auch eine nur überbetriebliche Arbeitsmarktordnung wäre nach Ansicht der Gutachter nicht imstande, die anstehenden Probleme zu lösen, da eine ausschließlich überbetriebliche Arbeits-

---

[31] Vgl. ebenda, S. 6; ähnlich: Gutachten Nr. 18, S. 4; Gutachten Nr. 19, S. 8.
[32] Vgl. Gutachten Nr. 19, S. 8; Gutachten Nr. 27/1, S. 11 f.
[33] Vgl. Gutachten Nr. 19, S. 9; Gutachten Nr. 27/1, S. 6.
[34] Vgl. Gutachten Nr. 18, S. 4; Gutachten Nr. 19, S. 8.

marktordnung marktfremde Maßnahmen geradezu herausfordert. Insbesondere bestünde die Gefahr, daß die staatlich fixierten oder gewerkschaftlich ausgehandelten Mindestlöhne überhöht würden. Es käme zur unerwünschten Konkurrenz zwischen Mensch und Maschine. Eine individuelle betriebliche Lohngestaltung jedoch ist bei ausschließlich überbetrieblicher Arbeitsmarktordnung nicht möglich[35]. Diese hält die Mehrzahl der Gutachter aber in der Übergangszeit für unumgänglich (siehe unten). Deshalb schlagen sie einen Mittelweg zwischen betrieblicher und überbetrieblicher Arbeitsmarktordnung vor, „auf dem die betrieblich sehr stark differenzierten Lohnzahlungsmöglichkeiten durch marktgemäße überbetriebliche Organisation eines Wettbewerbs der Unternehmer um qualifizierte Arbeitskräfte ausgeschöpft werden“[36] (siehe unten).

b) Mittel der staatlichen Arbeitsmarktordnung

ba) Treuhänder der Arbeit

Die Treuhänder der Arbeit sind von den Gutachtern als ein „Bindeglied zwischen den Arbeitnehmerorganisationen und den einzelnen Arbeitgebern“[37] gedacht. Ihnen wird die „Stellung von ‚redlichen Maklern‘ in einer Arbeitsleistungsbörse“[38] zukommen. Sie sollen als Träger der staatlichen Arbeitsmarktpolitik für jeden Arbeitsamtbezirk berufen und mit möglichst großer Autorität ausgestattet werden. Ihre Bewegungsfreiheit soll lediglich durch Rahmenvorschriften des Reichsarbeitsministeriums als der übergeordneten Behörde eingegrenzt werden. Die Rahmenvorschriften sollen eine marktgerechte Arbeitspolitik garantieren[39]. Als Verhandlungspartner, denen das Recht der Berufung zusteht, stehen dem Treuhänder die Arbeitgeber und die Gewerkschaften (als Vertreter der Arbeitnehmer) gegenüber[40].

Dem Treuhänder wollen die Gutachter folgende Aufgaben übertragen:

1. die Kontrolle innerhalb seines Bezirks über die Einhaltung der gesamten Rahmenvorschriften der staatlichen Arbeitsmarktordnung (Einhaltung der Vorschriften für eine betriebliche Arbeitsordnung durch Arbeitgeber und Vertrauensräte, Überwachung der Gewerkschaftspolitik und die Vermeidung von Marktmißbrauch);

---

[35] Vgl. Gutachten Nr. 27/1, S. 6 f.

[36] Ebenda, S. 7.

[37] Gutachten Nr. 19, S. 9.

[38] Ebenda.

[39] Vgl. Gutachten Nr. 18, S. 9; Gutachten Nr. 19, S. 9; Gutachten Nr. 27/1, S. 8.

[40] Vgl. Gutachten Nr. 19, S. 9 f.; Gutachten Nr. 27/1, S. 8.

2. die Anpassung der zentral ergangenen Rahmenvorschriften an die individuellen Gegebenheiten seines Bezirks. Dem Treuhänder steht ein Ausschuß, dem Unternehmer, Vertreter der Vertrauensräte und eventuell der Gewerkschaft angehören, beratend zur Seite;
3. die Überwachung aller Organe der staatlichen, betrieblichen und überbetrieblichen (= Selbstverwaltung) sozialen Verwaltung zur Sicherung „einer einheitlichen Sozial- und Wirtskaftspolitik am Arbeitsmarkt“[41]. Hierzu gehört insbesondere die Überwachung aller Ausbildungseinrichtungen. Gleichzeitig soll der Treuhänder die Zusammenarbeit von Gewerkschaften und Arbeitgebern durch Bildung paritätisch besetzter Gremien fördern;
4. Die Beaufsichtigung der in seinem Bezirk liegenden Arbeitsämter (= Arbeitsbörsen — siehe unten), Hebung ihrer Leistungsfähigkeit und Förderung der interregionalen Zusammenarbeit dieser Stellen;
5. die ständige Information des Reichsarbeitsministeriums, das dadurch Einblick in die jeweilige Situation des Arbeitsmarkts erhält, darauf seine nationale und regionale Arbeitspolitik aufbaut und deren Einheitlichkeit ermöglicht;
6. die Beobachtung der nicht organisierten Arbeitnehmer und die Erkundung der Motive für deren Abneigung gegenüber den Gewerkschaften[42];
7. die Beobachtung der Lohnfestsetzung. Die Treuhänder sollen sich bei einer Übervorteilung der Arbeitnehmer einschalten[43] und gegebenenfalls bei angespannter Arbeitsmarktlage oder bei Arbeitslosigkeit amtliche Lohnkorrekturen empfehlen können. Letzteres erscheint den Gutachtern ein wirksameres Mittel als die nur langfristig wirksame Förderung der Abwanderungstendenzen der Arbeitnehmer durch die Gewerkschaften[44].

bb) Arbeitsämter als Arbeitsbörsen

Das Arbeitsamt der Nachkriegszeit soll nicht nur im Bedarfsfall Arbeitsuchenden offene Stellen nachweisen, sondern zu einer arbeitsmarkttechnischen Institution, der Arbeitsbörse, ausgebaut werden[45]. Hierin sehen die Gutachter eine der Hauptaufgaben der Demobilmachungswirtschaft[46]. Ziel ist es, durch die Informationspolitik der Ar-

---

[41] Gutachten Nr. 27/1, S. 8.

[42] Vgl. Gutachten Nr. 19, S. 9 f.; Gutachten Nr. 27/1,S.8 f.

[43] Vgl. Gutachten Nr. 17 b, S. 2; Gutachten Nr. 27/1, S. 15.

[44] Vgl. Gutachten Nr. 27/1, S. 15.

[45] Vgl. Gutachten Nr. 18, S. 5; Gutachten Nr. 19, S. 7, S. 10; Gutachten Nr. 27/1, S. 10.

[46] Vgl. Gutachten Nr. 27/1, S. 20.

beitsbörsen die zwischenbetriebliche Arbeitnehmerfluktuation zu fördern, während die Beeinflussung der interregionalen Arbeitskräftewanderung einem dem Reichsarbeitsministerium angegliederten Reichsarbeitsamt zufallen sollen[47].

Die Arbeitsbörsen sollen nach den Vorstellungen der Gutachter folgende Aufgaben übernehmen:

1. Die Erstellung einer möglichst vollkommenen systematischen Marktübersicht, die den Arbeitnehmern einen Einblick in die Lohn- und Arbeitsbedingungen ihres Arbeitsamtsbezirks gewährt. Den Unternehmen soll deshalb zur Auflage gemacht werden, wöchentlich die von ihnen ausbezahlten Löhne an die Arbeitsämter zu melden. Die Arbeitnehmer werden durch die Veröffentlichung der Übersichten zur Abwanderung zu besser zahlenden Unternehmen angeregt, die Unternehmer andererseits gezwungen, ihre Löhne zu erhöhen, wenn sie ihre Arbeitskräfte behalten wollen (siehe oben)[48].

2. Mit Hilfe der wöchentlichen Lohnstatistiken können die Arbeitsbörsen für die verschiedenen Arbeits- bzw. Dienstleistungen einen regionalen Durchschnittslohn errechnen, der an die Stelle des Tariflohns treten würde. Dieser hätte den Vorzug, daß nur dann Lohnerhöhungszwang für die Unternehmer besteht, wenn die Arbeitskräfte anderweitig Arbeit finden. Es würden dann nur Grenzunternehmer ausscheiden, die Gefahr der Massenarbeitslosigkeit besteht nicht. Durch dieses System ergibt sich eine Qualitätsauslese sowohl unter den Unternehmen als auch den Arbeitnehmern[49].

3. Die Förderung von Abwanderungstendenzen der Arbeitskräfte erfolgt außer durch Lohnvergleich durch Miet- und Umsiedlungsbeihilfen[50] sowie durch die Beeinflussung des Verkehrswesens, der öffentlichen Tarifpolitik und des Wohnungsbaus[51]. Unerwünschte Fluktuation der Arbeitskräfte kann neben der Beschränkung des betrieblichen Wahlrechts (siehe oben) auch durch eine Staffelung des Urlaubsanspruchs nach der Dauer der Betriebszugehörigkeit verhindert werden[52].

Die Gutachter glauben, daß der Ausbau der Arbeitsämter zu Arbeitsbörsen „eine grundlegende Reform der Lohnpolitik“[53] vorbereitet.

---

[47] Vgl. ebenda, S. 10.

[48] Vgl. Gutachten Nr. 5 a, S. C 2; Gutachten Nr. 11, S. 32; Gutachten Nr. 12, S. 17; Gutachten Nr. 17 a, S. 2; Gutachten Nr. 18, S. 6; Gutachten Nr. 19, S. 7; Gutachten Nr. 27/1, S. 10.

[49] Vgl. Gutachten Nr. 5 a, S. C 4; Gutachten Nr. 27/1, S. 10.

[50] Vgl. Gutachten Nr. 5 a, S. C 2.

[51] Vgl. Gutachten Nr. 11, S. 32; Gutachten Nr. 27/1, S. 11.

[52] Vgl. Gutachten Nr. 18, S. 5; Gutachten Nr. 27/1, S. 12.

[53] Gutachten Nr. 5 a, S. C 4.

III. Lohnpolitik

1. Grundlagen der Lohnpolitik der Nachkriegszeit

Für die Arbeitnehmerschaft ist eine schnelle Ausweitung der Produktion von größter Wichtigkeit. Sie allein garantiert breiten Bevölkerungsschichten eine baldige Hebung des Lebensstandards[54]. Diese kann aber nach Auffassung der Gutachter nur erreicht werden, wenn die Wiedereingliederung der aus dem Heer und der Rüstungsindustrie Entlassenen möglichst ohne Reibungsverluste erfolgt. Dies scheint ihnen aber nur durch Lohnabbau erreichbar. Hier liegt deshalb eine der Hauptaufgaben der Lohnpolitik[55].

Die Lohnpolitik der Nachkriegszeit hat nach Ansicht der Gutachter von folgenden Voraussetzungen auszugehen: einmal, daß Lohn- und Preisbildung in enger Beziehung zueinander stehen; der Lohn geht in die zu zahlenden Güterpreise ein. Zum anderen muß die Lohnpolitik berücksichtigen, daß die Löhne ein wichtiger Kostenbestandteil sind. Sind sie überhöht, scheidet der Grenzunternehmer aus, die Produktion sinkt. Dies ist bei der nach dem Krieg zu erwartenden hohen Nachfrage insbesondere im Interesse der Arbeitnehmer unerwünscht[56].

Die Lohnpolitik muß, so die Gutachter, bei ihren Forderungen neben den gesamtwirtschaftlichen Zusammenhängen berücksichtigen, daß die Wirtschaft durch den Kreig völlig verarmt ist. Es wird ihre Aufgabe sein, die Arbeitnehmerschaft über Ausmaß und Folgen der Verarmung aufzuklären und ihnen darzulegen, daß ein schneller Übergang zur Friedenswirtschaft nur dann ermöglicht werden kann, wenn die Arbeitnehmer Mäßigung bei ihren Lohnforderungen üben und dadurch Preiskorrekturen ermöglichen. Damit würde die Lohnpolitik auch die Politik der Geldmengenanpassung ergänzen[57].

Für eine gerechte Lohnpolitik ist Voraussetzung, daß beide Marktparteien über ausgeglichene Marktpositionen verfügen. Die Gutachter befürworten daher die Organisation der Arbeitnehmer. Durch sie kann die der Marktwirtschaft adäquate Lohnbildung auf dem Markt vollständiger Konkurrenz annähernd ermöglicht werden[58].

---

[54] Vgl. Gutachten Nr. 15, S. 1 ff.

[55] Vgl. ebenda, S. 2 f.; Gutachten Nr. 17 a, S. 2; Gutachten Nr. 17 b, S. 1.

[56] Vgl. Gutachten Nr. 15, S. 2 f.

[57] Vgl. Gutachten Nr. 3, S. 12; Gutachten Nr. 4, S. 4; Gutachten Nr. 5 a, S. A 1; Gutachten Nr. 18, S. 1.

[58] Vgl. Gutachten Nr. 15, S. 4; Gutachten Nr. 18, S. 2 f.

2. *Lohnabbau*

a) Die Situation

Der Lohnabbau nach dem Krieg ist nach Meinung der Gutachter aus verschiedenen Gründen unumgänglich. Zum einen, weil das Sozialprodukt der Nachkriegszeit erheblich hinter dem der Kriegs- und Vorkriegszeit zurückbleiben wird[59], zum anderen, weil nach dem Krieg Kapital sehr knapp, die Zinsen dagegen sehr hoch sein werden und diese bereits für den Unternehmer eine erhebliche Belastung bedeuten[60]. Ein weiteres Argument für den Lohnabbau ist, daß auf Grund der Knappheitsverhältnisse trotz formalen Lohnstopps die Löhne im Krieg überhöht waren. Bei Beendigung der Kriegshandlungen werden entgegen den Annahmen der Unternehmer, die mit Arbeitskräftemangel rechnen, viele Arbeitskräfte durch Entlassungen aus dem Heer und der Rüstungsindustrie frei. Da im Krieg die Konsumgüterproduktion weitgehend eingestellt wurde, große Teile der Industriebetriebe zerstört sind, werden der Masse der Arbeitsuchenden nur verhältnismäßig wenige freie Arbeitsplätze gegenüberstehen. Das Knappheitsverhältnis hat sich umgekehrt. Die Alternative heißt Lohnsenkung oder Massenarbeitslosigkeit[61]. Die Höhe der notwendigen Reallohnkürzung ist nicht voraussehbar, es muß aber mit einer empfindlichen Lohnsenkung gerechnet werden[62]. Die Möglichkeit, die drohende Arbeitslosigkeit durch allgemeine Arbeitszeitverkürzung abzuwenden, wird zwar gesehen, aber von den Gutachtern nicht in Betracht gezogen, da das gesamte Arbeitskräftepotential voll für einen schnellen Wiederaufbau eingesetzt werden soll[63].

b) Direkte oder indirekte Lohnsenkung

Nach Ansicht der Gutachter eröffnen sich theoretisch zwei Möglichkeiten des Lohnabbaus: die Reallohn- oder die Nominallohnsenkung. Die indirekte Lohnsenkung durch Preissteigerung birgt die Gefahr der offenen Inflation in sich und bietet nur die Möglichkeit einer sehr pauschalen Lohnsenkung. Gleichzeitig läßt sie neue Lohnforderungen aufkommen[64]. Der Vorzug einer mittelbaren Reallohnsenkung liegt jedoch darin, daß sie weniger sozialen Sprengstoff in sich birgt[65].

---

[59] Vgl. Gutachten Nr. 27/1, S. 1.

[60] Vgl. Gutachten Nr. 5 a, S. C 1; Gutachten Nr. 12, S. 16.

[61] Vgl. Gutachten Nr. 5 a, S. C 1; Gutachten Nr. 14 a, S. 15; Gutachten Nr. 17 a, S. 1; Gutachten Nr. 19, S. 16.

[62] Vgl. Gutachten Nr. 19, S. 15; Gutachten Nr. 27/1, S. 16.

[63] Vgl. Gutachten Nr. 5 a, S. C 2; Gutachten Nr. 17 a, S. 2; Gutachten Nr. 19, S. 17; Gutachten Nr. 27/1, S. 19.

[64] Vgl. Gutachten Nr. 11, S. 33; Gutachten Nr. 15, S. 2; Gutachten Nr. 17 a, S. 1; Gutachten Nr. 19, S. 16 f.; Gutachten Nr. 27/1, S. 18 f.

[65] Vgl. Gutachten Nr. 19, S. 17; Gutachten Nr. 27/1, S. 18 f.

Eine offene Lohnsenkung dagegen bietet nach Auffassung der Gutachter die Möglichkeit, die Lohnhöhe an die individuellen Gegebenheiten der jeweiligen Unternehmen anzupassen[66]. Es darf dabei nicht verkannt werden, daß die Lohnzahlungsmöglichkeiten der Betriebe nach dem Krieg sehr unterschiedlich sein werden[67]. Ein weiterer Vorteil der Nominallohnsenkung ist, daß sie eine Verkürzung der Produktionsumwege bewirkt. Den Konkurrenzkampf zwischen Mensch und Maschine entscheidet sie zugunsten des Menschen. Arbeitsintensive Produktion und die Wiederingangsetzung von veralteten, bisher unrentablen Maschinen wird durch Nominallohnsenkung rentabel[68]. Da die Gutachter von einer Politik des „betrieblichen Lohnfonds" ausgehen, d. h. sie unterstellen, daß die Unternehmen über einen festen Fonds für Lohnzahlungen verfügen, halten sie ausschließlich eine direkte Lohnsenkung für durchführbar, da Lohnsteigerungen notwendig Arbeitslosigkeit bewirken, Lohnsenkungen dagegen zusätzliche Arbeitsplätze zur Verfügung stellen[69].

c) Sozialer Lohnabbau

Der soziale Charakter des Lohnabbaus soll durch eine elastische Lohnregelung gewahrt werden. Die Gutachter schlagen vor, eine betriebliche Lohnregelung einzuführen[70] und durch die Arbeitsbörsen wenigstens monatlich Lohnüberblicke veröffentlichen zu lassen, um regionale Abwanderungstendenzen der Arbeitskräfte zu fördern[71]. Dabei sollen die Unternehmen, die durch ihre höheren Löhne Arbeitskräfte anziehen, gezwungen werden, die zuwandernden Arbeitskräfte aufzunehmen und notfalls, da eine Politik des betrieblichen Lohnfonds unterstellt wird, die Löhne zu senken[72]. Diese Lohnsenkungen sind zuvor mit der Betriebsvertretung, die Einblick in die wirtschaftliche Situation des Unternehmens erhalten muß, abzusprechen[73]. Die Löhne können bis zum von den Arbeitsbörsen festgesetzten Durchschnittswert

---

[66] Vgl. Gutachten Nr. 12, S. 16; Gutachten Nr. 17 a, S. 1; Gutachten Nr. 19, S. 16 f.; Gutachten Nr. 27/1, S. 18 f.

[67] Vgl. Gutachten Nr. 19, S. 17; Gutachten Nr. 27/1, S. 19.

[68] Vgl. Gutachten Nr. 11, S. 33; Gutachten Nr. 12, S. 17; Gutachten Nr. 17 a, S. 1; Gutachten Nr. 19, S. 16 f.; Gutachten Nr. 27/1, S. 18 f.

[69] Vgl. Gutachten Nr. 17 a, S. 3; Gutachten Nr. 19, S. 17.

[70] Vgl. Gutachten Nr. 5 a, S. C 3; Gutachten Nr. 17 a, S. 2; Gutachten Nr. 18, S. 3; Gutachten Nr. 19, S. 16 f.; Gutachten Nr. 27/1, S. 18.

[71] Vgl. Gutachten Nr. 12, S. 16 f.; Gutachten Nr. 19, S. 7.

[72] Vgl. Gutachten Nr. 11, S. 37; Gutachten Nr. 12, S. 17; Gutachten Nr. 17 a, S. 3; Gutachten Nr. 19, S. 17.

[73] Vgl. Gutachten Nr. 17 a, S. 2; Gutachten Nr. 18, S. 3 f.; Gutachten Nr. 19, S. 18; Gutachten Nr. 27/1, S. 19.

sinken, ohne daß der Treuhänder der Arbeit informiert oder befragt werden müßte. Erst bei Unterschreitung dieses Wertes hat er gehört zu werden[74].

Die Lohnsenkung hat in den Gutachten unbedingt den Vorrang vor Arbeitszeitverkürzungen und Entlassungen (siehe oben). Sie sollen erst erfolgen, wenn die Löhne unter die Höhe der Arbeitslosenunterstützung fallen[75].

3. Ergebnis

Die Gutachter glauben, mit Hilfe des sozialen Lohnabbaus Massenarbeitslosigkeit wirksam verhindern zu können[76]. Die Lohnsenkungen sollen mit Solidaritätsgründen motiviert und den Arbeitskräften verständlich gemacht werden. Die Politik des betrieblichen Lohnfonds ermöglicht ihrer Meinung nach am ehesten einen optimalen Kräfteeinsatz[77]. Gleichzeitig ist die Lohnsenkung ein wichtiges Mittel zur Beschränkung der Kreditnachfrage, da der Lohnfonds auf mehr Arbeitskräfte verteilt wird[78]. Problematisch ist allerdings, ob die Lohnsenkungen innenpolitisch durchsetzbar sind, ob soziale Spannungen verhindert werden können[79]. Die Gutachter glauben jedoch, durch marktgerechte Lohnpolitik soziale Spannungen weitgehend vermeiden zu können. Daneben soll eine vertrauensvolle Zusammenarbeit zwischen Arbeitgebern, Gewerkschaften und Staat den sozialen Frieden sichern helfen[80].

IV. Arbeitgeber- und Arbeitnehmerverbände

1. Voraussetzungen für eine Gründung von Arbeitgeber- und Arbeitnehmerverbänden

Die Gutachter halten die Gründung von Organisationen, die die Interessen der Arbeitsmarktpartner vertreten, dann für möglich, wenn deren Bewegungsspielraum von Staats wegen so begrenzt wird, daß die Verbände keine leistungsfremde Macht auszuüben vermögen. Sie würden dann der angestrebten Wirtschaftsordnung gerecht werden, wenn Verbandskonkurrenz, Kampf gegen den Marktpartner, Erzwin-

---

[74] Vgl. Gutachten Nr. 5 a, S. C 2; Gutachten Nr. 27/1, S. 10.

[75] Vgl. Gutachten Nr. 5 a, S. C 2; Gutachten Nr. 17 a, S. 2; Gutachten Nr. 19, S. 17; Gutachten Nr. 27/1, S. 19.

[76] Vgl. Gutachten Nr. 5 a, S. C 3; Gutachten Nr. 11, S. 33.

[77] Vgl. Gutachten Nr. 5 a, S. D 5; Gutachten Nr. 19, S. 17; Gutachten Nr. 27/1, S. 19.

[78] Vgl. Gutachten Nr. 11, S. 37; Gutachten Nr. 12, S. 17.

[79] Vgl. Gutachten Nr. 15, S. 5 f.; Gutachten Nr. 27/1, S. 19.

[80] Vgl. Gutachten Nr. 27/1, S. 3.

gung von momentanen wirtschaftlichen Vorteilen und die Verfolgung von politischen Zielen unterbleiben[81]. Es wird gefordert, daß die Verbände, insbesondere die Gewerkschaften, der beruflichen und regionalen Vielgestaltigkeit der Arbeitsmärkte in ihrem Organisationsaufbau Rechnung tragen[82]. Wie die Gewerkschaften im einzelnen organisiert werden sollten, wird in den Gutachten jedoch nicht erörtert.

Die Gutachter halten den Zusammenschluß der Arbeiter und Angestellten in je einem Berufsverband für richtig; eine Zwangsorganisation wird jedoch abgelehnt, da sie mit der Marktwirtschaft unvereinbar sei und darüber hinaus die Verbände vom Leistungszwang befreie. Sie schlagen deshalb die staatliche Zulassung je eines Verbandes für Arbeiter, Angestellte und Arbeitgeber bei freiwilliger Mitgliedschaft vor[83].

2. *Die Gewerkschaften*

a) Aufgaben der Gewerkschaften

Sinn der Gewerkschaften soll die Stärkung der Marktposition der Arbeitnehmer sein, die naturgemäß dem Unternehmer unterlegen sind, da sie unter Angebotszwang stehen, oft örtlich und beruflich gebunden sind und meist über nur unzureichende Marktübersicht verfügen. Deshalb erscheint den Gutachtern kollektives Auftreten der Arbeitnehmer bei Verhandlungen über Arbeitsbedingungen und Arbeitslöhne ebenso berechtigt wie notwendig[84].

Die Aufgabe der Gewerkschaften liegt nach Auffassung der Gutachter „allein in der Wahrung des wirtschaftlichen und sozialen Wohles ihrer Mitglieder und in der Durchführung der hierfür geeigneten Veranstaltungen“[85], wobei die Gewerkschaften bei ihren Verhandlungen berücksichtigen müssen, daß sie wirtschaftliche Aufgaben zu erfüllen und wirtschaftspolitische Zusammenhänge zu beachten haben[86]. Folgende Aufgaben sollen den Gewerkschaften übertragen werden:

— die Beobachtung des Arbeitsmarktes;

— die Beobachtungen der Lohngestaltung;

— die Durchführung der Lohnverhandlungen unter Berücksichtigung des gesamtwirtschaftlich Möglichen;

---

[81] Vgl. Gutachten Nr. 15, S. 6; Gutachten Nr. 17 b, S. 2; Gutachten Nr. 19, S. 3, S. 5; Gutachten Nr. 27/1, S. 3 f.

[82] Vgl. Gutachten Nr. 17 b, S. 2.

[83] Vgl. Gutachten Nr. 19, S. 5; Gutachten Nr. 27/1, S. 4.

[84] Vgl. Gutachten Nr. 15, S. 4 f.; Gutachten Nr. 17 b, S. 2.

[85] Gutachten Nr. 17 b, S. 2.

[86] Vgl. ebenda.

— das Eingreifen bei unbegründeter Benachteiligung ihrer Mitglieder durch Arbeitgeber[87];

— die Unterstützung ihrer Mitglieder beim Arbeitsplatzwechsel durch Umschulung, Ausbildung, Umzugs- oder Mietbeihilfen[88];

— die Schulung und Fortbildung der Arbeitskräfte[89].

b) Gewerkschaften und Lohnpolitik

ba) Lohnverhandlungen

Um eine marktgerechte Lohnbildung zu erreichen, halten es die Gutachter für unerläßlich, daß sich Arbeitgeber und Arbeitnehmer in ausgeglichenen Marktpositionen gegenüberstehen[90]. Dabei muß die Gewerkschaft die Möglichkeit haben, „am Ausgleich der Marktpositionen zugunsten ihrer Mitglieder so mitzuwirken, dass sie deren Vertrauen zu erwerben vermag“[91]. Nur so kann nach Ansicht der überwiegenden Mehrheit der Gutachter[92] eine „soziale Frontenbildung“ vermieden werden[93].

Die Vertretung der Arbeitnehmer durch die Gewerkschaften bei den Lohnverhandlungen bedeutet für ihre Mitglieder sozialen Schutz, für die Gesamtwirtschaft eine bessere Berücksichtigung der wirtschaftlichen Lage. Allein dadurch kann eine richtige Lohnbildung erreicht werden. Das hat zur Folge, daß sowohl Lohnerhöhungen, sofern sie wünschenswert und vertretbar, als auch Lohnkürzungen zur Vermeidung von Arbeitslosigkeit möglich sind[94].

Pflicht der Gewerkschaften muß es sein, bei ihren Verhandlungen über Arbeitsbedingungen und Arbeitslöhne auf die Wahrung der Erfordernisse der Marktlohnbildung zu achten. Ihr Aktionsspielraum wird nach Ansicht der Gutachter weitgehend beschränkt. Sie sollen:

1. eine weitgehende Befreiung des Arbeitnehmers von dem seine Marktposition stark schwächenden Angebotszwang erreichen;

---

[87] Vgl. Gutachten Nr. 18, S. 4.

[88] Vgl. Gutachten Nr. 17 b, S. 3; Gutachten Nr. 18, S. 4.

[89] Vgl. Gutachten Nr. 19, S. 14.

[90] Vgl. Gutachten Nr. 15, S. 4 f.; Gutachten Nr. 17 b, S. 1; Gutachten Nr. 18, S. 3.

[91] Gutachten Nr. 27/1, S. 3. Der Gedanke wurde nicht näher ausgeführt.

[92] von Dietze stellte sich als einziger gegen eine Mitwirkung der Gewerkschaften bei den Lohnverhandlungen. Vgl. Gutachten Nr. 18, S. 7 f.

[93] Vgl. Gutachten Nr. 27/1, S. 3.

[94] Vgl. Gutachten Nr. 15, S. 5 f.

2. für eine verstärkte Bereitschaft der Unternehmer Sorge tragen, bei den Lohnverhandlungen so weit zu gehen, wie es die Wirtschaftslage zuläßt;
3. ausreichende Marktkenntnis auf Arbeitnehmerseite bei den Lohnverhandlungen gewährleisten;
4. die Beweglichkeit der Arbeitnehmer durch entsprechende Maßnahmen (Beihilfen, Umschulung) fördern und damit das Arbeitsangebot ihrer Mitglieder erhöhen[95].

Bei den Lohnverhandlungen sollen die Gewerkschaften nach Vorstellung der Gutachter im einzelnen darauf achten, daß:

1. die Löhne Kostenfaktoren sind;
2. der geforderte Lohn dem Arbeitsmarkt angepaßt ist. Zu hohe Löhne würden die zur Produktion notwendigen Grenzunternehmer ausschalten und unerwünschte Konzentrationstendenzen sowie den Konkurrenzkampf zwischen Mensch und Maschine heraufbeschwören[96];
3. jede Überschreitung des richtigen Marktlohnes zu sinkenden Beschäftigungsmöglichkeiten und deshalb zu Arbeitslosigkeit führen muß[97];
4. Unternehmer, die Differentialgewinne erzielen, ihre Arbeitnehmer daran teilhaben lassen, d. h. höhere Löhne als ihre schwächeren Konkurrenten zahlen[98].

Um bei den Lohnverhandlungen fundiert argumentieren zu können, empfehlen die Gutachter, daß die Gewerkschaften die Überblicke der „Arbeitsbörsen“ (siehe diese) und das durch die Verwaltung der Arbeitslosenversicherung gewonnene Zahlenmaterial verwerten[99].

bb) Betriebliche oder überbetriebliche Lohnfestsetzung

(1) Argumente für die betriebliche Lohnfestsetzung

Ein Großteil der Gutachter glaubt, daß die angestrebte Arbeitsmarktregelung eine überbetriebliche Lohnfestsetzung nicht ermöglicht[100]. Sie halten die betriebliche Lohnfestsetzung für wünschenswert, weil:

---

[95] Vgl. Gutachten Nr. 15, S. 5; Gutachten Nr. 17 b, S. 3; Gutachten Nr. 27/1, S. 15.

[96] Vgl. Gutachten Nr. 15, S. 5.

[97] Vgl. ebenda, S. 6; Gutachten Nr. 17 b, S. 2; Gutachten Nr. 19, S. 11.

[98] Vgl. Gutachten Nr. 15, S. 6.

[99] Vgl. Gutachten Nr. 19, S. 12; Gutachten Nr. 27/1, S. 13 f.

[100] Vgl. Gutachten Nr. 19, S. 11; Gutachten Nr. 27/1, S. 12.

— sie die Chancen der Gewerkschaften, Mitglieder zu gewinnen, stark erhöht. Diese empfinden den Einsatz der Gewerkschaften bei der Lohnaushandlung als persönliche Betreuung; die überbetriebliche Lohnfestsetzung dagegen kommt auch Nichtmitgliedern zugute[101],

— die Gewerkschaften bei überbetrieblicher Lohnfestsetzung Einfluß auf die Höhe der Mindestlöhne haben. Gewähren die Unternehmen übertarifliche Zahlungen, so stellen diese eine Art „freie Gabe“ dar[102],

— marktwidrige Tariflöhne einseitig die arbeitsintensiven Unternehmen belasten und sie möglicherweise ausschalten. Es kommt zur Konkurrenz zwischen Arbeiter und Maschine und eventuell zu Entlassungen[103],

— die Lohnzahlungsmöglichkeiten von Betrieb zu Betrieb sehr stark differieren[104].

(2) Argumente für den Tariflohn

Albrecht wendet sich mit folgenden Argumenten gegen die von der Mehrheit der Kollegen vertretene betriebsorientierte Lohnbildung:

— sie sei nicht der geeignete Weg, um den marktrichtigen Lohn zu finden, da die Reagibilität am Arbeitsmarkt nicht ausreiche[105],

— sie führte zu nichts Anderem „als zu stärkster Lohndifferenzierung von Betrieb zu Betrieb, ohne eine ausgleichende Verteilung der Arbeitskräfte auf dem Gesamtarbeitsmarkt zu bewirken“[106].

Er schlägt vor, den umgekehrten Weg einzuschlagen und unter Verwendung aller greifbaren Daten „die der wirtschaftlichen Situation entsprechenden Löhne zu ermitteln“[107]. Auf dieser Basis soll dann entsprechend den Besonderheiten des jeweiligen Unternehmens eine Lohndifferenzierung zugelassen werden, wobei die Betriebsvertretungen Mitspracherecht erhalten. Betriebe, die eine Differentialrente erwirtschaften, sollen Lohnzuschläge gewähren, andere, die nur bei geringeren Löhnen rentabel bleiben, sollen Lohnreduktionen vornehmen dürfen, jedoch nur unter Hinzuziehung der Betriebsvertretung, eventuell auch neutraler Sachverständiger[108]. Die dabei gewonnenen Daten sollen

---

[101] Vgl. ebenda.

[102] Vgl. Gutachten Nr. 19, S. 12; Gutachten Nr. 27/1, S. 13.

[103] Vgl. ebenda.

[104] Vgl. Gutachten Nr. 19, S. 17; Gutachten Nr. 27/1, S. 19.

[105] Vgl. Gutachten Nr. 18, S. 6.

[106] Gutachten Nr. 18, S. 6.

[107] Ebenda, S. 6 f.

[108] Vgl. ebenda, S. 7.

darüber hinaus Aufschluß geben über die tatsächliche Höhe des Richtlohns und gegebenenfalls seine Änderung bewirken[109].

(3) Würdigung

Albrecht hält nur seinen Vorschlag für praktikabel, die betriebliche Lohnfestsetzung erscheint ihm als „Vogelstraußpolitik“[110]. Wie die Gutachter sich schließlich geeinigt haben würden, ist dem vorhandenen Material nicht mit Sicherheit zu entnehmen. Aus dem Gutachten Nr. 27 scheint aber hervorzugehen, daß sich die Mehrheit dennoch für die betriebliche Lohnfindung ausgesprochen hat[111]. Insgesamt dürften die Vorschläge auch nicht weit voneinander entfernt sein.

c) Gewerkschaften und Arbeitslosenversicherung

ca) Die Gewerkschaften als Träger der Arbeitslosenversicherung

Die Gutachter halten aus arbeitsmarkt- und lohnpolitischen Gründen die Übernahme und Verwaltung der Arbeitslosenversicherung durch die Gewerkschaften für wünschenswert[112], wobei sie zum größten Teil die Ansicht vertreten, daß lediglich betriebliche und nur mittelbar überbetrieblich gesteuerte Lohnpolitik eine Übernahme der Arbeitslosenversicherung durch die Gewerkschaften ermöglicht. Sie fürchten, daß eine schematische, d. h. überbetriebliche Lohnbemessung zu sehr die Gefahr der Massenarbeitslosigkeit in sich trage und die Gewerkschaften ohne die Hilfe des Staates ihre Versicherungsleistungen nicht erbringen könnten[113].

Eine staatliche Arbeitslosenversicherung lehnen die Gutachter ab, weil die Gewerkschaften dann bei ihren Lohnverhandlungen die wirtschaftlichen Zusammenhänge weit weniger beachten müßten und die Folgen einer falschen Lohnbemessung nicht in Form von Arbeitslosenversicherungsleistungen zu tragen hätten. Der Übergang der Arbeitslosenversicherung zu den Gewerkschaften fördert somit das „Verständnis für die inneren Zusammenhänge zwischen Lohnpolitik und Arbeitsmarktlage“[114].

cb) Gestaltung der Arbeitslosenversicherung

Die Beiträge zur Arbeitslosenversicherung sollen allein die Arbeitnehmer aufbringen[115]. Die Beiträge der Unternehmen wurden von die-

---

109 Vgl. ebenda.

110 Ebenda, S. 8.

111 Vgl. Gutachten Nr. 27/1, S. 12 ff.

112 Vgl. Gutachten Nr. 17 b, S. 3; Gutachten Nr. 18, S. 5.

113 Vgl. Gutachten Nr. 19, S. 13, Gutachten Nr. 27/1, S. 5.

114 Gutachten Nr. 27/1, S. 14.

115 Vgl. ebenda, S. 4.

sen immer als Lohnanteil kalkuliert. Übernehmen die Arbeitnehmer nun allein ihre Versicherungsbeiträge, so eröffnet sich für die Unternehmer die Möglichkeit, Lohnerhöhungen zu gewähren, was sie bei marktlicher Lohnpolitik auch tun werden. Die Arbeitnehmer erfahren deshalb, so die Überzeugung der Gutachter, durch die volle Übernahme ihrer Versicherungsbeiträge keine Mehrbelastung. Durch die eigene Aufbringung der Beiträge und die Verwaltung der Arbeitslosenversicherung durch die Gewerkschaft würden sie endgültig vom falschen Schein der „sozialen Tat" durch die Unternehmer befreit[116].

Die „Ausgleichsvergütungen (nicht ‚Unterstützungen'!)"[117] müssen nach Ansicht der Gutachter streng auf dem Versicherungsprinzip aufbauen. Das hat neben der Übernahme der Beitragszahlungen durch die Arbeitnehmer zur Folge, daß die Abstufung der Versicherungsleistungen entsprechend der jeweiligen Prämie notwendig ist und daß der Leistungsanspruch erst nach einer Anwartschaftszeit besteht. Bei in die Anwartschaftszeit fallender Arbeitslosigkeit soll die Fürsorge eintreten[118]. Im übrigen wird die Leistungspflicht der Arbeitslosenversicherungen nur dadurch begrenzt, daß der Versicherungsnehmer verpflichtet ist, eine ihm nachgewiesene, seiner Qualifikation entsprechende Tätigkeit anzunehmen[119].

Der wirtschaftliche Anreiz zur Wiederaufnahme einer Tätigkeit muß nach Ansicht der Gutachter dadurch erhalten bleiben, daß die Versicherungsleistung in jedem Fall geringer ist als das letzte Entgelt, selbst wenn der Versicherte einen höheren Anspruch hat. Die Differenz zwischen Versicherungsleistung und Versicherungsanspruch soll dann dem „Zwangskapital", d. h. den eingezahlten Versicherungsbeiträgen, zugeschlagen werden. Sofern durch die Versicherungsleistung, die niedriger als das letzte Gehalt ist, Notlagen und Härten entstehen, sollen diese durch fürsorgerische Maßnahmen ausgeglichen werden. Dem Anspruch der Allgemeinheit auf Kräfteeinsatz wird aber Vorrang gegeben[120].

3. Arbeitgeberverbände

Die Gutachter befürworten die Gründung eines Arbeitgeberverbandes, messen ihm aber im Vergleich zu den Gewerkschaften weit weniger Bedeutung bei. Die Arbeitgeberorganisation soll lediglich eine Zentralstelle für den Erfahrungsaustausch unter den Unternehmern

---

116 Vgl. Gutachten Nr. 19, S. 13.

117 Gutachten Nr. 27/1, S. 4.

118 Vgl. ebenda, S. 4 f.

119 Vgl. ebenda, S. 5.

120 Vgl. Gutachten Nr. 19, S. 6, Gutachten Nr. 27/1, S. 5.

sein; daneben steht sie für arbeitsrechtliche Beratung zur Verfügung und delegiert Arbeitgebervertreter in paritätisch besetzte Gremien der Sozialverwaltung. Fragen der Lohnpolitik fallen nicht in die Kompetenz der Arbeitgeberverbände, da sie innerbetrieblich geregelt werden sollen. Ebenso wie bei der Gewerkschaft schlagen die Gutachter die staatliche Zulassung eines Arbeitgeberverbandes mit freiwilliger Mitgliedschaft vor[121].

G. Die Wohnungsbaupolitik der Nachkriegszeit[1]

I. Problemstellung

Die Gutachter rechnen in ihren ab Herst 1943 geführten Diskussionen mit einem erheblichen Wohnungsdefizit bei Kriegsende. Bereits bei Kriegsbeginn herrschte im Reich Wohnungsnot. Durch Luftangriffe wurden in großem Umfang Wohnungen zerstört oder beschädigt, die während des Krieges zumeist nur notdürftig wiederhergerichtet werden konnte. Der Wohnungsbau blieb im Krieg nur insoweit aufrechterhalten, als es für die Rüstungsindustrie unerläßlich war. Wie groß die Lücke zwischen Wohnraumangebot und -nachfrage nach Abschluß des Krieges sein würde, war nicht abzuschätzen. Ein weiteres Problem für den Wohnungsbau werden die dann noch vorhandenen Altbauwohnungen sein, die vielfach den hygienischen und sozialen Ansprüchen nicht mehr gerecht werden können. So werden neben den Wiederaufbau auch Sanierungsmaßnahmen treten müssen[2].

Die Behebung der Wohnungsnot wird als eine der dringendsten Fragen der Nachkriegswirtschaft überhaupt angesehen. Ziel ist die Beseitigung des Wohnungsmangels durch Neubauten[3]. Dabei sollen die Maßnahmen der Wohnungsbaupolitik gleichzeitig Zielsetzungen der Bevölkerungs- und Arbeitsmarktpolitik berücksichtigen: durch Neubau von Wohnungen und die Ansiedlung von Industriebetrieben in ländlichen Gebieten soll die erwünschte Verteilung der Bevölkerung im Raum und die Mobilität der Arbeitskräfte erreicht werden[4].

Eine schnelle Wiederaufnahme des Wohnungsbaus nach dem Krieg gilt als gesamtwirtschaftlich erwünscht, wenn auch die Finanzierung große Schwierigkeiten bereiten wird. Die Schlüsselstellung der Woh-

---

121 Vgl. Gutachten Nr. 27/1, S. 2.

1 Die Wohnungsbaupolitik der Nachkriegszeit wird in den Gutachten Nr. 11; Nr. 12; Nr. 14 und Nr. 26 behandelt.

2 Vgl. Gutachten Nr. 26/1, S. 1, S. 15 ff.

3 Vgl. Gutachten Nr. 12, S. 19; Gutachten Nr. 14 a, S. 16.

4 Vgl. Gutachten Nr. 11, S. 32; Gutachten Nr. 12, S. 21; Gutachten Nr. 17 a, S. 4; Gutachten Nr. 19, S. 19; Gutachten Nr. 26/1, S. 2; Gutachten Nr. 27/1, S. 21.

nungsbauwirtschaft hat zur Folge, daß Beschäftigte aus anderen Produktionszweigen und Arbeitslose angezogen werden. Dies wird den Übergang von der Kriegs- zur Friedenswirtschaft erleichtern[5].

Ziel der Wohnungsbaupolitik muß die baldige Wiedereinführung der Marktwirtschaft für den Wohnungsbau sein. Unabdingbare Voraussetzung hierfür ist der weitgehende Ausgleich von Angebot und Nachfrage an Wohnungen jeder Qualität und Größe. Dieser wird in der Übergangszeit nur mit Hilfe zentralverwaltungswirtschaftlicher Eingriffe erreichbar sein[6]. Die Gutachter schlagen deshalb Maßnahmen zur Begrenzung der Wohnungsnachfrage und zur Erweiterung des Wohnungsangebotes vor. Sie halten eine Wohnungszwangswirtschaft dann für unbedenklich, wenn die Neubauten aus der Bewirtschaftung herausgenommen werden[7]. Die Zwangswirtschaft soll sich auf eine Verteilung des verfügbaren Wohnraumes und auf die sinnvolle Begrenzung der Wohnungsnachfrage beschränken[8].

II. Wohnungsmarktordnung

1. Maßnahmen zur Beschränkung der Wohnraumnachfrage

Eine Beschränkung der Nachfrage durch zwangswirtschaftliche Eingriffe erscheint den Gutachtern unerläßlich. Sie schlagen vor:

1. eine Beschränkung des Wohnraumanspruchs je Haushalt auf ein Minimum. Bei der Berechnung ist die Größe der Familie und in engen Grenzen die persönliche und berufliche Lage des Wohnungsinhabers zu berücksichtigen;
2. eine amtliche Begrenzung der Wohnungskandidaten unter Bevorzugung bestimmter Kategorien (verheiratete Kriegsteilnehmer, Bombengeschädigte) und unter Berücksichtigung der jeweiligen Dringlichkeit[9];
3. eine Ausgabe von Wohnraumbeanspruchungsbescheinigungen, wobei die Zulassungsscheinausgabe in etwa mit dem Wohnungsangebot übereinstimmen sollte[10].

Sofern ein Wohnungsinhaber über mehr als den ihm zustehenden Wohnraum verfügt, wollen ihn die Gutachter zur Aufnahme von Mie-

---

[5] Vgl. Gutachten Nr. 26/1, S. 4.

[6] Vgl. Gutachten Nr. 12, S. 20; Gutachten Nr. 26/1, S. 1.

[7] Albrecht legt auf diese Bedingung weniger Wert als Lampe.

[8] Vgl. Gutachten Nr. 11, S. 60 f.; Gutachten Nr. 14 a, S. 16 f.; Gutachten Nr. 26/1, S. 1 f.

[9] Vgl. Gutachten Nr. 11, S. 61; Gutachten Nr. 12, S. 19 f.; Gutachten Nr. 14 a, S. 17; Gutachten Nr. 26/1, S. 1.

[10] Vgl. Gutachten Nr. 11, S. 61; Gutachten Nr. 14 a, S. 17 f.; Gutachten Nr. 26/1, S. 1.

tern bzw. Untermietern verpflichten. Nimmt er diese freiwillig auf, so ist dem zuständigen Wohnungsamt die Vermietung zu melden. Kommt keine freiwillige Vermietung zustande, so muß der Wohnungsinhaber mit einer Zwangseinweisung von Mietern rechnen.

Diese in den Augen der Gutachter insgesamt unerwünschten zwangswirtschaftlichen Maßnahmen zur Begrenzung der Wohnraumnachfrage sollen auf eine möglichst kurze Übergangszeit beschränkt bleiben. Deshalb sind große Anstrengungen zur Vermehrung des Wohnungsangebotes vonnöten[11].

2. *Maßnahmen zur Erweiterung des Wohnungsangebotes*

a) Sofortmaßnahmen

Bei den in den Gutachten vorgeschlagenen Maßnahmen zur Erweiterung des Wohnungsangebotes sind kurzfristige und langfristige zu unterscheiden. Es werden folgende, relativ schnell wirkende zentralverwaltungswirtschaftliche Eingriffe vorgeschlagen:

1. Zusammenrücken der Bevölkerung in den vorhandenen Wohnungen[12];
2. Verfügbarmachung der durch Staatsstellen zweckentfremdeten Wohnungen[13];
3. Umbau von Verwaltungs- und Militärgebäuden[14];
4. Wohnungsteilungen, Um- und Ausbauten von Wohnhäusern, die durch Anreize für Mieter und Vermieter gefördert werden sollen[15];
5. Förderung der Selbst- und Gegenseitigkeitshilfe[16];
6. notfalls Zwangsenteignung von Wohngebäuden[17].

Damit diese Maßnahmen einheitlich getroffen werden, sind zentrale Anordnungen und Richtlinien zu erlassen. Ihre Durchführung liegt bei den Kommunen, die für eine Erweiterung des Wohnungsangebotes Sorge zu tragen und den Wohnungsmarkt zu verwalten haben[18].

---

[11] Vgl. Gutachten Nr. 26/1, S. 1.

[12] Vgl. ebenda.

[13] Vgl. ebenda, S. 2.

[14] Vgl. Gutachten Nr. 11, S. 61; Gutachten Nr. 12, S. 20; Gutachten Nr. 14 a, S. 17; Gutachten Nr. 26/1, S. 2.

[15] Vgl. Gutachten Nr. 11, S. 61 f.; Gutachten Nr. 12, S. 19 f.; Gutachten Nr. 14 a, S. 17 f.; Gutachten Nr. 26/1, S. 2.

[16] Vgl. Gutachten Nr. 26/1, S. 3.

[17] Vgl. ebenda, S. 2.

[18] Vgl. Gutachten Nr. 11, S. 61; Gutachten Nr. 14 a, S. 17 f.; Gutachten Nr. 26/1, S. 2.

b) Wiederaufbaumaßnahmen

Durch die Sofortmaßnahmen wird nur ein relativ geringes zusätzliches Angebot von Wohnraum geschaffen werden können, da die Bevölkerung bereits im Krieg eng zusammenrücken mußte. Deshalb muß der Staat den Neubau von Wohnungen fördern, ohne dabei den Kapitalmarkt zu sehr zu belasten. Die Gutachter schlagen folgende Maßnahmen vor:

1. Aufräumungsarbeiten sind von den Kommunen zu veranlassen[19];
2. Verbilligung der Bauweise durch Haustypisierung, Bauteilnormung, Preisausschreiben für Billigbauten[20];
3. Bau von in Größe und Ausstattung bescheidenen Wohnungen, bei denen ein späterer Aus- oder Umbau möglich sein sollte[21];
4. Niedrighaltung der Baumaterialpreise durch
   a) Verkauf von Material aus Militär- und Rüstungsindustriebeständen;
   b) günstige Holzpreise des Forstfiskus;
   c) Einschränkung der öffentlichen Bautätigkeit;
   d) Verzicht des Staates auf Steuern, die das Bauen und Wohnen belasten, sofern es sich um Neubauten handelt[22];
5. Entschädigungsleistungen des Staates gegenüber Bombengeschädigten. Die Bewilligung von Mitteln ist von deren Verwendung für den Wohnungsbau abhängig zu machen. Die Höhe der Entschädigung hängt ihrerseits von der Art und dem Ausmaß der Beschädigung ab. Höchstgrenze der Entschädigung bilden die Wiederaufbaukosten. Falls die Entschädigungsleistungen für einen Wiederaufbau nicht ausreichen, besteht die Möglichkeit, Darlehen zu erhalten. Bei großflächiger Zerstörung und bei notwendiger Revision des Bebauungsplanes ist der Wiederaufbau an anderer Stelle zu erwägen[23].

c) Übergangsmaßnahmen

Die Gutachter weisen darauf hin, daß auch durch die Wiederaufbaumaßnahmen in geringem Umfang und nur langfristig zusätzlich Wohnungen zur Verfügung gestellt werden. Es handelt sich hauptsächlich um den Wiederaufbau zerstörter Wohnungen. Zusätzliche Nachfrage

[19] Vgl. Gutachten Nr. 26/1, S. 8 f.

[20] Vgl. ebenda, S. 9; Gutachten Nr. 12, S. 21.

[21] Vgl. Gutachten Nr. 12, S. 21; Gutachten Nr. 14 a, S. 19; Gutachten Nr. 26/1, S. 2 ff.

[22] Vgl. Gutachten Nr. 26/1, S. 10.

[23] Vgl. ebenda, S. 5 ff.

und die Wohnungsnot der Vorkriegszeit können dadurch nicht befriedigt werden[24]. Es ist deshalb eine vorübergehende Unterbringung Wohnungsloser zu ermöglichen. Dabei wird auf eine Verwendung von Notunterkünften nicht verzichtet werden können. So sind die Behelfsheime des Deutschen Wohnungshilfswerkes (DWHW), die dieses während des Krieges erstellte, ebenso zu verwenden wie Baracken des Militärs und der Rüstungsindustrie. Hierbei kann es sich jedoch nur um eine Weiterbenutzung in einer Übergangszeit handeln, bis die schlimmste Wohnungsnot behoben sein wird. Ein Neubau von Notunterkünften sollte möglichst vermieden werden, dauerhaften Billigbauten ist der Vorzug zu geben[25].

3. *Mietpreisregelung*

Bei der Mietpreisregelung wird nach Ansicht der Gutachter auf zwangswirtschaftliche Eingriffe nicht verzichtet werden können. Ein Freilassen der Mieten kommt nicht in Frage, da angesichts der großen Nachfrage mit einer erheblichen Mietpreissteigerung zu rechnen wäre. Es wird vorgeschlagen, für Altbauten die bisherigen Mieten und den Mieterschutz beizubehalten und bei freiwilliger Wohnungsteilung bzw. Raumaufgabe die Mieten in entsprechendem Prozentsatz zu senken. Wird eine Wohnung nicht freiwillig, sondern durch Zwangseinweisung verkleinert, sollte der Mietzins jedoch erheblich weniger gekürzt werden[26].

Bei Neubauten, denen die durch Wohnungsaufteilung gewonnenen Einheiten gleichzustellen sind, wird eine freie Mietpreisbildung empfohlen. Damit soll genügend Interesse an der Finanzierung des Wohnungsbaues geweckt werden. Die Wohnraumbegrenzung muß jedoch auch für Neubauten gelten[27]. Sofern Wohnungsberechtigte aus finanziellen Gründen eine Neubauwohnung nicht mieten können, wird einem „System von bedingten und begrenzten Subventionen“[28] der Vorrang gegenüber einer Mietpreiszwangswirtschaft gegeben[29].

III. Finanzierung des Wohnungsbaus

Die Gutachter gehen bei ihren Überlegungen davon aus, daß der Wohnungsbau außerordentlich hohe Ansprüche an den Kapitalmarkt

---

[24] Vgl. ebenda, S. 9.

[25] Vgl. ebenda, S. 2 ff.; Gutachten Nr. 12, S. 21.

[26] Vgl. Gutachten Nr. 11, S. 62; Gutachten Nr. 12, S. 19 f.; Gutachten Nr. 14 a, S. 18.

[27] Vgl. Gutachten Nr. 12, S. 20.

[28] Gutachten Nr. 11, S. 62.

[29] Vgl. ebenda.

stellt. Die zu erwartende angespannte Kapitalmarktlage nach dem Krieg erlaubt jedoch keine unbegrenzte Kreditnachfrage der Wohnungsbauwirtschaft. Eine Kreditnachfragebeschränkung wird unumgänglich sein[30]. Auf zwangswirtschaftliche Kapitalbildung wird nicht verzichtet werden können, da das freiwillige Sparen nach dem Krieg sehr gering sein wird[31]. Die Mittelaufwendung für den Wohnungsbau wird sich zwar auf das Notwendigste beschränken müssen, die Wohnungsnot muß aber behoben werden. In den Gutachten werden folgende Vorschläge zur Finanzierung des Wohnungsbaus gemacht:

1. Finanzierung des vom Staat geförderten Wohnungsbaus durch:
   a) die Erhebung einer Sondersteuer auf Mieten. Es sollen die Mieterhöhungsbeträge aufgrund der marktlichen Mietpreisbildung weitgehend abgeschöpft werden. Diese „Über-Mietsteuer“-Erträge (siehe oben) sollen für die Finanzierung des Wiederaufbaus zerstörter Städte und zur Vergabe von Darlehen für den Bau von Kleinwohnungen verwendet werden[32];
   b) die kurzfristige Verschuldung. Albrecht hält diese für eine gewisse Zeit und in begrenztem Umfang zur Finanzierung des Wiederaufbaus von Wohnungen für zulässig. Denn eine Finanzierung über Steuern ist nur in geringem Ausmaß möglich. Bei der Wichtigkeit und der gesamtwirtschaftlichen Bedeutung des Wohnungsbaus und seiner Folgewirkungen wird die Beibehaltung der Kreditschöpfung für diesen Sektor für durchführbar erachtet, da im Zuge des Wiederaufbaus die Steuer- und Sparkraft der Bevölkerung steigt[33].
2. Finanzierungsmöglichkeiten der Privaten

Abgesehen von Staatszuschüssen in Form von Entschädigungsleistungen und Darlehen kann sich der private Wohnungsbau finanzieren durch:

a) Kreditaufnahme am nationalen und internationalen Kapitalmarkt, wobei dieser jedoch nicht sehr ergiebig sein wird[34];
b) Kredite der Mieter. Bewerber um eine Neubauwohnung müssen Eigenkapital vorweisen; bei dessen Aufbringung sollen Bausparkassen und Baugenossenschaften behilflich sein[35];

---

[30] Vgl. Gutachten Nr. 12, S. 19.
[31] Vgl. Gutachten Nr. 26/1, S. 2.
[32] Vgl. Gutachten Nr. 25 a, S. 28 f.; Gutachten Nr. 26/1, S. 14.
[33] Vgl. Gutachten Nr. 26/1, S. 11 f.
[34] Vgl. ebenda, S. 13.
[35] Vgl. ebenda.

c) Pfandbriefe. Der nationale Pfandbriefmarkt wird um so schneller wieder funktionsfähig werden, je besser der Wiederaufbau voranschreitet[36];

d) Sparkassendarlehen. Die Sparkassen werden wieder einen angemessenen Prozentsatz der ihnen zufließenden Einlagen als hypothekarisch gesicherte Darlehen ausleihen[37];

e) Hypotheken, die von Privat- und Sozialversicherungsgesellschaften gewährt werden[38];

f) Beihilfen von Arbeitgebern, sofern es sich um gemeinnützigen Kleinwohnungsbau handelt[39].

Trotz der Vielzahl der aufgezeigten Finanzierungsmöglichkeiten wird die Mittelaufbringung über Jahre hinaus das Hauptproblem der Wohnungsbaupolitik sein. Der staatlich organisierte Wohnungsbau wird zu einer Dauererscheinung der Zukunftswirtschaft werde. Die Wiederherstellung der Marktwirtschaft für Wohnungen wird viele Jahre beanspruchen[40].

H. Agrarpolitik[1]

I. Landwirtschaft und Wettbewerbsordnung

Von Dietze geht in seinem Gutachten vom August 1943 von der Überlegung aus, daß die nach dem Krieg allgemein zu erwartende schwierige Wirtschaftslage auch die Landwirtschaft treffen wird. Dabei ist nicht die Erhaltung des bäuerlichen Lebensstandards das Problem. Es geht vielmehr um den Wiederaufbau und die Sicherung der deutschen Volkswirtschaft und die Erhaltung der deutschen Landwirtschaft schlechthin. Aufgabe der Agrarpolitik der Nachkriegszeit wird es sein, die Landwirtschaft auf die Marktwirtschaft vorzubereiten. Dabei werden ihr Entbehrungen nicht erspart werden können[2].

---

[36] Vgl. ebenda.

[37] Vgl. ebenda, S. 14.

[38] Vgl. ebenda.

[39] Vgl. ebenda.

[40] Vgl. Gutachten Nr. 7, S. 9.

[1] Das Gutachten „Richtlinien künftiger Agrarpreispolitik.“, o. O. (Freiburg), o. D. (August 1943), Constantin von Dietze, als Manusk. vervielf. (im folgenden zit. als Gutachten Nr. 31), wurde im August 1943 verfaßt und an die Teilnehmer der „Arbeitsgemeinschaft Erwin v. Beckerath“ verschickt. Eine ausführliche Diskussion der Agrarpolitik scheint nicht stattgefunden zu haben. Im folgenden kann deshalb nur der Inhalt des Gutachtens Nr. 31 wiedergegeben werden.

[2] Vgl. Gutachten Nr. 31, S. 1.

Die Landwirtschaft ist in besonderem Maße von einer ausgeglichenen Wirtschaftslage abhängig. Diese ist nach von Dietze nur „in einer gedeihlichen Gesamtwirtschaftsordnung“[3] möglich, die lediglich durch die Marktwirtschaft, nicht durch die Zentralverwaltungswirtschaft garantiert werden kann. Daraus ergibt sich, daß eine erfolgreiche Agrarpolitik der Nachkriegszeit nur in einer Wettbewerbsordnung denkbar ist[4]. Voraussetzungen für die Neuordnung der Landwirtschaft sind: die günstige Entwicklung der Nachfrage nach landwirtschaftlichen Erzeugnissen, die Wiederherstellung des Rechts und die Erhaltung des Famileinbetriebs[5].

II. Entwicklung der Agrarpreise

Von Dietze rechnet damit, daß die Landwirtschaft nach einer Übergangszeit dem Angebot des Weltmarkts ausgesetzt sein wird. Ob und inwieweit dieses Angebot einen Preisdruck ausüben wird, kann nicht vorausgesagt werden. Dieser Preisdruck wird die deutsche Landwirtschaft, eine befriedigende Nachfrage unterstellt, jedoch nicht gefährden. Lediglich beim Zucker könnte ein bedenklicher Konkurrenzdruck möglich werden[6], von dem die Landwirtschaft mit marktlichen Mitteln, d. h. Erhebung eines Einfuhrzolls bei Verzicht auf Besteuerung inländischen Zuckers geschützt werden könnte[7].

Die Nachfrage nach landwirtschaftlichen Produkten wird aufgrund der allgemeinen Verarmung und des Nachholbedarfs die Agrarpreise weit mehr beeinflussen als das Angebot. Der Nachfrage kommt ohnehin für die Landwirtschaft große Bedeutung zu; bei der langfristig zu erwartenden Einkommenserhöhung breiter Bevölkerungsschichten wird die Nachfrage nach landwirtschaftlichen Veredelungsprodukten erheblich zunehmen. Diese Tendenz kommt insbesondere bei einer Wettbewerbsordnung zur Geltung; die Zentralverwaltungswirtschaft dagegen engt die private Lebenshaltung ein.

Die zu erwartende hohe Nachfrage nach Agrarerzeugnissen wird, davon geht von Dietze aus, befriedigende Agararpreise bewirken. Da in den Kriegsjahren die Pflege und Düngung der Ackerflächen nur unzureichend war und die Viehbestände erheblich vermindert werden mußten, entsteht in der Landwirtschaft ein großer Investitionsbedarf. Die Ausgaben der Landwirtschaft werden trotz der relativ hohen Agrarpreise der ersten Nachkriegszeit kaum gedeckt werden können[8].

---

[3] Ebenda, S. 3.

[4] Vgl. ebenda, S. 3.

[5] Vgl. ebenda, S. 4.

[6] Vgl. Gutachten Nr. 31, S. 5 f.

[7] Vgl. ebenda, S. 8.

[8] Vgl. ebenda, S. 6 f.

III. Landwirtschaft und Freihandel

Die geforderte Wettbewerbsordnung bedeutet nicht völligen Freihandel. Mit ihr hält von Dietze Maßnahmen einer Schutzpolitik, wie Zölle und Einfuhrbeschränkungen, für durchaus vereinbar[9]. Daneben wäre nach von Dietze auch denkbar, daß einige wenige Sonderzweige der Landwirtschaft, z. B. die Milchwirtschaft, aus der Marktwirtschaft herausgenommen werden. Außerdem sieht er die Möglichkeit, die Agrarpreise durch Schutzzölle oder durch Subventionen zu beeinflussen[10]. Bei einigen Produkten können niedrige Preise für ausländische Erzeugnisse durchaus erwünscht sein, etwa für Textilrohstoffe oder Ölfrüchte. Die deutsche Produktion könnte dann zugunsten anderer Erzeugnisse eingestellt werden[11].

Sollte jedoch „durch bolschewistischen Aussenhandel oder imperialistische Kräfte“[12] eine „Weltmarktwirtschaftspolitik“[13] unmöglich werden, scheint von Dietze eine mit niedrigen Zöllen arbeitende Agrarpreispolitik verfehlt. Die deutsche Landwirtschaft würde erheblichen Erschütterungen ausgesetzt. Deshalb müßte unter diesen Umständen mit Einfuhrmonopolen und Importverboten gearbeitet werden, wobei gleichzeitig die Wettbewerbsordnung im Innern weitestgehend gesichert werden muß[14].

3. Abschnitt

Abschließende Bemerkungen

Vergleicht man die wirtschaftspolitischen Programme der „Freiburger Kreise“, so ergibt sich, daß beide das gleiche Ziel verfolgen: Die zentralverwaltete Kriegswirtschaft soll von einer Wettbewerbsordnung abgelöst werden. Die Vorstellungen, wie eine zukünftige Wirtschaftsordnung gestaltet werden soll, sind die gleichen. Der Unterschied der beiden Konzepte liegt hauptsächlich darin: In der „Freiburger Denkschrift“ wird die gesamte Wirtschaftsordnung umrissen, einzelne wirtschaftspolitische Maßnahmen und die der Übergangspolitik werden jedoch nicht erörtert. In den Gutachten der „Arbeitsgemeinschaft Erwin v. Beckerath“ dagegen sind die notwendigen wirtschaftspolitischen Maßnahmen ausführlich diskutiert und die Übergangspolitik ange-

---

[9] Vgl. Gutachten Nr. 31, S. 3.
[10] Vgl. ebenda, S. 7.
[11] Vgl. ebenda, S. 8.
[12] Ebenda, S. 9.
[13] Ebenda, S 9.
[14] Vgl. ebenda, S. 9.

sprochen; ihnen fehlt aber der Gesamtzusammenhang, die Einheitlichkeit. Da der Geist, die Tendenz der Ausarbeitungen beider Kreise jedoch die gleichen sind, ist man versucht, die wirtschaftspolitische Konzeption des Freiburger „Bonhoeffer Kreises“ als Präambel den Gutachten der „Arbeitsgemeinschaft Erwin v. Beckerath“ voranzustellen. Dadurch würden die Gutachten in den Gesamtrahmen gestellt, der ihnen wegen des plötzlichen Abbruchs der Diskussionen der Arbeitsgemeinschaft fehlt. Die im ersten Kapitel dieser Arbeit ausgesprochene Vermutung, daß der Freiburger „Bonhoeffer Kreis“ eine der Wurzeln der „Arbeitsgemeinschaft Erwin v. Beckerath“ ist, scheint somit belegt.

Die Darstellung der wirtschaftspolitischen Programme beider Kreise ließ keinen Raum für die Erörterung der politischen Stellungnahme der Kreise zum Nationalsozialismus. Es soll jedoch ausdrücklich darauf hingewiesen werden, daß besonders in der Schrift des Freiburger „Bonhoeffer Kreises“, der „Freiburger Denkschrift“, eindeutig gegen ihn Stellung bezogen wird. Das nationalsozialistische Regime wird in allen Kapiteln deutlich angeprangert. Auch in fast allen Gutachten der „Arbeitsgemeinschaft Erwin v. Beckerath“ sind kritische Bemerkungen über den Nationalsozialismus offen oder versteckt enthalten. Manches Manuskript mußte vor dem Druck erst bereinigt werden, um den Postversand der Schriften nicht noch gefährlicher als ohnehin zu gestalten. Außerdem war eine gewisse Tarnung in der „Arbeitsgemeinschaft Erwin v. Beckerath“ deshalb notwendig, weil die Gutachten in sehr viel mehr Exemplaren, etwa 30 bis 50 Stück, hergestellt wurden als die „Freiburger Denkschrift“, von der es nur 3 Exemplare gab (siehe oben). Die Gefahr, daß die Gutachten bei einem der Teilnehmer aus Anlaß einer Durchsuchung in die Hände der Nationalsozialisten fallen könnten, war sehr groß. In einigen Gutachten ist deshalb nationalsozialistische Diktion und Argumentation ansatzweise enthalten. Nur der eingeweihte Leser weiß sie als Tarnung zu deuten.

Auf eine ausführliche Darlegung der Kritik der Kreise am Hitlerregime muß hier verzichtet werden. Die Tatsache, daß schon ab 1938 in Freiburg konkrete Vorstellungen für eine Wirtschaftsordnung der Zeit nach Hitler entwickelt wurden, spricht für sich.

Wichtig ist, daß man sich bei der Beurteilung der Gutachten die Zeitumstände vor Augen hält. Wenn man bedenkt, daß bei Entstehung der Gutachten das Ausmaß der Kriegsfolgen bei weitem nicht abzusehen war, ein Großteil der Bevölkerung den Sieg noch für möglich, ja sicher hielt, wird erst richtig erkennbar, welchen Weitblick die Gutachter hatten. Die Berücksichtigung der Zeitumstände und der Tatsache, daß es sich um ein Programm für eine *Übergangs*wirtschaft hanelte, ist deshalb wichtig, weil man aus heutiger Sicht vielleicht darüber erstaunt ist, daß die Gutachter die Frage der innerbetrieblichen Leistungen ebenso unberücksichtigt ließen wie die einer nachfrageinduzierten Inflation nach dem Krieg. Beide Problemkreise lagen für sie außerhalb des Vorstellbaren. Sie rechneten mit sehr viel größerer und längerer Armut. Den schnellen Wiederaufbau konnten sie nicht voraussehen, da sie weder mit ausländischer Hilfe rechneten, wenn sie sie auch erhofften, noch eine radikale Abwertung für politisch möglich hielten. Daß dagegen die Frage der Einkommens- und Vermögensverteilung nicht erörtert wurde, dürfte nur auf den vorzeitigen Abbruch der Diskussion zurückzuführen sein. Denn es finden sich in einigen Gutachten Hinweise auf diese Fragen, eine Lösung wird jedoch nirgends angedeutet. Auch war die Bildung eines europäischen Großraums in der Diskussion. Die Vereinigung Europas wurde angestrebt, man fürchtete aber, daß es einige Jahre, ja Jahrzehnte dauern könnte, bis die Feindseligkeiten überwunden und die Zeit für eine friedliche Zusammenarbeit reif sein werde.

Zur inhaltlichen Wertung der Gutachten sei darauf hingewiesen, daß der „Freiburger Kreis" (d. h. die „Arbeitsgemeinschaft Erwin v. Beckerath") und die „Freiburger Schule" unterschiedliche Auffassungen vertreten, wenn sie in der Literatur auch nicht voneinander unterschieden werden. Während die „Freiburger Schule" mehr für eine sich selbst überlassene freie Marktwirtschaft eintritt, wird in den Gutachten der „Arbeitsgemeinschaft Erwin v. Beckerath" eine lenkende, regulierende Marktwirtschaftspolitik gefordert. Die insbesondere von Lampe vorgeschlagene und verfolgte Synthese der beiden Idealtypen Marktwirtschaft und Zentralverwaltungswirtschaft — er nannte sie „Instrumentalismus" — wurde von den Vertretern der „Freiburger Schule" innerhalb der „Arbeitsgemeinschaft Erwin v. Beckerath" nicht akzeptiert. Lediglich das von Böhm für die Arbeitsgemeinschaft entworfene Konzentrationskonzept dürfte den Vorstellungen der „Freiburger Schule" und denen der anderen Teilnehmer der Arbeitsgemeinschaft gleichermaßen entsprochen haben.

Mit diesen kurzen Erläuterungen soll die Darstellung des wirtschaftspolitischen Programms der „Freiburger Kreise" abgeschlossen werden. Auf eine umfassende Würdigung und kritische Stellungnahme, so interessant sie wäre, soll hier verzichtet werde. Sie müßte sehr ausführlich sein und würde den Rahmen der Arbeit sprengen. Hier war die Aufgabe, die Programme und ihre Auswirkungen darzustellen. Im Schlußkapitel wird aufgezeigt, welchen Nutzen die Gutachten der „Arbeitsgemeinschaft Erwin v. Beckrath" stiften konnten.

Drittes Kapitel

Die „Arbeitsgemeinschaft Erwin v. Beckerath" nach dem Zusammenbruch

A. Die Zusammenarbeit mit den Alliierten

I. Vorbemerkungen

Nachdem es nicht gelungen war, Hitler zu beseitigen und Goerdeler an die Regierung zu bringen, war zunächst die beabsichtigte Verwendung der Gutachten der „Arbeitsgemeinschaft Erwin v. Beckerath" nicht möglich. Den Gutachtern lag aber daran, ihre Vorarbeiten dennoch zu verwerten. Sie hatten das Ziel, ihre Ausarbeitungen, der neuen politischen Lage angepaßt, den Alliierten zur Verfügung zu stellen und ihre fachwissenschaftliche Mitarbeit anzubieten[1]. Sie glaubten, daß nur eine verantwortungsvolle Zusammenarbeit von Alliierten, deutschen Behörden und Wissenschaftlern das Chaos schnell und wirkungsvoll beseitigen könne. Nur schnelles, rationales Handeln würde aus den Kriegs- und Nachkriegswirren heraushelfen und Fehler vermeiden können. Sie hofften eine Neuausrichtung der Wirtschaftspolitik zu erreichen[2] und gleichzeitig ihre Zusammenarbeit innerhalb der Arbeitsgemeinschaft fortsetzen zu können. Deshalb suchten einzelne Arbeitskreisteilnehmer nach Möglichkeiten, die Arbeit im Kollegenkreis wieder aufzunehmen.

II. Kontaktaufnahme

1. Das Military Government of Germany

Da schnelles Handeln geboten schien, trennte sich Lampe auf seinem Rückweg vom Berliner KZ an der Elbe von den Kollegen Ritter und von Dietze, mit denen er bis dahin marschiert war, und nahm den Weg nach Jena. Er wollte bei Preiser Station machen und bei ihm die wichtigsten Unterlagen und Ausarbeitungen der „Arbeitsgemeinschaft Erwin v. Beckerath" abholen, um sie dann nach Höchst zum Military

---

[1] Vgl. Brief von Lampe an Preiser vom 26. 10. 1945.

[2] Vgl. Brief von Lampe an Noske vom 21. 12. 1945.

Government of Germany, dem „Eisenhower-Stab“[3], möglichst zusammen mit Preiser, zu bringen[4] (siehe oben).

Nach erheblichen bürokratischen Schwierigkeiten gelang es Lampe, zu dem Leiter der Abteilung Economics, Colonel Gilchrist, vorzustoßen, der allerdings nur sehr zögernd Interesse an den Gutachten zeigte. Er schien Lampe ein „typischer Praktiker“ zu sein, der die Mitarbeit und den Rat der Wissenschaftler nicht sehr hoch einschätzte. Erst nach stundenlanger Debatte fand sich Colonel Gilchrist bereit, den Freiburgern den Auftrag zu erteilen, das Währungsprogramm der „Arbeitsgemeinschaft Erwin v. Beckerath“ zu überarbeiten und dem Eisenhower-Stab ein Gutachten über „Inflation Control“ zur Verfügung zu stellen[5]. So entstand das Währungsgutachten der „Arbeitsgemeinschaft Erwin v. Beckerath“ vom 3. bzw. 11. August 1945, das jedoch nur von der „Freiburger Arbeitsgruppe“[6] formuliert wurde.

General Clay hat in den folgenden Monaten wiederholt amerikanische Offiziere nach Freiburg entsandt, um dieses Währungsgutachten diskutieren zu lassen[7]. Im November 1945 sollten Eucken und Lampe von einem amerikanischen Offizier zu mehrtägigen Verhandlungen nach Höchst gebracht werden, dieser erschien jedoch nicht[8]. Stattdessen bat man die Freiburger, umfangreiche Fragebogen auszufüllen, stellte ihnen eine enge Zusammenarbeit in Aussicht, allein dabei blieb es. Welcher Art die Bedenken waren, die die Amerikaner auf eine Zusammenarbeit mit den Freiburgern verzichten ließen, blieb ungeklärt[9]. Die Freiburger bedauerten sehr, daß die Verbindung zu den Amerikanern nicht zustande kam, sie versuchten über amerikanische Kollegen (Georg Halm, Fritz Machlup, Herbert Marcuse[10], Carl Landauer) die Zusam-

---

[3] Ebenda; Brief von Lampe an Preiser vom 6. 5. 1947. Offensichtlich war „Eisenhower-Stab“ der volkstümliche Name für das „Military Government of Germany“. Da er von den Gutachtern gebraucht wurde, soll er im folgenden verwandt werden.

[4] Vgl. Brief von Lampe an Preiser vom 6. 5. 1947.

[5] Vgl. Briefe von Lampe an Salin vom 12. 11. 1947; an Landauer vom 2. 1. 1947, 3. 6. 1947; an Machlup vom 12. 2. 1947.

[6] Gutachten „Währungssanierung durch Kaufkraftabschöpfung mit anschliessender Geldumlaufsauffüllung. Leitgedanken eines 1942 entwickelten, der heutigen Lage angepassten Vorschlages der Arbeitsgemeinschaft E. (sic) v. Beckerath“, Freiburg 11. Aug. (3. Aug.) 45, Arbeitsgemeinschaft E. von (sic) Beckerath, Arbeitsgruppe Freiburg, als Manusk. vervielf. (im folgenden zit. als „Währungssanierung durch Kaufkraftabschöpfung“). (Die verschiedenen Daten dürften daher rühren, daß der Termin des Plattendiktats und der Abschrift auseinanderfielen.)

[7] Vgl. Brief von Lampe an Holstein vom 21. 7. 1947.

[8] Vgl. Brief von Lampe an Helfrich vom 10. 11. 1945.

[9] Vgl. Briefe von Lampe an Böhm vom 25. 11. 1945; an Landauer vom 2. 1. 1947.

[10] Herbert Marcuse war damals „Leiter der Political Resurch Branch des

menarbeit mit dem Stab Eisenhower zu erreichen; es gelang ihnen jedoch nicht[11]. Es blieb die Enttäuschung über die geringe Resonanz[12] und die Überzeugung, daß „Unheil“[13] hätte verhindert werden können, wenn der erste, nach dem Zusammenbruch verfügbare Währungsplan mehr Beachtung gefunden hätte[14]. Die Hoffnung, auf dieser Ebene die Vorarbeiten der „Arbeitsgemeinschaft Erwin v. Beckerath“ auswerten und die Zusammenarbeit mit den Kollegen fortsetzen zu können, blieb unerfüllt.

2. *Das Gouvernement Militaire de Bade*

a) Section Economie Générale de Fribourg

Im August 1945 nahm das Gouvernement Militaire de Bade, Section Economie Générale, in Freiburg Kontakt mit den Freiburger Nationalökonomen auf und bat diese, dem Gouvernement als Gutachter zur Verfügung zu stehen. Wie die Franzosen auf die Herren stießen, ist nicht mehr zu klären. Es ist denkbar, daß sie um deren Mitarbeit in der „Arbeitsgemeinschaft Erwin v. Beckerath“ wußten. Die Franzosen wurden spätestens von den Freiburgern selbst auf diesen Ausschuß aufmerksam gemacht. Es bestanden Pläne, für die Franzosen die Arbeitsgemeinschaft wieder zu beleben, zumindest ihre Ausarbeitungen zu verwerten[15].

Anfänglich entwickelte sich eine recht erfreuliche, vertrauensvolle Zusammenarbeit zwischen den Gutachtern und den französischen Stellen. Eine Erweiterung des Mitarbeiterkreises erfolgte jedoch nicht. Die Nationalökonomen schrieben verschiedene Gutachten, in denen sie offen Kritik an den herrschenden Zuständen übten[16]. Die Hauptthemen waren neben einer ausführlichen Analyse der politischen und wirtschaftlichen Lage die Agrarpolitik, der Interzonenhandel, die Währungssanierung, Reparationsleistungen, Unternehmensführung und deren Probleme, Fragen der Sozialpolitik, der Verstaatlichung von Monopolunternehmen (insbesondere der Energiewirtschaft) und der Verwal-

---

Auswärtigen Amtes in Washington“. (Vgl. Brief von Lampe an Albrecht vom 27. 11. 1947.)

11 Vgl. Brief von Lampe an Landauer vom 2. 1. 1947.

12 Vgl. Brief von Lampe an Preiser vom 6. 5. 1947.

13 Welches „Unheil“ gemeint ist, wird in den Briefen von Lampe nicht näher erörtert. Er denkt wohl an die gesamte, sich verschlechternde Wirtschaftslage, insbesondere die zunehmende Währungsmisere. (Vgl. Brief von Lampe an Salin vom 12. 11. 1947.)

14 Vgl. Brief von Lampe an Holstein vom 21. 7. 1947.

15 Vgl. Brief von Lampe an Sokolsky vom 17. 8. 1945.

16 Vgl. Brief von Lampe an Landauer vom 2. 1. 1947.

tung. Die Gutachten sind alle erhalten, bei einigen ist jedoch nicht mit letzter Sicherheit zu sagen, für welche französische Stelle (siehe unten) sie geschrieben wurden.

Neben den dringend zu lösenden wirtschaftspolitischen Tagesproblemen ging es den Freiburgern in erster Linie darum, die Besatzungsmacht auf die Währungsfrage und die Notwendigkeit der Währungssanierung sowie die Einführung einer neuen Wirtschaftsordnung eindringlich hinzuweisen. Bis zum Frühjahr 1946 schrieb das Comité etwa 20 Gutachten für die Franzosen. Wegen der überraschenden Internierung Lampes Mitte März 1946 durch die Franzosen, aus der er erst vier Monate später zurückkehrte[17], war die Gutachtertätigkeit lahmgelegt. Nachdem Lampe rehabilitiert und wieder voll in sein Amt eingesetzt war, baten ihn die Franzosen, weiter für sie als Gutachter tätig zu sein. Das Comité nahm seine Arbeit wieder auf, die Gutachtenaufträge der Franzosen ließen jedoch auf sich warten. Auch blieb die Nutzanwendung und Verwirklichung der Vorschläge in der Praxis aus, und die Alliierten stellten sich oft nicht mehr den notwendigen Diskussionen über die Gutachten. Man arbeitete für die Schublade.

Seit Mitte 1947 etwa war das Verhältnis zwischen den Gutachtern und dem Gouvernement deutlich getrübt; Lampe schied im Juli 1947 aus dem Gremium aus[18], da er keinen Sinn in einer weiteren Zusammenarbeit sah. Der Grund für die Mißstimmung dürfte darin gelegen haben, daß die Vorschläge der Freiburger den Franzosen zu unbequem, ihre Kritik zu hart war[19]. Wann die Gutachtertätigkeit für die Franzosen endgültig eingestellt wurde, kann aus dem vorhandenen Material nicht entnommen werden.

b) Die Zentralregierung in Baden-Baden

Seit August 1945[20] hatten die Freiburger Nationalökonomen auch Verbindung zur Wirtschaftszentrale der Baden-Badener Besatzungsregierung. Die „Section de Documentation à la direction de l'Economie Générale" war an die Freiburger Nationalökonomen herangetreten[21], um ihre Mitarbeit als Berater zu erbitten. Sie sollten als reguläres Gut-

---

[17] Vgl. *Triebenstein,* Olaf: „Adolf Lampes ‚Allgemeine Wehrwirtschaftslehre' — Einige Betrachtungen zur Geschichte dieses Buches", in: Schmollers Jahrbuch für Wirtschafts- und Sozialwissenschaften, 88. Jg., Berlin 1968, S. 31 - 49, hier: S. 33 f.

[18] Vgl. Brief von Lampe an Graf Hardenberg-Neuhardenberg vom 17. 7. 1947.

[19] Vgl. Brief von Lampe an Lemmer vom 23. 8. 1947.

[20] Vgl. Brief von Lampe an Prunet vom 11. 6. 1947.

[21] Vgl. Brief von Lampe an Kapitän Katchourine vom 29. 11. 1945.

achterkomitee langfristig für die Franzosen tätig sein[22]. Dabei war daran gedacht, das Gremium um Fachleute, die die Freiburger vorschlagen könnten, zu erweitern. Diese sollten möglicherweise hauptamtlich für die Franzosen tätig werden[23]. Auch die Weiterführung der „Arbeitsgemeinschaft Erwin v. Beckerath“ wurde offensichtlich erwogen; denn im Anschluß an die erste Besprechung zwischen Franzosen und Freiburger Nationalökonomen im August 1945 wurde die Teilnehmerliste der Arbeitsgemeinschaft nach Baden-Baden gesandt[24]. Die Erweiterung des Gutachterkreises ist jedoch nicht erfolgt. Das Gremium nannte sich „Comité d'Etudes Economiques“[25].

Bei wiederholten Besuchen von französischen Offizieren aus Baden-Baden in Freiburg wurde die Diskussion mit den Nationalökonomen gesucht, die Ende 1945 gebeten wurden, der Gutachtertätigkeit für die Franzosen Priorität einzuräumen. Die vom Comité erstellten Gutachten wurden mit großer Wahrscheinlichkeit sowohl den Baden-Badener als auch Freiburger Stellen der Franzosen vorgelegt (Themenkreis siehe oben).

Auch diese Verbindung mit den Franzosen wurde nach hoffnungsvollen Ansätzen im Laufe des Jahres 1947 nahezu eingestellt. Das Interesse der Baden-Badener Besatzungsregierung an den Gutachten der Freiburger war gering geworden, man hielt die Vorschläge für nicht durchführbar[26]. Die marktwirtschaftlichen Vorstellungen der Freiburger waren mit den zentralverwaltungswirtschaftlichen Tendenzen der Franzosen nicht in Einklang zu bringen, das ständige Drängen zur Änderung des Währungssystems und die Forderung nach einer Wirtschaftsneuordnung waren unbequem[27].

So konnte die Gutachtertätigkeit der „Arbeitsgemeinschaft Erwin v. Beckerath“ in einer Zusammenarbeit mit den Alliierten trotz intensiver Bemühungen der Freiburger nicht fruchtbar genutzt oder gar fortgesetzt werden.

Da die Gutachten für die Franzosen keine Bedeutung für die Politik der Alliierten erlangten, soll auf ihre ausführliche Darstellung verzichtet werden. Nur das Währungsgutachten, das später auch als Material für die Rothenburger Tagung (siehe unten) diente, soll ebenso wie das Gutachten für den Eisenhower-Stab erörtert werden, zumal

---

[22] Vgl. Brief von Lampe an Weber vom 23. 11. 1945.

[23] Vgl. Brief von Lampe an Kapitän Katchourine vom 29. 11. 1945.

[24] Vgl. Brief von Lampe an Prunet vom 5. 8. 1945.

[25] Brief von Lampe an v. Beckerath vom 7. 2. 1947.

[26] Vgl. Brief von Lampe an Prunet vom 11. 6. 1947.

[27] Vgl. ebenda.

beide Gutachten eine Fortschreibung der Gutachten der „Arbeitsgemeinschaft Erwin v. Beckerath“ darstellen.

III. Gutachtertätigkeit

1. Das Währungsgutachten für das Military Government of Germany

Im Juli 1945 formulierte die „Freiburger Arbeitsgruppe der ‚Arbeitsgemeinschaft Erwin v. Beckerath‘“[28] ein Währungsgutachten für den Eisenhower-Stab mit dem Titel: „Währungssanierung durch Kaufkraftabschöpfung mit anschliessender Geldumlaufsauffüllung. Leitgedanken eines 1942 entwickelten, der heutigen Lage angepassten Vorschlages der ‚Arbeitsgemeinschaft E. (sic) v. Beckerath‘[29].“ Es enthält im wesentlichen folgende Gedanken:

Der Kaufkraftüberhang muß alsbald beseitigt werden, um die Voraussetzungen für den Abbau der Zwangswirtschaft und für die Wiederbelebung der Unternehmerinitiative zu schaffen. Denn nur dann kann sich der Staat auf marktliche Steuerung beschränken. Besonderer Wert wird auf den sinnvollen Einsatz der privaten Unternehmerinitiative gelegt, eine notwendige Vorbedingung für einen erfolgreichen Wiederaufbau[30].

Eine „schematische Geldumlaufkürzung“[31], wie sie in Belgien durchgeführt wurde, wird für Deutschland abgelehnt, da hier der Kaufkraftüberhang sehr viel unterschiedlicher verteilt ist. Diese Art der Währungsreform würde schwere Krisenerscheinungen heraufbeschwören. Deshalb wird für Deutschland vorgeschlagen, die Geldabschöpfung mit der Ausgabe von interimistisch verwertbaren Zahlungsmitteln zu verbinden. Diese sollen jedoch nur für neuproduzierte Waren Kaufkraft besitzen[32]. Im einzelnen wird zum Verfahren der Kaufkraftabschöpfung vorgeschlagen:

1. Sie soll schlagartig am letzten Freitag eines Monats erfolgen, um die neuen Lohnzahlungen bereits in neuen Geldzeichen vornehmen zu können.
2. Die Vorbereitungszeit soll nur einen Tag betragen.

---

[28] Gutachten „Währungssanierung durch Kaufkraftabschöpfung“, S. 1.

[29] Ebenda, S. 1.

[30] Vgl. ebenda.

[31] Ebenda.

[32] Vgl. Gutachten „Währungssanierung durch Kaufkraftabschöpfung“, S. 1. Die Technik des Verfahrens ist ausführlicher in den Gutachten der „Arbeitsgemeinschaft Erwin v. Beckerath“ erläutert, siehe deshalb 2. Kapitel unter „Technik der Kaufkraftabschöpfung“.

3. Jegliche Flucht in Sachwerte und andere Umgehungsmanöver sollen verhindert werden.

4. Als interimistische Zahlungsmittel sollen „Sperrschecks“ ausgegeben werden. Sie entstehen durch „umgekehrten Aufdruck“[33] der Kontonummern der Bankkunden auf die Banknoten. Sie haben drei Monate Gültigkeit und werden nur für runde Summen (50, 100, 1000, ... RM) ausgestellt. Es wird dabei zwischen „Konsumsperrschecks“[34] — sie sind durch senkrechten Aufdruck der Nummern gekennzeichnet — und Sperrschecks für Unternehmen unterschieden.

5. Die Ausgabe der Konsumsperrschecks soll durch Ernährungs- oder Postämter erfolgen, um die Privatbanken zu entlasten. Vorgesehen ist, alle Noten, die auf 50 RM und mehr lauten und sich in Händen von Arbeitern und Angestellten befinden, außer Kraft zu setzen und gleichzeitig alle Bankguthaben um eine bestimmte Quote zu kürzen. Für die einbehaltenen Noten und Guthabenbeträge werden Konsumsperrschecks ausgestellt[35].

6. Erwerbswirtschaftliche Kassenbestände und Bankguthaben sowie alle Beträge in öffentlichen Kassen sollen differenziert behandelt werden. Die Unternehmer sollen veranlaßt werden, am Vorabend der Umtauschaktion Kassenabschlüsse zu erstellen, die von dem Unternehmer verantwortlich zu unterzeichnen sind. Diese sind den Privatbanken bei der Übergabe der abzuschöpfenden Barmittel vorzulegen. Die Bank kann die schematische Abschöpfungsquote dann korrigieren, wenn der Unternehmer nachweist, daß die ihm verbleibenden Kassenbestände geringer sind als jene, über die er bei gleichem Beschäftigungsgrad in einem vor 1936 gelegenen Jahr verfügte. Von der Abschöpfung ausgenommen sind außerdem die für die bevorstehenden Lohn- und Gehaltszahlungen laut Lohnsteuerbuch nachgewiesenen Beträge. Für alle einbehaltenen Noten und Guthaben erhält der Unternehmer eine Bescheinigung, ein Fünftel des Betrages wird ihm in Sperrschecks ausgehändigt. Eine weitere Ausgabe von Sperrschecks soll je nach der Wirtschaftslage vorgenommen werden; Deflationstendenzen sind unbedingt zu vermeiden[36].

7. Die Sperrschecks werden bei der Auftragserteilung dem Lieferanten ausgehändigt, der für diese von der Bank Giralgeld erhält, so-

---

[33] Gutachten „Währungssanierung durch Kaufkraftabschöpfung“, S. 1. Aus dem Gutachten für den Eisenhower-Stab geht nicht deutlich hervor, was damit gemeint ist.

[34] Ebenda, S. 2.

[35] Vgl. ebenda.

[36] Vgl. ebenda, S. 2 f.

bald er sie zusammen mit der Versandurkunde und der Empfangsbestätigung des Auftraggebers einreicht[37].

Die Gutachter beabsichtigten, durch die Ausgabe von Sperrschecks den Geldkapitalmarkt zu ordnen und gleichzeitig die Industrie auf die Produktion von Konsumgütern auszurichten. Sie glaubten, dies dadurch zu erreichen, daß die Banken nur dann befugt sein sollten, Kredite auszugeben, wenn die Unternehmen in entsprechendem Maße Konsumsperrschecks vorweisen konnten. In allen übrigen Dispositionen wären die Banken jedoch frei[38].

Da die Koppelung der Kreditvergabe an die Vorlage von Konsumsperrschecks alle jene Unternehmen zum Erliegen bringen wird, die nicht imstande sind, ihre Produktion auf Konsumgüter umzustellen, muß die Übernahme ihrer Anlageteile durch konsumnahe Unternehmen ermöglicht werden. Es wird vorgeschlagen, den kaufinteressierten Unternehmen, die über Konsumsperrschecks verfügen, eine „Wiederaufbauanleihe I"[39] zur Verfügung zu stellen, mit der sie die Anlagen zahlen können. Die Aushandlung der Kreditbedingungen wird dabei den Banken überlassen. Diese Anleihe soll niedrig verzinst werden, eine lange Laufzeit haben, unkündbar sein und auf den Namen ausgestellt werden, damit sie nur bedingt verkäuflich ist. Sie soll ausschließlich der „geldlosen Bezahlung zu verlagernder Produktionsmittel"[40] und der Abfindung jener Sperrkontobesitzer dienen, die auf die Verausgabung ihrer Sperrschecks verzichten[41].

Außerdem soll eine „Wiederaufbauanleihe II"[42] ausgegeben werden. Sie wird jenen Sperrkontobesitzern überlassen, die ihre Schecks wegen Lieferschwierigkeiten der Anbieter nicht verwerten können. Darüber hinaus sollen alle nicht freigegebenen Sperrguthaben mit dieser Anleihe abgegolten werden. Die Wiederaufbauanleihe II soll nach Vorstellung der Gutachter nicht verzinst werden; dies soll jedoch für den Zeitpunkt zugesagt werden, in dem der Staatshaushalt Überschüsse aufweist. Die Bevölkerung soll dadurch an einer sparsamen Haushaltsführung interessiert werden. Allerdings fordern die Gutachter, daß immer eine Zinsdifferenz zwischen der Wiederaufbauanleihe I und der Wiederaufbauanleihe II erhalten bleibt[43].

---

[37] Vgl. ebenda, S. 2.

[38] Vgl. ebenda, S. 8.

[39] Ebenda, S. 3.

[40] Ebenda, S. 3.

[41] Vgl. ebenda.

[42] Ebenda, S. 4.

[43] Vgl. ebenda.

Die Gutachter erwarten für die Zeit nach der Kaufkraftabschöpfung eine allgemein sichtbare Wirtschaftsnot, die sich nicht in einer Geldknappheit, sondern in einer Kreditknappheit bemerkbar machen wird[44]. Wichtig wird es sein, die dadurch ausgelöste Tendenz, Spareinlagen und Wertpapiere zu liquidieren, zu unterbinden. Es wird deshalb vorgeschlagen, alle Effekten in Namenspapiere umzuwandeln und dies so lange beizubehalten, bis sich die Kapitalmarktverhältnisse normalisiert haben werden. Für Spareinlagen soll eine Abhebungssperre verfügt werden. Durch diese Maßnahmen dürfte eine sekundäre Inflationswelle durch Rückfall von Reichsschatzwechseln vermieden werden[45].

Da durch die Festlegung des Geldkapitalbesitzes auch der Realkapitalbesitz fast unverkäuflich wird, soll die Übernahme von Anlagen durch die Überschreibung von Wertpapieren ermöglicht werden. Es wird vorgeschlagen, dieses Verfahren auf die zinslosen, alten Reichsschuldtitel zu beschränken, da diese dadurch interessanter würden[46]. Bedingung ist jedoch, daß die Käufer jeweils die Verzinsung der Kaufkraftsumme so lange sicherstellen, bis sie durch die Haushaltsüberschüsse erfolgt[47].

Die Währungssanierung kann nur als erste Phase des Wiederaufbauprogramms angesehen werden. Dieses muß jedoch nach Auffassung der Gutachter als ein Ganzes angesehen und realisiert werden. Voraussetzungen dafür, daß die neue Währung intakt bleibt, sind deshalb: die Lösung der Valutaprobleme, eine wirtschaftlich wie sozial tragbare Lohnpolitik, die Finanzreform und die Erneuerung des Wirtschaftsrechts. Dabei halten es die Gutachter für notwendig, daß die Währungsfrage in einem möglichst großen Gebiet angegangen wird; die Beschränkung auf eine Besatzungszone würde ohne Erfolg bleiben, da das aus den anderen Zonen einströmende Geld Reformversuche zunichte machen würde. Deshalb sollten sich zumindest die Westmächte auf eine gemeinsame Aktion einigen. Die Gutachter empfehlen auch, nach der Geldabschöpfung die Geldabstempelung zu dezentralisieren und dabei alle kleinen Noten zu kennzeichnen, bis diese durch neue ersetzt werden können[48].

Bevor die Währungsreform in Angriff genommen werden kann, halten die Gutachter einige Sofortmaßnahmen für erforderlich: Vordringlich sind „Verwaltungs- und Gesetzesmaßnahmen zur Wiederherstellung der Rechtssicherheit und zur Wiederingangsetzung des Verkehrs-

---

[44] Vgl. ebenda.

[45] Vgl. ebenda.

[46] Vgl. ebenda, S. 4.

[47] Vgl. ebenda, S. 4 f.

[48] Vgl. ebenda, S. 5.

wesens“[49]. Sie vertreten dabei die Ansicht, daß alle Maßnahmen, die deutsche Wirtschaft wieder in Gang zu bringen, vergeblich sein werden, wenn nicht ausländische Kredite helfen, den Wiederaufbau zu finanzieren[50].

2. Das Währungsgutachten für das Gouvernement Militaire de Bade

a) Vorbemerkung

Das Gutachten „*Währungs*ordnung = *Wirtschafts*ordnung“[51] wurde im Dezember 1945 und Januar 1946 vom „Comité d'Etudes Economiques“ diskutiert und von Lampe Mitte Januar 1946 formuliert. Neben dem Gutachten, der Langfassung, wurde ein für schnelle Leser gedachtes Konzentrat aus dem Gutachten angefertigt[52]. Beide wurden zusammen mit deren französischer Übersetzung am 22. Januar 1946 den Franzosen übergeben[53]. Dem vorhandenen Schriftwechsel ist zu entnehmen, daß das Gutachten sowohl der Baden-Badener Besatzungsregierung als auch dem Gouvernement Militaire de Bade in Freiburg zuging[54].

Ziel der Gutachter war es, die Alliierten auf die Dringlichkeit der Währungssanierung und auf die Notwendigkeit einer neuen Wirtschaftsordnung mit aller Deutlichkeit hinzuweisen[55].

Das Gutachten baut auf den währungspolitischen Ausarbeitungen der „Arbeitsgemeinschaft Erwin v. Beckerath“ auf; das Gutachten Nr. 30 der Arbeitsgemeinschaft „Die Wiederherstellung der Währungsordnung“[56] (siehe oben) war den französischen Stellen bereits im Herbst 1945 in französischer Übersetzung zugeleitet worden[57].

Im folgenden werden nun die Hauptgedanken des 28seitigen Währungsgutachtens des Comité stark zusammengefaßt wiedergegeben.

---

[49] Ebenda.

[50] Vgl. ebenda, S. 6.

[51] Gutachten „*Währungs*ordnung = *Wirtschafts*ordnung“, Freiburg, 19. 1. 1946, Comité d'Etudes Economiques, masch. geschr.

[52] Gutachten „Kurze Zusammenfassung der Feststellungen und Ergebnisse des Vorgutachtens *Währungs*-Ordnung und *Wirtschafts*-Ordnung“, Freiburg, 21. 1. 1946, Comité d'Etudes Economiques, als Manusk. vervielf. (im folgenden zitiert als Kurzfassung).

[53] Vgl. Gutachten „Währungsordnung = Wirtschaftsordnung“, S. 28.

[54] Vgl. Brief von Lampe an v. Beckerath vom 1. 3. 1946.

[55] Vgl. Briefe von Lampe an Hauenstein vom 26. 11. 1945; 21. 12. 1945.

[56] Vgl. Gutachten Nr. 30.

[57] Vgl. Brief von Lampe an Oberleutnant Klein vom 22. 11. 1945.

b) Beurteilung der Lage

Seit dem Zusammenbruch ist ein allmählicher Wiederaufbau in einzelnen Wirtschaftsbereichen zu verzeichnen. Die Gutachter glauben jedoch im Gegensatz zu weiten „Kreisen der verantwortlichen Praxis“[58], daß sich diese Entwicklung nicht fortsetzen wird, weil sich die „verdeckte Inflation“, der Kaufkraftüberhang, immer verheerender auswirken muß. Schon jetzt ist die Höhe der umlaufenden Geldmenge völlig unbekannt, und es ist mit einem weiteren Zufluß von Noten zu rechnen, da das Geldumlaufgebiet erheblich kleiner geworden ist, als es während des Krieges war. Die Höhe des umlaufenden Geldes und des Giralgeldes ist nach Ansicht der Gutachter nicht einmal schätzbar[59].

Der Kaufkraftüberhang bewirkt, daß die Nachfrage völlig wahllos geworden ist. Unter diesen Umständen bereitet die „Lenkung der Wirtschaft“[60] keinerlei Schwierigkeiten. Die „Befehlswirtschaft“[61] wird erst dann in Schwierigkeiten geraten, wenn Angebot und Nachfrage sich einander annähern, die Nachfrage wählerischer wird. Spätestens dann rechnen die Gutachter allerdings mit dem Zusammenbruch des befehlswirtschaftlichen Systems, da es den differenzierten Anforderungen der Wiederaufbauwirtschaft nicht gerecht werden kann. Daraus ergibt sich, daß die Befehlswirtschaft nur dann funktionstüchtig ist, wenn ein Kaufkraftüberhang besteht. Da dieser aber aus gesamtwirtschaftlichen Erwägungen abgebaut werden muß, bedarf es nach Auffassung der Gutachter nicht nur einer Währungssanierung, sondern auch der Einführung einer neuen Wirtschaftsordnung[62].

c) Währungssanierung

ca) Notwendigkeit

Das Hauptübel der Währungssituation sehen die Gutachter im Vorhandensein der „verdeckten Inflation“, die durch Preisstopp bei gleichzeitiger unproduktiver Kreditschöpfung entstand. Sie führt in weit stärkerem Maße als die offene Inflation zum Raubbau an der Wirtschaftssubstanz, bewirkt schnell ein Sinken des Leistungswillens, schaltet den Preismechanismus weitgehend aus und führt zum Naturaltausch und durch ihn zur Produktionshemmung. All diese Auswirkungen der verdeckten Inflation sind nach Meinung der Gutachter ungeeignet, einen langfristigen Wiederaufbau zu gewährleisten. Sie for-

---

[58] Gutachten „Währungsordnung = Wirtschaftsordnung“, S. 1.

[59] Vgl. ebenda, S. 1 f.

[60] Ebenda, S. 2.

[61] Ebenda, S. 3.

[62] Vgl. ebenda, S. 1 ff.

dern, daß die „Economie dirigée“[63] aufgegeben wird, die „das wirtschaftspolitische Erbe des Dritten Reiches angetreten und gradlinig als eine planlose Planwirtschaft fortgeführt (hat) — der Zentralverwaltungswirtschaft und damit dem Untergange entgegen“[64]. Durch eine Währungssanierung wird die Möglichkeit eröffnet, eine neue Wirtschaftsordnung einzuführen[65].

cb) Vorschläge

Die Gutachter weisen mit Nachdruck darauf hin, daß die Währungssanierung nicht überschätzt und nicht als Wirtschaftssanierung verstanden werden darf. Die Währungssanierung steht vor größten Problemen, da die Währung völlig zerrüttet ist, als Wertmaßstab für das Ausmaß der Währungszerrüttung darf nach Ansicht der Gutachter nicht der Umfang des Schwarzen Marktes herangezogen werden, sondern ausschließlich das Ausmaß des Naturaltausches.

Nach Abschöpfung des Kaufkraftüberhanges wird der Schwarze Markt alsbald verschwinden, und die Armut der Bevölkerung wird voll sichtbar, der Leistungswille wird stark zunehmen[66].

Zur Technik der Kaufkraftabschöpfung schlagen die Gutachter vor, eine einfache Kaufkraftabschöpfung unbedingt zu unterlassen, da sie die ungleich verteilten Kaufkraftüberschüsse nur schwer erfassen könnte. Wenn dieses Verfahren auch den Vorteil hat, daß es sehr einfach verwirklicht werden kann, so wiegt der Mangel doch so schwer, daß eine Geldkrise kaum vermeidbar wäre. Das Comité schlägt deshalb eine scharfe Geldkürzung mit gelenkter Wiederauffüllung des Geldumlaufes vor, da dieses Verfahren den Vorteil hat, daß die Kreditvergabe gemäß der Konsumnachfrage gesteuert werden kann[67].

Die Gutachter wollen die Kaufkraftabschöpfung auf die umlaufenden Noten und das Buchgeld beschränkt wissen. Sie weisen aber darauf hin, daß auch die Sparguthaben und Versicherungen entsprechend behandelt werden müssen, um Privatbanken und Versicherungsgesellschaften vor Schwierigkeiten und Illiquidität zu bewahren. So muß die Möglichkeit, Sparguthaben einzulösen, aufgehoben werden, auch deshalb, um nicht von dieser Seite eine unerwünschte Auffüllung des Geldumlaufes zuzulassen. Deshalb wird vorgeschlagen, eine „Depositensperre über *alle* Bankkreditoren“[68] zu verhängen. Diese soll erst

---

[63] Kurzfassung, S. 2.

[64] Ebenda.

[65] Vgl. Gutachten „Währungsordnung = Wirtschaftsordnung“, S. 3 ff.

[66] Vgl. ebenda, S. 10 ff.

[67] Vgl. ebenda, S. 13.

[68] Ebenda, S. 27.

aufgehoben werden, wenn alle Maßnahmen zur Guthabenkürzung und Reichsschuldenannullierung (siehe unten) abgeschlossen sind. Die Sperrung der Kreditoren muß somit bis zur Konsolidierung der Währungsverhältnisse beibehalten werden[69].

Das Abschöpfungsverfahren im einzelnen wurde von den Gutachtern nicht ausgearbeitet, da mit diesem Währungsgutachten zunächst die Grundsatzfrage der Währungssanierung bei gleichzeitiger Wirtschaftsneuordnung geklärt und mit den Franzosen diskutiert werden sollte. Erst wenn die Alliierten die Vorstellungen der Gutachter im großen und ganzen billigten, wollten sie die Abschöpfungsmaßnahmen im Detail erörtern. Zur Information, wie sich die Gutachter die Kaufkraftabschöpfung etwa denken könnten, legten sie das bereits 1945 für den Eisenhower-Stab erstellte Gutachten (siehe oben) als Anlage bei. Seine Überarbeitung kündigten sie für den Fall an, daß die Franzosen Interesse an den Vorschlägen der Gutachter bekundeten[70].

d) Währungssanierung und Neuordnung der Wirtschaft

Die Gutachter sehen „die Währungssanierung ... nur als Auftakt zu vollkommener Wirtschaftsneuordnung und Wirtschaftsneugestaltung"[71]. Wichtig ist ihnen zunächst, daß eine sekundäre Inflationswelle vermieden und daß die Kontinuität des Wirtschaftsablaufes gesichert wird[72]. Deshalb schlagen sie vor, die Währungssanierung durch wirtschaftspolitische Maßnahmen zu begleiten, um mit deren Hilfe ihr Ziel, die Einführung der Marktwirtschaft, zu erreichen. Sie denken dabei an:

1. den Abbau der Rüstungsindustrie und ihre Umstellung auf private Bedarfsgüterproduktion[73];
2. eine Kreditvergabe, die durch die Konsumgüternachfrage gelenkt werden soll;
3. den Ankauf von stilliegenden Anlagen und dergleichen. Dieser soll wegen der Geldkapitalknappheit abseits des Geldkreislaufs erfolgen. Gedacht ist an die Schaffung einer speziellen Zahlungsart: der Verkäufer wird mit staatlich gesicherten Wertpapieren bezahlt;
4. die Stärkung des Handels, die erforderlich ist, weil Unternehmen und Verbraucher seit Jahren der Marktwirtschaft entwöhnt sind, und darüber hinaus zunächst Marktprognosen und Marktanalysen fehlen werden[74];

---

[69] Vgl. ebenda, S. 26 f.

[70] Vgl. ebenda, S. 28.

[71] Kurzfassung, S. 2.

[72] Vgl. ebenda.

[73] Vgl. Gutachten „Währungsordnung = Wirtschaftsordnung", S. 13.

5. die Unterbindung der Hortung und Stillegung der neuen Geldzeichen; um dies zu erreichen, soll die Nachfrage „unter einen gewissen Nachfrage-Zwang gestellt werden“[75].

Neben diesen Maßnahmen zur Durchsetzung der Währungssanierung halten die Gutachter gesamtwirtschaftliche Maßnahmen für erforderlich:

1. Die Lohnpolitik soll nach Ansicht der Gutachter die Währungssanierung stützen und die Einführung der Marktwirtschaft ermöglichen helfen. Sie fordern eine ökonomisch und sozial sinnvolle Lohnregelung, die der Massenarbeitslosigkeit vorbeugt. Sie schlagen die Gründung von Gewerkschaften vor, die die Löhne innerbetrieblich aushandeln sollen. Die Gutachter rechnen damit, daß nach der Kaufkraftabschöpfung die Nominallöhne gesenkt werden müssen, um Arbeitslosigkeit zu vermeiden[76].

2. Eine große Steuerreform soll dazu beitragen, eine neue Wirtschaftsordnung zu ermöglichen: Die Gutachter sprechen sich dafür aus, alle kostenbelastenden Steuern abzubauen, die Progression der Einkommensteuer bei mittleren und kleinen Einkommen zu erhöhen, wobei sie die Umgestaltung der Lohn- und Einkommensteuertarife anstreben. Die neuen Tarife sollen vor allem den Familienstand stärker berücksichtigen. Ziel der Steuerreform ist es außerdem, die Begünstigung der Konzentration abzubauen[77].

3. Die Gutachter weisen darauf hin, daß die deutsche Wirtschaft nicht so sehr vor einem Wiederaufbau wie vor einem Um- und Neubau steht. Es geht hier insbesondere darum, bestehende Konzentrationen, Syndikate, Kartelle und Trusts zu zerschlagen und den Klein- und Mittelunternehmen wieder eine Chance zu geben. Dabei soll die ländliche Industrie besonders gefördert werden. Die Gutachter denken daran, in den bestehenden ländlichen Industriebetrieben eine zweite Schicht einzuführen, um die vorhandenen Produktionsmittel möglichst optimal auszulasten[78].

4. Weiter wird die Ausweitung der Märkte gefordert. Zumindest zwischen den von den Westmächten besetzten Zonen Deutschlands muß alsbald ein reibungsloser Handel ermöglicht werden. Den baldigen Anschluß Deutschlands an den Welthandel halten die Gutachter für

[74] Vgl. ebenda, S. 14 f.

[75] Ebenda. Wie sich die Gutachter den Nachfragezwang im einzelnen denken, führen sie nicht aus. Sie scheinen jedoch an ein Hortungsverbot, nicht jedoch ein Sparverbot zu denken.

[76] Vgl. ebenda, S. 16 ff.

[77] Vgl. ebenda, S. 19.

[78] Vgl. ebenda, S. 20.

unerläßlich, sofern der Wiederaufbau zügig und reibungsfrei erfolgen soll. Sie sprechen sich für einen baldigen Abbau der Devisenzwangswirtschaft aus und schlagen als Übergangslösung ein Einfuhrscheinsystem (siehe oben) vor. Sie geben zu erwägen, ob die Gewährung von Auslandskrediten für zwei bis drei Jahre ermöglicht werden könnte. Der Wiederaufbau innerhalb Deutschlands würde dadurch erheblich beschleunigt[79].

5. Um sekundäre Inflationsquellen zu vermeiden, fordern die Gutachter, den öffentlichen Haushalt durch Steuererhöhung und Ausgabensenkung zum Ausgleich zu bringen. Sie halten es auch für angezeigt, die großzügige Sozialpolitik abzubauen und wieder mehr Wert auf die Familien- und Gemeinschaftshilfe zu legen. Zum Ausgleich des Reichshaushalts zählt für sie auch, den Finanzbankrott einzugestehen und die Reichsschuldtitel, denen ohnehin nur „Nicht-Werte“[80] gegenüberstehen, für wertlos zu erklären, denn eine nachträgliche „Untermauerung“ dieser Titel ist unmöglich[81]. Von der Erhebung einer einmaligen Vermögensabgabe raten die Gutachter dringend ab, da sie nur einen minimalen Gesamtertrag bringen könnte und die Steuerschuld nur durch Verkauf der Vermögenswerte abgetragen werden könnte, dieser aber weder sinnvoll noch möglich ist[82].

6. Die Gutachter schlagen vor, einen Vermögensausgleich zwischen unterdurchschnittlich und überdurchschnittlich geschädigten Vermögensbesitzern herbeizuführen, der jedoch erst erfolgen soll, nachdem die Währungssanierung durchgeführt ist. Zum Verfahren im einzelnen: die Restvermögen, d. h. Sachwerte und Effekten aller Art ohne Reichsschuldtitel, die annulliert sind, sollen ermittelt werden. Die dadurch erfaßten Ausgleichsberechtigten erhalten vom Staat „Sondergeld“, das sie Ausgleichsverpflichteten aushändigen, wenn diese ihnen Realkapital oder Gebrauchsvermögen übereignen. Die Ausgleichsverpflichteten reichen dieses Sondergeld beim Finanzamt ein, das deren Ausgleichsschuldkonto entsprechend tilgt[83].

7. Zum Problem der Reparationen schlagen die Gutachter vor, von der unsinnigen Wirtschaftsdemontage abzulassen, da sie den Verfall der deutschen Wirtschaft nur verschlimmert. Sie sehen die einzige Möglichkeit, Reparationen zu finanzieren, in der Erhebung von Steuern in einer Höhe, die innenpolitisch und kulturell noch zu verantworten

---

[79] Vgl. ebenda, S. 21.

[80] Ebenda, S. 23.

[81] Vgl. ebenda, S. 23.

[82] Vgl. ebenda.

[83] Vgl. ebenda, S. 24 f.

ist, und die Begleichung der Reparationszahlungen aus Haushaltsüberschüssen. Nur so könne der Wiederaufbau ermöglicht und eine Inflation vermieden werden[84].

e) Fazit

Aus ihren Erörterungen, in denen sie ausführlich auf die gesamtwirtschaftlichen Konsequenzen aller vorgeschlagenen Maßnahmen eingehen, ziehen die Gutachter den Schluß, daß eine Währungssanierung, die Erfolg zeitigen soll, nur möglich und sinnvoll ist, wenn sie in einem „System gesamtwirtschaftlicher Neuregelungen“[85], d. h. in eine neue Wirtschaftsordnung eingebettet wird. Die Währungssanierung kann lediglich den Anstoß zur Wirtschaftsneuordnung geben, sie allein vermag nichts auszurichten[86].

An dieser Stelle sei auf das zweite Kapitel dieser Arbeit verwiesen; denn nahezu alle vorgeschlagenen Maßnahmen des erörterten Gutachtens sind bereits in denen der „Arbeitsgemeinschaft Erwin v. Beckerath“ diskutiert worden. Das Gutachten für die Franzosen kann als Kurzfassung aller Arbeitsgemeinschaftsgutachten angesehen werden, es stellt eine Art kurzgefaßtes Gesamtgutachten dar.

B. Die Rothenburger Hochschullehrertagung

I. Vorbereitung und Verlauf[1]

Ein weiterer Versuch, die wirtschaftspolitischen Vorstellungen der „Arbeitsgemeinschaft Erwin v. Beckerath“ in größerem Kreis zur Diskussion zu stellen und ihrer Verwirklichung entgegenzuführen, wurde auf der Rothenburger Hochschullehrertagung vom 27. - 29. September 1947 unternommen. Sie wurde von Gerhard Albrecht einberufen, um die Zusammenarbeit der sozialökonomischen Wissenschaftler und Praktiker zu erneuern und zu versuchen, den „Verein für Sozialpolitik“ neu zu gründen[2]. Hauptthema waren die Währungspolitik und die Soziali-

---

[84] Vgl. ebenda, S. 25 f.

[85] Ebenda, S. 28.

[86] Vgl. ebenda, S. 27 f.

[1] Vgl. (*Albrecht*, Gerhard): „Zur Vorgeschichte der Gründung des ‚Verein für Sozialpolitik — Gesellschaft für Wirtschafts- und Sozialwissenschaften‘. Die Rothenburger Tagung der Volkswirte 1947“, in: Volkswirtschaftliche Probleme des deutschen Außenhandels. Schriften des Vereins für Sozialpolitik, Gesellschaft für Wirtschafts- und Sozialwissenschaften, NF Bd. 1 (1949), S. 105 - 110; 118 - 136. Hier werden die Tagung und ihre Ergebnisse ausführlich geschildert.

[2] Vgl. Brief von Lampe an Holstein vom 21. 7. 1947.

sierungsfrage, daneben wurden Fragen wie Diplomprüfung, Prüfungsordnung, Fachzeitschriften etc. behandelt[3].

Die währungspolitische Diskussion wurde sehr ausführlich schriftlich vorbereitet; auf ein zunächst geplantes Referat sollte verzichtet werden, um die Gefahr von Mißverständnissen weitestgehend auszuräumen und eine intensive, fruchtbare Diskussion zu ermöglichen, wie sie nach einem Referat kaum erwartet werden konnte[4]. Nur so glaubte man das Ziel erreichen zu können, auf der Tagung ein Gemeinschaftsgutachten oder zumindest Thesen zur Währungspolitik zu formulieren und zu verabschieden.

Auf Bitten von Albrecht wurde in Freiburg das Diskussionsmaterial vorbereitet. Da von Dietze und Eucken aus zeitlichen und sachlichen Gründen nicht mitarbeiten konnten[5], übernahm Lampe die Ausarbeitung. Grundlage der Diskussionsmaterialien waren die Währungsgutachten und Währungsdiskussionen der „Arbeitsgemeinschaft Erwin v. Beckerath“ und die Währungsgutachten für die Alliierten von 1945 und 1947 (siehe diese). Die verschiedenen Gutachten wurden ineinandergearbeitet und aktualisiert[6]. Es entstand das Gutachten „Zur Problematik der deutschen Währungssanierung“[7], das mit 23 eng beschriebenen Seiten jedoch zu lang erschien und deshalb in Thesenform[8] umgeschrieben wurde.

Ziel war es, diese Thesen auf der Tagung zu diskutieren und als eine Art Gemeinschaftsgutachten zu verabschieden, das allen zuständigen deutschen und alliierten Stellen zugeleitet werden sollte.

Da sich für die Tagung fast 70 Wissenschaftler angemeldet hatten, bestand von vorneherein Skepsis, ob so viele Meinungen „unter einen Hut“ zu bekommen seien. Man hoffte, dies jedoch durch die fünf Diskussionsmaterialien, die zuvor verschickt worden waren, und die schriftliche Vordiskussion zu erreichen. Daß die Ansichten dann jedoch so kraß aufeinander prallen würden, erwartete niemand. Nach aus-

---

3 Vgl. *Albrecht*, S. 105 ff.

4 Vgl. Briefe von Albrecht an Lampe vom 19. 7. 1947; von Lampe an Albrecht vom 23. 7. 1947.

5 Vgl. Brief von Lampe an Albrecht vom 23. 7 .1947.

6 Vgl. *Albrecht*, S. 118.

7 Material 2: „Anregungen für ein Gutachten zur vorgreifenden Währungssanierung. Zur Problematik der deutschen Währungssanierung.“ Tagung der volkswirtschaftlichen Hochschullehrer vom 27. - 29. 9. 1947 in Rothenburg ob der Tauber, Arbeitsgemeinschaft Währungspolitik, o. O. (Freiburg), August 1947.

8 Vgl. Material 5: „Einige Bemerkungen zum Problem der Währungssanierung.“ Tagung der volkswirtschaftlichen Hochschullehrer vom 27. - 29. 9. 1947 in Rothenburg ob der Tauber, Arbeitsgemeinschaft Währungspolitik, o. O. (Freiburg), September 1947.

führlichen und heftigen Debatten[9] konnte sich nur ein knappes Dutzend der in Rothenburg anwesenden Hochschullehrer dazu entschließen, die teilweise umformulierten Thesen auf der Schlußsitzung zu verabschieden und zu unterschreiben. Die auf den Gedanken der „Arbeitsgemeinschaft Erwin v. Beckerath" aufbauenden Thesen waren vielen zu liberal, zu marktwirtschaftlich, schienen undurchführbar[10].

Dieser Ausgang der Diskussion enttäuschte die Teilnehmer der „Arbeitsgemeinschaft Erwin v. Beckerath". Man beschloß, die Thesen dennoch zu veröffentlichen, sobald die in Rothenburg nicht anwesenden Mitglieder der „Arbeitsgemeinschaft Erwin v. Beckrath" — es konnten aus diesem Kreis nur fünf Herren teilnehmen — unterschrieben haben würden. Später entschloß man sich jedoch, nochmals schriftlich den Versuch zu machen, eine breitere Basis für die Thesen zu finden. Bis Dezember 1947 war es gelungen, 48 Unterschriften zu sammeln. Zum Jahreswechsel wurden die Thesen, die bereits nach der Rothenburger Tagung inoffiziell Prof. Erhard als dem Leiter des Bizonenwirtschaftsamtes zugegangen waren, verschickt. Albrecht sandte sie an alle für die künftigen wirtschaftspolitischen Entscheidungen zuständigen deutschen Stellen (Länderregierungen, Mindener und Frankfurter Instanzen, Nachfolgeinstitute der früheren deutschen Reichsbank und andere)[11]. Die Besatzungsmächte sollten die Thesen durch Herrn Rittershausen vom Amt für Wirtschaft in Minden erhalten, um so den Thesen mehr Wirkung zu verleihen[12].

Durch die Veröffentlichung der Rothenburger Thesen, die weitgehend auf den Gutachten der „Arbeitsgemeinschaft Erwin v. Beckerath" basierten, trugen die Vorarbeiten der Arbeitsgemeinschaft doch noch Früchte.

II. Die Rothenburger Thesen

Auf eine ausführliche Darstellung der Rothenburger Thesen für ein „wirtschaftspolitisches Sofortprogramm"[13] soll hier verzichtet werden, da sie in vollem Wortlaut in der Schriftenreihe des Vereins für Sozialpolitik (sic) Neue Folge Bd. 1 veröffentlicht sind. Hier sollen nur die Kerngedanken ausgeführt werden, um zu zeigen, wie sehr die Thesen von den Forderungen der „Arbeitsgemeinschaft Erwin v. Beckerath" geprägt sind.

---

[9] Vgl. *Albrecht*, S. 119; Brief von Lampe an Johns vom 11. 11. 1947.

[10] Vgl. Briefe von Lampe an Salin vom 12. 11. 1947; an Clemens Bauer vom 7. 10. 1947; von Eucken an Lampe vom 11. 10. 1947.

[11] Vgl. Brief von Albrecht an Lampe vom 10. 1. 1948; ähnlich *Albrecht*, S. 119.

[12] Vgl. Brief von Lampe an Albrecht vom 20. 12. 1947.

[13] *Albrecht*, S. 131.

Nach einer ausführlichen Analyse der politischen Lage[14] wird die Forderung nach einer neuen Wirtschaftsordnung erhoben, die auf der Marktwirtschaft aufbauen, aber überall dort, wo der Markt keinen reibungslosen Wirtschaftsablauf ermöglicht, vom Staat gesteuert werden soll[15]. Als vordringlichste Maßnahme wird die Währungssanierung angesehen. Zur Lösung der Währungskrise werden im wesentlichen die oben erörterten Gedanken der „Arbeitsgemeinschaft Erwin v. Beckerath“ in ihrer nach 1945 überarbeiteten Form vorgeschlagen[16]. Zur Erreichung der wirtschaftspolitischen Ziele halten die Unterzeichner der Rothenburger Thesen die enge Zusammenarbeit zwischen Politikern und Theoretikern in kleinen Arbeitsgemeinschaften (hier ist an das Beispiel der „Arbeitsgemeinschaft Erwin v. Beckrath“, wenn auch unausgesprochen, gedacht) für dringend erforderlich[17].

C. Der Versuch der Wiederbelebung der „Arbeitsgemeinschaft Erwin v. Beckerath“

Seit dem Zusammenbruch bestand der Wunsch, die Zusammenarbeit innerhalb der „Arbeitsgemeinschaft Erwin v. Beckerath“ wiederaufzunehmen[1]. Der Kontakt zwischen den Arbeitskreisteilnehmern war erhalten geblieben. Die Freiburger schrieben gemeinsam Gutachten für die Franzosen und versuchten, ihre Gutachtertätigkeit mit möglichst vielen auswärtigen Arbeitsgemeinschaftsteilnehmern abzustimmen. Man diskutierte zumindest schriftlich weiter[2].

Da die Rothenburger Tagung gelehrt hatte, daß eine Zusammenarbeit innerhalb eines größeren Kreises von Hochschullehrern im Sinne der „Arbeitsgemeinschaft Erwin v. Beckerath“ noch nicht möglich war, wurde zum wiederholten Male der Gedanke laut, die Arbeitsgemeinschaft in ihrer alten Form wiederzubeleben[3]. Erwin v. Beckerath hatte allerdings Zweifel, ob häufige Treffen schon bald möglich wären, da die Verkehrsverhältnisse nahezu unüberwindliche Schwierigkeiten be-

---

[14] Vgl. „Sanierung der deutschen Wirtschaft. Grundsätze eines wirtschaftspolitischen Sofortprogramms“, in: Volkswirtschaftliche Probleme des deutschen Außenhandels. Schriften des Vereins für Sozialpolitik, Gesellschaft für Wirtschafts- und Sozialwissenschaften, NF Bd. 1 (1949), S. 125 - 132, hier S. 125 - 127.

[15] Vgl. ebenda, S. 127 f.

[16] Vgl. ebenda, S. 129 - 131.

[17] Vgl. ebenda, S. 132.

[1] Vgl. Brief von v. Beckerath an Lampe vom 17. 12. 1945.

[2] Vgl. Briefe von Lampe an Hauenstein vom 27. 2. 1946; an Böhm vom 11. 3. 1947, 12. 9. 1947; an Preiser vom 26. 10. 1945; von v. Beckerath an Lampe vom 17. 12. 1945.

[3] Vgl. Brief von Lampe an Salin vom 12. 11. 1947.

reiteten. Man erwog, die Treffen in den Frankfurter Raum zu verlegen, um die Entfernungen für alle Teilnehmer zumutbar zu machen. Die Suche nach einer Tagungsstätte wurde Ende 1947 eingeleitet[4]. Eine Erweiterung des Kreises wurde in Erwägung gezogen. Kollegen, die in Rothenburg zu fruchtbarer Diskussion beitrugen, sollten später zugezogen werden[5]. Aufgabe der erneuerten „Arbeitsgemeinschaft Erwin v. Beckerath“ sollte es sein, die politische Lage zu analysieren und den Politikern den Rat der Fachwissenschaftler zur Verfügung zu stellen[6].

In diesem Sinne erwog Erwin v. Beckerath Ende 1945, die Gutachten der „Arbeitsgemeinschaft Erwin v. Beckerath“ zu veröffentlichen. Er war sich mit den Freunden darüber einig, daß die Denkschriften noch immer aktuell, jedoch ihre Überarbeitung notwendig sei, da sie, wie Lampe sagte, nur „Halbfertig-Produkte“ darstellten[7]. Erwin v. Bekkerath hatte im November 1945 mit Hauenstein gesprochen, der sich bereiterklärte, die redaktionelle Arbeit zu übernehmen. Der Bondi-Verlag, der sich in Godesberg 1946 niederlassen wollte, hatte deutliches Interesse an der Herausgabe der Schriften gezeigt[8]. Weshalb die Veröffentlichung nicht erfolgte, ist nicht mit letzter Sicherheit zu klären, es dürfte aber in erster Linie an der beruflichen Überlastung der Herren gelegen haben. So wurde keines der Gutachten der „Arbeitsgemeinschaft Erwin v. Beckerath“ veröffentlicht; sie dienten nur für einige Artikel, so von Hauenstein und Lampe, die hauptsächlich in der Zeitschrift „Die Gegenwart“ erschienen, als Material.

Der Gedanke, die „Arbeitsgemeinschaft Erwin v. Beckerath“ wiederzubeleben, wurde erneut aufgegeben, wahrscheinlich, weil sich ein neues Gremium für eine fruchtbare Zusammenarbeit anbot: der Wissenschaftliche Beirat bei der „Verwaltung für Wirtschaft des Vereinigten Wirtschaftsgebietes“, der Vorgänger des noch heute bestehenden Wissenschaftlichen Beirats beim Bundesministerium für Wirtschaft.

D. Die „Arbeitsgemeinschaft Erwin v. Beckerath“ und der Wissenschaftliche Beirat

Etwa seit September 1947 bestand die Absicht, für den „Bizonenwirtschaftsminister“ Dr. Semler, Höchst, ein Beratergremium von Wis-

---

[4] Vgl. Briefe von Lampe an Preiser vom 28. 3. 1947; an Wallau vom 24. 12. 1947; an Albrecht vom 20. 12. 1947.

[5] Vgl. Briefe von Lampe an Böhm vom 12. 9. 1947; an Albrecht vom 20. 12. 1947.

[6] Vgl. Brief von Lampe an Albrecht vom 20. 12. 1947.

[7] Vgl. Brief von Lampe an v. Beckerath vom 1. 3. 1946, S. 2.

[8] Vgl. Briefe von v. Beckerath an Lampe vom 17. 12. 1945; von Lampe an Hauenstein vom 27. 2. 1946; an v. Beckerath vom 1. 3. 1946.

senschaftlern zu bilden[1]. Staatssekretär Walter Strauß sollte dieses Gremium zusammenstellen. Böhm, der damals in Frankfurt war und Walter Strauß von früher kannte, nahm mit ihm Verbindung auf, um auf die Gutachten und den Teilnehmerkreis der „Arbeitsgemeinschaft Erwin v. Beckerath" aufmerksam zu machen. Böhm sah die Möglichkeit, die „wahrhaftig wichtige Vorarbeit im Beckerath-Ausschuß zum Zuge kommen"[2] zu lassen.

Die Hoffnung, daß der Mitarbeiterstab beim Wirtschaftsrat bald zusammentreten könnte, erfüllte sich jedoch nicht. Erst im Dezember 1947, als auch die Versuche, die „Arbeitsgemeinschaft Erwin v. Beckerath" neu zu beleben, kurz vor ihrem Abschluß standen, wurde das Wissenschaftlergremium gebildet. Mitte Dezember 1947 wurden etwa 20 Hochschullehrer zu einer Tagung am 23./24. Januar 1948 in Königstein im Taunus eingeladen. Sie sollten den „Wissenschaftlichen Beirat bei der ‚Verwaltung für Wirtschaft des Vereinigten Wirtschaftsgebietes'"[3] bilden. Auf der Tagung standen Fragen der Währungsreform und die sich nach ihr ergebenden Probleme sowie die Neuordnung der Wirtschaft zur Diskussion. Von der „Arbeitsgemeinschaft Erwin v. Beckerath" nahmen teil: Franz Böhm, Walter Eucken, Adolf Lampe, Erich Preiser und Theodor Wessels. Den Vorsitz der ersten Beiratssitzung übernahm Franz Böhm. Einstimmig wurde auf dieser Sitzung Erwin v. Beckerath in seiner Eigenschaft als Leiter der ehemaligen „Arbeitsgemeinschaft Erwin v. Beckerath" in das Gremium gewählt, zu dessen stellvertretendem Vorsitzenden er auf der März-Sitzung 1948 ernannt wurde. Im Juni 1950 übernahm Erwin v. Beckerath dann den Vorsitz des Wissenschaftlichen Beirats, den er bis zu seinem Tode im November 1964 innehatte. Berichten seiner Frau zufolge sah er im Wissenschaftlichen Beirat immer den Nachfolger der „Arbeitsgemeinschaft Erwin v. Beckerath".

Aus den veröffentlichten Gutachten des Wissenschaftlichen Beirats läßt sich entnehmen, daß Vorschläge und Gedankengut der „Arbeitsgemeinschaft Erwin v. Beckerath" in Gutachten des Wissenschaftlichen Beirats eingegangen sind, beispielsweise die Einfuhrscheinanrechte[4].

---

[1] Vgl. Briefe von Lampe an Böhm vom 12. 9. 1947; von Böhm an Lampe vom 17. 9. 1947; Telegramm von Böhm an Lampe vom 13. 11. 1947.

[2] Brief von Böhm an Lampe vom 17. 9. 1947.

[3] *Koch,* Woldemar: „Der Wissenschaftliche Beirat beim Bundesminister für Wirtschaft", in: Probleme der normativen Ökonomik und der wirtschaftspolitischen Beratung. Schriften des Vereins für Socialpolitik (sic). Gesellschaft für Wirtschafts- und Sozialwissenschaften. NF Bd. 29 (1963), S. 405 - 420, hier S. 405.

[4] Vgl. *Bundeswirtschaftsministerium* (Hrsg.): Der Wissenschaftliche Beirat beim Bundeswirtschaftsministerium. 2. Band. Gutachten vom Juni 1950 bis November 1952, Göttingen 1953, S. 24 f., 35 ff.

In seinem Aufsatz über den Wissenschaftlichen Beirat beim Bundesminister für Wirtschaft[5] schreibt Woldemar Koch, im Wissenschaftlichen Beirat sei deutlich ein liberaler Grundton zu erkennen. Die beirätlichen Auffassungen unterscheiden sich aber, so Koch, von der „Freiburger Schule“, da der Beirat eine aktive Konjunkturpolitik fordere und für eine „Partner-Autonomie auf dem Arbeitsmarkt“[6] eintrete. Bereits in den Diskussionen der „Arbeitsgemeinschaft Erwin v. Beckerath“ trat die Mehrheit der Teilnehmer für eine aktive Konjunkturpolitik ein; Eucken und Böhm jedoch lehnten sie ab. Ebenso waren seinerzeit die Vorschläge zur Sozialpolitik von Albrecht und Lampe bei Arbeitsgemeinschaftsteilnehmern, die der „Freiburger Schule“ zuzurechnen sind, umstritten. So scheint die Schlußfolgerung gerechtfertigt, daß sich im Wissenschaftlichen Beirat die „Arbeitsgemeinschaft Erwin v. Beckerath“ gegenüber der „Freiburger Schule“ durchgesetzt hat, zumal die Mehrheit der Arbeitsgemeinschaftsteilnehmer stets mehr Staatseingriffe forderte, als den Vertretern der „Freiburger Schule“ lieb war[7].

Erkennt man an, daß die „Arbeitsgemeinschaft Erwin v. Beckerath“ in ihrer Mehrheit im Wissenschaftlichen Beirat aufgegangen ist und sich ihre Ansichten vielfach durchgesetzt haben, so kann man sagen, daß die „Arbeitsgemeinschaft Erwin v. Beckerath“ die Wirtschaftspolitik der Bundesrepublik Deutschland doch noch mitbestimmt hat, daß sie eine der Wurzeln der sozialen Marktwirtschaft ist. Diese Ansicht vertritt auch Hans-Herbert Götz in seinem Aufsatz „Die geistigen Väter der sozialen Marktwirtschaft“, wenn er von „Freiburger Schule“ spricht, ganz offensichtlich aber die „Arbeitsgemeinschaft Erwin v. Beckerath“ meint[8]. Die Arbeit der Jahre 1943 und 1944 war somit nicht vergebens, wenn ihr auch die öffentliche Anerkennung versagt blieb.

---

[5] Vgl. *Koch,* S. 409 f.

[6] Ebenda, S. 410.

[7] Vgl. Briefe von Lampe an v. Beckerath vom 17. 5. 1943, vom 12. 6. 1943, vom 20. 8. 1943; Gutachten Nr. 13, S. 6 ff.

[8] Vgl. *Götz,* Hans-Herbert: „Die geistigen Väter der sozialen Marktwirtschaft“, in: So nutzt man den Wirtschaftsteil einer Tageszeitung, hrsg. v. Jürgen Eick, Frankfurt 1971, S. 57 - 61, hier S. 60 f.

Anhang

Übersicht

I. Teilnehmer am „Freiburger Konzil“

II. Teilnehmer des Freiburger „Bonhoeffer Kreises“

III. Ausarbeitungen der „Arbeitsgemeinschaft Erwin v. Beckerath“

IV. Teilnehmer der „Arbeitsgemeinschaft Erwin v. Beckerath“

V. Tagungen

VI. Übersicht über Tagungsteilnehmer, Tagungsverlauf und Tagungsergebnis

VII. Übersicht der persönlich angesprochenen Praktiker

VIII. Quellenübersicht

Anhang I

Teilnehmer am „Freiburger Konzil“[1]

I. Ursprünglicher Kreis

1. *Professoren der Rechts- und Staatswissenschaftlichen Fakultät*
   Constantin von *Dietze* (†) und Frau
   Walter *Eucken* (†) und Frau
   Adolf *Lampe* (†) und Frau
   Fritz *Freiherr Marschall von Bieberstein* (†) und Frau

2. *Professoren anderer Fakultäten*
   Clemens *Bauer* und Frau (Historiker)[2]
   Gustav *Mie* (†) (Physiker)
   Gerhard *Ritter* (†) und Frau (†) (Historiker)

3. *Pfarrer der Bekennenden Kirche*
   Karl *Dürr* und Frau (Pauluskirche)
   Arnold *Hesselbacher* und Frau (Pauluskirche)
   Otto *Hof* und Frau (Christuskirche)
   Fritz *Horch* (†) und Frau (Friedenskirche)
   Frau *Weber* (Witwe des ehemaligen Pfarrers der Christuskirche)

II. Erweiterter Kreis

Pater Constantin *Noppel,* S. J. (†),

Wendelin *Rauch* (damals Direktor des Theologischen Konvikts, Boromäum, Freiburg, später Erzbischof zu Freiburg (†)),

Dr. *Scherer* (Mitarbeiter des Herder-Verlages, Freiburg) (†)[3].

---

[1] Die Teilnehmerliste wurde aufgrund der persönlichen Auskünfte noch lebender Konzilsteilnehmer zusammengestellt und dürfte vollständig sein.

[2] Clemens Bauer und seine Frau waren die einzigen Katholiken des ursprünglichen Kreises.

[3] Lt. Bericht von Clemens Bauer nahm Dr. Scherer nicht regelmäßig an den Konzilstreffen teil. (Vgl. Interview mit Clemens Bauer vom 16. Februar 1972, S. 2.)

Anhang II

Teilnehmer des Freiburger „Bonhoeffer Kreises“[1]

I. Mitarbeiter an der „Freiburger Denkschrift“

Franz *Böhm*
Constantin von *Dietze*
Walter *Eucken*
Adolf *Lampe*
Gerhard *Ritter*
Erik *Wolf*
} die „Freiburger“

Friedrich *Delekat* (mit ihm bestand nur brieflicher Kontakt)
Friedrich-Justus *Perels* (er nahm an keiner Arbeitssitzung in Freiburg teil)

II. Teilnehmer an der Freiburger Geheimtagung im November 1942

Walter *Bauer*
Franz *Böhm*
Otto *Dibelius*
Constantin von *Dietze*
Walter *Eucken*
Carl *Goerdeler*
Adolf *Lampe*
Gerhard *Ritter*
Helmut *Thielicke*
Erik *Wolf*

---

[1] Vgl. Brief von Erik Wolf an d. Verf. vom 19. 8. 1971.

Anhang III

Ausarbeitungen der „Arbeitsgemeinschaft Erwin v. Beckerath“[1]

I. Numerierte Ausarbeitungen

Nr.	Titel, Datum und Verfasser
1	„Wiederaufbau der Friedenswirtschaft = Wiederaufbau der Marktwirtschaft“[2], Freiburg, November 1942, Adolf Lampe (15 Seiten)
2	„Kriegsschulden und Wiederaufbaulasten.“, Freiburg, Mitte November 1942, Adolf Lampe[2] (10 Seiten)
3	„Leitsätze zu einem Referat. Probleme der Übergangswirtschaft nach dem Krieg und Voraussetzungen für das Wiederingangbringen marktlich geordneter Wirtschaft.“, Freiburg, Januar 1943, Adolf Lampe[2] (15 Seiten)
4	„Material zur Diskussion über ‚Vorschläge zur Wiederingangsetzung der Marktwirtschaft nach Kriegsende‘. (Beitrag zur Aussprache in Rhöndorf am 20. und 21. Februar 1943.)“, Freiburg, 17. Februar 1943, Adolf Lampe[2] (4 Seiten)
5 a[3]	„Entwurf eines Vorgutachtens zum Thema ‚Massnahmen der Übergangswirtschaft nach dem Kriege zur Wiederingangsetzung marktlicher Wirtschaftslenkung‘.“, Freiburg, 3. März 1943, Adolf Lampe[2] (22 Seiten)
5 b[4]	„Maßnahmen der Übergangswirtschaft nach dem Kriege zur Wiederingangsetzung marktlicher Wirtschaftslenkung. (Nachträgliche Niederschrift des Einleitungsvortrages zum erstatteten Vorgutachten.)“, Freiburg, o. D. (März 1943), Adolf Lampe (6 Seiten)
6	„Theorie und Systematik der Wirtschaftslenkung.“, Rhöndorf, März 1943, Heinrich v. Stackelberg (11 Seiten)
7	„Retadierende (sic) Momente beim Übergang zur Marktwirtschaft. (Entwurf!)“, Köln, März 1943, Theo Wessels (20 Seiten)

[1] Vgl. „*Ausarbeitungen*“, o. O., o. J. Erhaltenes Originalinhaltsverzeichnis des Aktenordners „Arbeitsgemeinschaft Erwin v. Beckerath“. Soweit keine anderweitigen Anmerkungen gemacht werden, entsprechen die hier verwandten Numerierungen den originalen dieses Inhaltsverzeichnisses. Alle Ausarbeitungen sind, soweit nicht anders vermerkt, als Manuskript vervielfältigt.

[2] Diese Ausarbeitungen wurden noch im Hinblick auf die „Arbeitsgemeinschaft Volkswirtschaftslehre“ der Akademie für Deutsches Recht geschrieben, dienten aber dann der „Arbeitsgemeinschaft Erwin v. Beckerath“ als Material und wurden an alle Teilnehmer versandt.

[3] Im Originalinhaltsverzeichnis als Nr. 5 angegeben.

[4] Im Originalinhaltsverzeichnis nicht gesondert aufgeführt, wurde unter Nr. 5 abgelegt.

Nr.	Titel, Datum und Verfasser
8	„Diskussionsergebnisse zum Problem der Währungssanierung. Sitzung Freiburg/Br., 21./22. März 1943“, Freiburg, o. D. (März 1943), Adolf Lampe (3 Seiten)
9	„Jena = Godesberger Protokoll. Auswertender Bericht über Besprechungen mit den Herren Böhm und Preiser in Jena am 16. IV. und mit den Herren v. Beckerath und Wessels am 18. IV.“, Freiburg, Ende April 1943, Adolf Lampe (11 Seiten)
10	„2. Freiburger Protokoll. Diskussion zum Thema: Abschöpfung des Kaufkraftüberhangs.“, Freiburg, Ende Juli 1943, Adolf Lampe (25 Seiten)
11	„Entwurf. Umrisse eines Systems wirtschaftspolitischer Wiederaufbau-Massnahmen nach dem Kriege.“ (genannt: Langfassung), o. O. (Freiburg), o. D. (September 1943), Adolf Lampe (63 Seiten)
12	„Wichtigste Probleme des Wiederaufbaus der Friedenswirtschaft und ihre Lösung durch primär marktwirtschaftliche Wirtschaftsordnung.“ (genannt: Kurzfassung), Freiburg, Mitte September 1943, Adolf Lampe (21 Seiten)
13	„Kritik und Antikritik zum Entwurf ‚Umrisse eines Systems wirtschaftspolitischer Wiederaufbau-Massnahmen nach dem Kriege‘.“, Freiburg, 22. September 1943, zusammengestellt von Adolf Lampe (17 Seiten)
14 a[5]	„Wichtigste Probleme des Wiederaufbaues der Friedenswirtschaft und ihre Lösung durch primär marktwirtschaftliche Wirtschaftsordnung.“, Freiburg, 24./25. September 1943, Adolf Lampe (er formulierte diese als „Gemeinschaftsgutachten“ bezeichnete Arbeit) (19 Seiten)
14 b[6]	„Neufassung zu Punkt 7 und 8 der Ausarbeitung ‚Wichtigste Probleme des Wiederaufbaues der Friedenswirtschaft‘.“, Freiburg, 26./27. November 1943, ohne Verfasser (2 Seiten)
14 c[6]	„Formulierungsvorschläge zu Punkt 2. Gerhard Albrecht. — Formulierungsvorschläge zu Punkt 11. Franz Böhm mit Erwiderung von Adolf Lampe“, Freiburg, Ende November 1943 (4 Seiten)
15	„Grundsätzliche Bemerkungen zur Arbeits- und Lohnpolitik.“, Freiburg, Ende November 1943, Gerhard Albrecht (8 Seiten, ursprünglich waren es 10 Seiten, die beiden ersten wurden „kassiert“, da sie politisch zu gefährlich waren)
16	„Bemerkungen zum Währungsplan von Keynes.“, o. O. (Freiburg), o. D. (Ende 1943), Walter Eucken (9 Seiten)
17 a[7]	„Lohn- und Arbeitsmarktpolitik in der Übergangszeit.“, Freiburg, Ende Januar 1944, Adolf Lampe (5 Seiten)

[5] Im Originalinhaltsverzeichnis als Nr. 14 geführt.

[6] Im Originalinhaltsverzeichnis sind diese Arbeiten nicht gesondert aufgeführt, sie wurden unter Nr. 14 abgelegt.

[7] Im Originalverzeichnis als Nr. 17 geführt.

Nr.	Titel, Datum und Verfasser
17 b[8]	„Thesen zur Frage der Lohnpolitik.“, Freiburg, Ende Januar 1944, Gerhard Albrecht (3 Seiten)
18	„Thesen zur Lohn-Politik.“, Marburg, Anfang März 1944, Gerhard Albrecht (9 Seiten)
19	„Thesen zur Lohnpolitik.“, Freiburg, Anfang März 1944, Adolf Lampe (20 Seiten)
20	„Bemerkungen zum Problem der industriellen Konzentration.“, Freiburg, Ende Januar 1944, Th. Wessels (7 Seiten)
21 a[9]	„Konzentration.“, o. O. (Freiburg), o. D. (März/April 1944), Franz Böhm (19 Seiten)
21 b[10]	„Konzentration.“, o. O., o. D. (Mitte 1944), Franz Böhm (11 Seiten)
21 c[11]	„Disposition zu ‚Konzentration'“, o. O. (Freiburg), Juli 1944, Franz Böhm (3 Seiten)
22[12]	
23[13]	„Vertraulich! Das Ausland zur Nachkriegswirtschaft.“, Hardy & Co. G.m.b.H., Berlin, 12. April 1944 (16 Seiten)
24	„Einige weitere Bemerkungen zur internationalen Währungsfrage.“, o. O. (Freiburg), April 1944, Walter Eucken (5 Seiten)
25 a	„Finanzpolitik der Wiederaufbauwirtschaft“, Freiburg, April 1944, Adolf Lampe (33 Seiten)
25 b	„Bemerkungen von Herrn Prof. Dr. Albrecht zu ‚Finanzpolitik der Wiederaufbauwirtschaft'“, o. O. (Freiburg), o. D. (April/Mai 1944) (5 Seiten)
26[14]	„Überlegungen zur Erörterung der Wohnungsfrage.“, o. O. (Freiburg), Juni 1944, Gerhard Albrecht (17 Seiten, bzw. 13 Seiten)
27[14]	„Neuordnung des Arbeitsmarktes.“, Freiburg, April 1944, Adolf Lampe (22 bzw. 13 Seiten)

---

[8] Fehlt im Originalverzeichnis. Wurde unter Nr. 17 abgelegt, wo es logisch hingehört, denn es wurde gleichzeitig mit der Ausarbeitung Lampes verschickt.

[9] Im Originalverzeichnis als Nr. 21 geführt.

[10] Die zweite Fassung des Gutachtens von Franz Böhm ist im Originalverzeichnis nicht aufgeführt.

[11] Die Disposition wird im Originalverzeichnis nicht aufgeführt.

[12] Die Nummer 22 ist zwar im Originalverzeichnis aufgeführt, aber ohne Titel. Die Vermutung liegt nahe, daß diese Nummer der noch zu erwartenden Arbeit von Böhm über „Konzentration“, die den Abschluß der Diskussion bilden sollte, vorbehalten wurde.

[13] Diese Broschüre ist ein Fremdkörper innerhalb der Gutachtenaufstellung. Da sie als Informationsmaterial den Teilnehmern zugegangen war, wurde sie wohl der Vollständigkeit halber in das Inhaltsverzeichnis und die Ablage aufgenommen.

[14] Das Gutachten liegt in zwei wörtlich identischen Fassungen vor, sie weisen lediglich unterschiedliche Seitenzahlen auf. Sie werden jeweils mit /1 und /2 kenntlich gemacht.

Nr.	Titel, Datum und Verfasser
28[15]	„Konjunkturelle Wirtschaftslenkung“, o. O., o. D., Erich Preiser (11 Seiten)
29 a	„Notizen zur Steuerüberwälzungsfrage.“, Freiburg, 8. Juli 1944, Adolf Lampe (4 Seiten)
29 b	„Diskussionsbeitrag zur Frage der Einkommensteuer-Überwälzung.“, Freiburg, Anfang Juli 1944, Erwin v. Beckerath (8 Seiten)
29 c[16]	„Fortwälzung der Einkommensteuer? Antikritische Bemerkungen zur Freiburger Diskussion des Themas am 8. und 9. 7. 1944.“, o. O. (Freiburg), 13. Juli 1944, Adolf Lampe (masch. geschr.) (10 Seiten)
29 d	„Kurvenbilder zur Untersuchung der Fortwälzung der veranlagten Einkommensteuer. (4 Schaubilder mit Erläuterungen).“, Freiburg, 16. September 1944, Adolf Lampe (4 Doppelseiten)
30	„Abschliessende Gutachten zur Vorbereitung der nächsten Sitzung der Arbeitsgemeinschaft: Allgemeine Volkswirtschaftslehre. 1. Gutachten: Die Wiederherstellung der Währungsordnung.“, Freiburg, Mitte August 1944, Adolf Lampe (15 Seiten)

II. Nicht numerierte Ausarbeitungen der Arbeitsgemeinschaft

31[17]	„Richtlinien künftiger Agrarpreispolitik.“, o. O. (Freiburg), o. D. (August 1943), Constantin von Dietze (9 Seiten)
32[18]	„Die Zwischenregelung des Valutaproblems.“, Freiburg, Anfang Juli 1944, Adolf Lampe (4 Seiten)

[15] Preiser hat bei anderem Anlaß dieses Referat gehalten und es den Teilnehmern der Arbeitsgemeinschaft zur Information und als Diskussionsgrundlage übersandt.

[16] Im Material von Lampe existiert nur das maschinengeschriebene Original, keine Vervielfältigung dieses Gutachtens. Es muß aber angenommen werden, daß es doch an alle Teilnehmer verschickt wurde, denn die Kurvenbilder (29 d), die Nr. 29 c ergänzen, gingen ihnen mit Schreiben des Sekretariats von Lampe vom 16. 9. 1944 zu (Lampe war bereits in Haft!).

[17] Die Ausarbeitung von Dietzes wurde sicherlich versehentlich nicht in das Originalinhaltsverzeichnis übernommen, denn sie wurde an alle Teilnehmer der Arbeitsgemeinschaft verschickt. Sie müßte dem Datum nach die Nummer 11 erhalten haben.

[18] Diese Arbeit von Lampe ist nicht mehr im Originalverzeichnis aufgeführt. Sie müßte die Nummer 30, evtl. 31 bekommen. Durch die Verhaftung von Lampe blieb einiges unbearbeitet liegen, daher die fehlende Numerierung.

Anhang IV

Teilnehmer der „Arbeitsgemeinschaft Erwin v. Beckerath“[1]

I. Seit März 1943

Erwin v. *Beckerath* (†), Godesberg (Vorsitzender)
Clemens *Bauer*, Freiburg
Franz *Böhm*, Jena
Constantin von *Dietze* (†), Freiburg
Walter *Eucken* (†), Freiburg
Adolf *Lampe* (†), Freiburg
Erich *Preiser* (†), Jena
Günter *Schmölders*, Köln[2]
Heinrich *Freiherr v. Stackelberg* (†)[3], Bonn-Berlin
Theodor *Wessels* (†), Köln

II. Seit November 1943[4]

Gerhard *Albrecht* (†), Marburg
Fritz *Hauenstein*, Köln (als „Praktiker“)

III. Einmal als Gast

Leo *Drescher* (†), Berlin[5]

---

[1] Vgl. Adressenliste der Diskussion-Beteiligten. Freiburg i/Br. November 1943, vervielfältigt, und Schriftwechsel der „Arbeitsgemeinschaft Erwin v. Beckerath“.

[2] Schmölders wird in der Adressenliste als Diskussionsbeteiligter geführt; in einem Vermerk wird aber darauf hingewiesen, daß er wegen derzeitiger Verhinderung (durch Militärdienst) die Diskussionsmaterialien nicht erhält. Schmölders hat tatsächlich an keiner Sitzung in Freiburg teilgenommen.

[3] v. Stackelberg erhielt laut Vermerk auf der Adressenliste ab November 1943 keine Unterlagen mehr, da er an der Teilnahme (wegen Militärdienst) verhindert war.

[4] In der Adressenliste wird noch Hans Gestrich, Berlin, genannt, der aber Ende 1943 verstarb und nie an Sitzungen teilgenommen hat, jedoch schriftlich an der Diskussion beteiligt war.

[5] Drescher wurde, nachdem er an der November-Sitzung 1943 teilgenommen hatte, solange eingeladen, bis auch er zum Militär mußte. Er konnte jedoch nicht mehr teilnehmen.

Anhang V

Tagungen[1]

Datum	Ort	statt-gefunden	verschoben auf	besondere Bemerkungen
21. II. 43	Rhöndorf	ja	—	Vorbereitung 1. Tagung der AkfDR
Ende Febr. 43	Freiburg	nein	März 43	geplante 1. Tagung der Arbeitsgemeinschaft „Allgemeine Volkswirtschaftslehre" der Kl. IV der AkfDR
14./15. III. 43	Freiburg	nein	21./22. III. 43	AkfDR war zum 1. 3. 43, soweit sie nicht kriegswichtig war, eingestellt worden
21./22. III. 43	Freiburg	ja	—	1. Sitzung der „Arbeitsgemeinschaft Erwin v. Beckerath"
16. IV. 43	Jena	ja	—	Zwischendiskussion einzelner Arbeitsgemeinschaftsteilnehmer
18. IV. 43	Bad Godesberg	ja	—	Zwischendiskussion einzelner Arbeitsgemeinschaftsteilnehmer
2. Juni-Hälfte 43	Bad Godesberg	nein	25.—28. VI. 43 Frbg.	
25.—28. VI. 43	Freiburg	nein	24.—26. VII. 43 Frbg.	geplant war Sitzung mit Dr. O. Veit und Dr. Gestrich. Dieser jedoch krank
24.—26. VII. 43	Freiburg	ja	—	
Mitte Aug. 43	Berlin	nein	Ende Aug./Anfang Sept. 43 Berlin	als große Gemeinschaftssitzung mit Praktikern des DJfBuB geplant
10./11. IX. 43	Oberursel	nein	21. IX. 43 Jena vor allgem. Sitzung	als Vorbereitung für die Praktikersitzung geplant
21./22. IX. 43	Jena	nein	23.—26. IX. 43 Frbg.	Sitzung mit Praktikern scheitert!
23.—26. IX. 43	Freiburg	ja	—	Sitzung des „Theoretikerkreises", Hauenstein und Gestrich geladen
18./19. XI. 43	Freiburg	nein	26.—28. XI. 43 Frbg.	
26.—28. XI. 43	Freiburg	ja	—	Erstmals mit Albrecht und Hauenstein, Gestrich sagte ab
28.—30. I. 44	Freiburg	ja	—	
9.—12. III. 44	Freiburg	nein	10.—13. III. 44 Frbg.	
10.—13. III. 44	Freiburg	ja	—	Theaterbesuch
28. IV.—1. V. 44	Freiburg	nein	11.—14. V. 44 Frbg.	Prof. Donner war geladen
11.—14. V. 44	Freiburg	ja	—	ohne Donner
8./9. VII. 44	Freiburg	ja	—	letzte Sitzung!
2. Sept.-Hälfte 44	Freiburg	nein	—	sollte abschließende Sitzung sein!

[1] Vgl. Schriftwechsel der „Arbeitsgemeinschaft Erwin v. Beckerath".

Anhang VII

Übersicht der persönlich angesprochenen Praktiker[1]

Otto *Donner*, Berlin[2]

Leo *Drescher*, Leiter des Deutschen Instituts für Bankwissenschaft und Bankwesen, Berlin[3]

Otto Christian *Fischer*, Präsident des Deutschen Instituts für Bankwissenschaft und Bankwesen, Berlin[4]

Hans *Gestrich*, Mitglied des Volkswirtschaftlichen Beirats des Deutschen Instituts für Bankwissenschaft und Bankwesen, Berlin[5]

Fritz *Hauenstein*, Leiter des Wirtschaftsteils der Kölnischen Zeitung, Köln[6]

A. *Kimmich*, Reichstreuhänder für Südwestdeutschland[6a]

Albert *Pietzsch*, Präsident der Industrie- und Handelskammer, München, und Leiter der Reichswirtschaftskammer, München[7]

Emil *Puhl*, stellvertretender Reichsbankpräsident, Berlin[8]

---

[1] Die vom Deutschen Institut für Bankwissenschaft und Bankwesen wegen einer möglichen Mitarbeit in der Arbeitsgemeinschaft angesprochenen Herren wurden dieser namentlich nicht bekannt.

[2] Donner war ein Freund von von Dietze und wurde von diesem zur Mitarbeit aufgefordert; dazu kam es jedoch nicht, da Donner während des Krieges in Paris war. Vgl. Briefe von Dietze an Donner vom 29. 2. 1944 und 13. 3. 1944.

[3] Vgl. Brief von Lampe an Drescher vom 2. 8. 1943.

[4] Vgl. Brief von Lampe an Fischer vom 2. 8. 1943.

[5] Vgl. Brief von Lampe an Gestrich vom 13. 9. 1943.

[6] Vgl. Brief von Lampe an Hauenstein vom 13. 9. 1943.

[6a] Vgl. offenen Brief von Lampe an v. Beckerath vom 20. 8. 1943.

[7] Vgl. Briefe von Lampe an Pietzsch vom 11. 1. 1943 und 10. 2. 1943.

[8] Vgl. offener Brief von Lampe an v. Beckerath vom 20. 8. 1943.

Anhang VIII

Quellenübersicht

Albrecht, Gerhard: Sein Material verwahrt der „Verein für Socialpolitik", soweit es Albrecht nicht vernichtete, wie z. B. den Schriftwechsel mit den Arbeitsgemeinschaftsteilnehmern[1].

v. Beckerath, Erwin: Er vergrub im Herbst 1944 seine gesamten Unterlagen über die Arbeitsgemeinschaft im Garten seiner Wohnung, die nach dem Krieg jedoch nicht mehr aufgefunden werden konnten[2].

Bauer, Clemens: Er vernichtete sein gesamtes Material über die Arbeitsgemeinschaft und das Konzil, als er zum Kriegsdienst eingezogen wurde. Unterlagen, die ihm während seines Kriegsdienstes zugingen, vernichtete er nach deren Studium[3].

Böhm, Franz: Er kann sich nicht an den Verbleib des Materials erinnern, glaubt dieses nach dem Krieg verliehen und nicht mehr zurückerhalten zu haben[4].

Dietze, Constantin von: Das Material über die Arbeitsgemeinschaft wurde nach seiner Verhaftung ausgelagert und dort vernichtet[5].

Eucken, Walter: Er vernichtete sein Material nach der Verhaftung der Kollegen im September 1944[6].

Hauenstein, Fritz: Das Material wurde zum großen Teil gerettet. Er hatte es unter Zeitungsmakulatur im Tiefkeller der Kölnischen Zeitung versteckt. Es lagerte neben der Gemäldesammlung seines Verlegers. Es fehlt jedoch fast der gesamte Schriftwechsel mit den Arbeitsgemeinschaftskollegen, der größtenteils nach Erhalt aus Sicherheitsgründen vernichtet wurde[7].

Lampe, Adolf: Gertrud Lampe vernichtete zusammen mit Walter Eucken nach der Verhaftung von Adolf Lampe den Teil des Materials, der Dritte belastete. Erhalten blieben die Gutachten und der gesamte Schriftwechsel mit den Arbeitsgemeinschaftsteilnehmern. Beides war über das gesamte Institutsmaterial verstreut. Gertrud Lampe versteckte die Unterlagen in Geheimfächern ihrer Möbel und in einem schwer zugänglichen Tiefkeller ihrer Wohnung. Das Material fiel weder der Gestapo noch den die Wohnung plündernden Franzosen in die Hände[8].

Preiser, Erich: Er rettete sein Material, jedoch nicht den Schriftwechsel. Lampe holte Anfang Juni 1945 die wichtigsten Ausarbeitungen bei Preiser ab, um sie dem Stabe Eisenhower in Höchst zu übergeben[9].

---

[1] Vgl. Brief von Arndt a. d. Verf. vom 16. 11. 1970 und persönliche Auskunft von Gerhard Albrecht am 7. 2. 1970.

[2] Persönliche Auskunft von Thea v. Beckerath am 20. Juli 1970 in Berlin.

[3] Vgl. Interview mit Clemens Bauer vom 16. Februar 1972, S. 2.

[4] Persönliche Auskunft von Franz Böhm am 3. November 1971.

[5] Vgl. Brief von von Dietze a. d. Verf. vom 19. 10. 1970.

[6] Persönliche Auskunft von Edith Eucken am 25. Februar 1972.

[7] Persönliche Auskunft von Fritz Hauenstein am 10. 2. 1970; 24. 3. 1972.

[8] Persönliche Auskunft von Gertrud Lampe am 10. 2. 1970.

[9] Vgl. Brief von Lampe an Preiser vom 6. 5. 1947.

Schmölders, Günter: Er besitzt keinerlei Unterlagen mehr, sie wurden seinerzeit aus Sicherheitsgründen vernichtet[10].

Stackelberg, Heinrich Freiherr v.: Der Verbleib seines Materials konnte nicht geklärt werden[11].

Wessels, Theodor: Frau Wessels vernichtete das Material nach dem Besuch von Howald im September 1944, Wessels selbst war zu dieser Zeit am Westwall eingesetzt[12].

---

[10] Vgl. Brief von Schmölders a. d. Verf. vom 20. 10. 1970.

[11] Vgl. Brief von Elisabeth Freifrau v. Stackelberg a. d. Verf. vom 16. 10. (1970).

[12] Vgl. Brief von Wessels a. d. Verf. vom 16. 10. 1970.

Quellen und Literatur

Übersicht

A. Unveröffentlichte Quellen

B. Veröffentlichte Quellen

A. Unveröffentlichte Quellen

I. Archivalien

1. Nachlässe und Materialien

Akten der Akademie für Deutsches Recht, soweit sie im Bundesarchiv in Koblenz liegen.

Findbücher zu Beständen des Bundesarchivs Bd. 9 Bestand R 61, Akademie für Deutsches Recht. Bearb. v. Walter Werhan, Bundesarchiv Koblenz 1972, als Manuskr. gedr.

Unterlagen von Gerhard Albrecht über die „Arbeitsgemeinschaft Erwin v. Beckerath", soweit sie dem „Verein für Socialpolitik" übergeben wurden.

Nachlaß von Walter Bauer, Fulda, soweit er dessen Arbeit im kirchlichen Widerstand betraf und bei den Erben vorhanden ist.

Unterlagen von Constantin von Dietze, seine Widerstandstätigkeit betreffend, soweit sie in seinem Institut aufbewahrt werden.

Nachlaß Carl Goerdeler, soweit er im Bundesarchiv in Koblenz aufbewahrt wird und d. Verf. zugänglich war. (Die Erben von Dr. Goerdeler gestatten die Einsicht nur in dessen wirtschaftspolitische Materialien.)

Unterlagen von Fritz Hauenstein über die „Arbeitsgemeinschaft Erwin v. Beckerath", soweit sie sich noch in seinem Besitz befinden.

Nachlaß von Adolf Lampe (in Besitz d. Verf.).

Material von Ger van Roon, das er für sein Buch „Neuordnung im Widerstand" zusammengetragen hat, soweit es im Institut für Zeitgeschichte, München, verwahrt wird.

2. Zitierte Quellen

Abschrift der Anklageschrift gegen Walter Bauer und Constantin von Dietze vom 9. April 1945, masch. geschr.

Adressenliste der Arbeitsgemeinschaft von Mitte November 1943, masch. geschr.

„Arbeitsgemeinschaft Handel", aus: Akte „Bundesarchiv ‚Reichsjustizministerium'", R 61/100, o. O., o. J. (Bundesarchiv Koblenz).

„Die Ausschußtätigkeit der Akademie für Deutsches Recht während des Krieges", in: Akte „Bundesarchiv ‚Reichsjustizministerium'", R 22/4330, o. O., o. J.

von Dietze, Constantin, Briefe und Nachrichten aus der Haftzeit in Moabit (Lehrterstraße 3) und Ravensbrück, o. O. (Freiburg), o. J., als Manusk. vervielf.

Erklärung von Constantin von Dietze vom 28. 2. 1962, in: Akte „Nachlaß Dr. Goerdeler", Nr. 13 o. S. (Bundesarchiv).

Klasse IV: „Zur Erforschung der völkischen Wirtschaft", aus: Akte „Bundesarchiv ‚Reichsjustizministerium'", R 61/100, o. Verf., o. D., o. S., masch. geschr. (Bundesarchiv).

Lampe, Adolf, Anlage 1 Fragebogen des Military Government of Germany, Freiburg, o. J., masch. geschr.

Tagebuchartige Notizen von Adolf Lampe vom 8. Juni 1945, vom 12. Juni 1945, stenographiert.

„Wirtschaftsfibel", in: Akte „Nachlaß Dr. Goerdeler", Nr. 13, S. 4, masch. geschr. (Bundesarchiv Koblenz).

II. *Gutachten, Denkschriften u. ä.*

1. Gutachten der „Arbeitsgemeinschaft Erwin v. Beckerath“[1]

Wiederaufbau der Friedenswirtschaft = Wiederaufbau der Marktwirtschaft. Freiburg, November 1942, Adolf Lampe, als Manusk. vervielf. (zit. als Nr. 1).

Kriegsschulden und Wiederaufbaulasten. Freiburg, Mitte November 1942, Adolf Lampe, als Manusk. vervielf. (zit. als Nr. 2).

Leitsätze zu einem Referat. Probleme der Übergangswirtschaft nach dem Krieg und Voraussetzungen für das Wiederingangbringen marktlich geordneter Wirtschaft. Freiburg, Januar 1943, Adolf Lampe, als Manusk. vervielf. (zit. als Nr. 3).

Material zur Diskussion über „Vorschläge zur Wiederingangsetzung der Marktwirtschaft nach Kriegsende“. (Beitrag zur Aussprache in Rhöndorf am 20. und 21. Februar 1943), Freiburg, 17. Februar 1943, Adolf Lampe, als Manusk. vervielf. (zit. als Nr. 4).

Entwurf eines Vorgutachtens zum Thema „Massnahmen der Übergangswirtschaft nach dem Kriege zur Wiederingangsetzung marktlicher Wirtschaftslenkung“, Freiburg, 3. März 1943, Adolf Lampe, als Manusk. vervielf. (zit. als Nr. 5 a).

Maßnahmen der Übergangswirtschaft nach dem Kriege zur Wiederingangsetzung marktlicher Wirtschaftslenkung. (Nachträgliche Niederschrift des Einleitungsvortrages zum erstatteten Vorgutachten.), Freiburg, o. D. (März 1943), Adolf Lampe, als Manusk. vervielf. (zit. als Nr. 5 b).

Theorie und Systematik der Wirtschaftslenkung. Rhöndorf, März 1943, Heinrich v. Stackelberg, als Manusk. vervielf. (zit. als Nr. 6).

Retadierende (sic) Momente beim Übergang zur Marktwirtschaft. (Entwurf!), Köln, März 1943, Theo Wessels, als Manusk. vervielf. (zit. als Nr. 7).

Diskussionsergebnisse zum Problem der Währungssanierung. Sitzung Freiburg/Br. 21./22. März 1943, Freiburg, o. D. (März 1943), Adolf Lampe, als Manusk. vervielf. (zit. als Nr. 8).

Jena = Godesberger Protokoll. Auswertender Bericht über Besprechungen mit den Herren Böhm und Preiser in Jena am 16. IV. und mit den Herren v. Beckerath und Wessels am 18. IV. Freiburg, Ende April 1943, Adolf Lampe, als Manusk. vervielf. (zit. als Nr. 9).

2. Freiburger Protokoll. Diskussion zum Thema: Abschöpfung des Kaufkraftüberhangs. Freiburg, Ende Juli 1943, Adolf Lampe, als Manusk. vervielf. (zit. als Nr. 10).

Entwurf. Umrisse eines Systems wirtschaftspolitischer Wiederaufbau-Massnahmen nach dem Kriege. (genannt: Langfassung.), o. O. (Freiburg), o. D. (September 1943), Adolf Lampe, als Manusk. vervielf. (zit. als Nr. 11).

Wichtigste Probleme des Wiederaufbaus der Friedenswirtschaft und ihre Lösung durch primär marktwirtschaftliche Wirtschaftsordnung. (genannt: Kurzfassung.), Freiburg, Mitte September 1943, Adolf Lampe, als Manusk. vervielf. (zit. als Nr. 12).

---

[1] Die Gutachten sind nach ihren originalen und ergänzten Numerierungen, nicht nach Sachworten geordnet, hierdurch ist eine bessere Übersichtlichkeit gewährleistet.

Kritik und Antikritik zum Entwurf „Umrisse eines Systems wirtschaftspolitischer Wiederaufbau-Massnahmen nach dem Kriege“. Freiburg, 22. September 1943, zusammengestellt von Adolf Lampe, als Manusk. vervielf. (zit. als Nr. 13).

Wichtigste Probleme des Wiederaufbaues der Friedenswirtschaft und ihre Lösung durch primär marktwirtschaftliche Wirtschaftsordnung. Freiburg, 24./25. September 1943, Adolf Lampe (als „Gemeinschaftsgutachten“ bezeichnet), als Manusk. vervielf. (zit. als Nr. 14 a).

Neufassung zu Punkt 7 und 8 der Ausarbeitung „Wichtigste Probleme des Wiederaufbaues der Friedenswirtschaft.“ Freiburg, 26./27. November 1943, ohne Verfasser, als Manusk. vervielf. (zit. als Nr. 14 b).

Formulierungsvorschläge zu Punkt 2. Gerhard Albrecht. — Formulierungsvorschläge zu Punkt 11. Franz Böhm mit Erwiderung von Adolf Lampe, Freiburg, Ende November 1943, als Manusk. vervielf. (zit. als Nr. 14 c).

Grundsätzliche Bemerkungen zur Arbeits- und Lohnpolitik. Freiburg, Ende November 1943, Gerhard Albrecht, als Manusk. vervielf. (zit. als Nr. 15).

Bemerkungen zum Währungsplan von Keynes, o. O. (Freiburg), o. D. (Ende 1943), Walter Eucken, als Manusk. vervielf. (zit. als Nr. 16).

Lohn- und Arbeitsmarktpolitik in der Übergangszeit. Freiburg, Ende Januar 1944, Adolf Lampe, als Manusk. vervielf. (zit als Nr. 17 a).

Thesen zur Frage der Lohnpolitik. Freiburg, Ende Januar 1944, Gerhard Albrecht, als Manusk. vervielf. (zit. als Nr. 17 b).

Thesen zur Lohn-Politik. Marburg, Anfang März 1944, Gerhard Albrecht, als Manusk. vervielf. (zit. als Nr. 18).

Thesen zur Lohnpolitik. Freiburg, Anfang März 1944, Adolf Lampe, als Manusk. vervielf. (zit. als Nr. 19).

Bemerkungen zum Problem der industriellen Konzentration. Freiburg, Ende Januar 1944, Th. Wessels, als Manusk. vervielf. (zit. als Nr. 20).

Konzentration. o. O. (Freiburg), o. D. (März/April 1944), Franz Böhm, als Manusk. vervielf. (zit. als Nr. 21 a).

Konzentration. o. O., o. D. (Mitte 1944), Franz Böhm, als Manusk. vervielf. (zit. als Nr. 21 b).

Disposition zu „Konzentration“, o. O. (Freiburg), Juli 1944, Franz Böhm, als Manusk. vervielf. (zit. als Nr. 21 c).

Vertraulich! Das Ausland zur Nachkriegswirtschaft. Hardy & Co. G.m.b.H., Berlin, 12. April 1944, als Manusk. vervielf. (zit. als Nr. 23).

Einige weitere Bemerkungen zur internationalen Währungsfrage, o. O. (Freiburg), April 1944, Walter Eucken, als Manusk. vervielf. (zit. als Nr. 24).

Finanzpolitik der Wiederaufbauwirtschaft, Freiburg, April 1944, Adolf Lampe, als Manusk. vervielf. (zit. als Nr. 25 a).

Bemerkungen von Herrn Prof. Dr. Albrecht zu „Finanzpolitik der Wiederaufbauwirtschaft“, o. O. (Freiburg), o. D. (April/Mai 1944), als Manusk. vervielf. (zit. als Nr. 25 b).

Überlegungen zur Erörterung der Wohnungsfrage, o. O. (Freiburg), Juni 1944, Gerhard Albrecht, als Manusk. vervielf. (zit. als Nr. 26).

Neuordnung des Arbeitsmarktes. Freiburg, April 1944, Adolf Lampe, als Manusk. vervielf. (zit. als Nr. 27).

Konjunkturelle Wirtschaftslenkung, o. O., o. D., Erich Preiser, als Manusk. vervielf. (zit. als Nr. 28).

Notizen zur Steuerüberwälzungsfrage. Freiburg, 8. Juli 1944, Adolf Lampe, als Manusk. vervielf. (zit. als Nr. 29 a).

Diskussionsbeitrag zur Frage der Einkommensteuer-Überwälzung, Freiburg, Anfang Juli 1944, Erwin v. Beckerath, als Manusk. vervielf. (zit. als Nr. 29 b).

Fortwälzung der Einkommensteuer? Antikritische Bemerkungen zur Freiburger Diskussion des Themas am 8. und 9. 7. 1944. o. O. (Freiburg), 13. Juli 1944, Adolf Lampe, masch. geschr. (zit. als Nr. 29 c).

Kurvenbilder zur Untersuchung der Fortwälzung der veranlagten Einkommensteuer. (4 Schaubilder mit Erläuterungen) Freiburg, 16. September 1944, Adolf Lampe, als Manusk. vervielf. (zit. als Nr. 29 d).

Abschliessende Gutachten zur Vorbereitung der nächsten Sitzung der Arbeitsgemeinschaft: Allgemeine Volkswirtschaftslehre. 1. Gutachten: Die Wiederherstellung der Währungsordnung. Freiburg, Mitte August 1944, Adolf Lampe, als Manusk. vervielf. (zit. als Nr. 30).

Richtlinien künftiger Agrarpreispolitik. o. O. (Freiburg), o. D. (August 1943), Constantin von Dietze, als Manusk. vervielf. (zit. als Nr. 31).

Die Zwischenregelung des Valutaproblems. Freiburg, Anfang Juli 1944, Adolf Lampe, als Manusk. vervielf. (zit. als Nr. 32).

2. Gutachten für die Alliierten

Währungssanierung durch Kaufkraftabschöpfung mit anschliessender Geldumlaufsauffüllung. Leitgedanken eines 1942 entwickelten, der heutigen Lage angepassten Vorschlages der Arbeitsgemeinschaft E. (sic) v. Beckerath, Freiburg 11. Aug. (3. Aug.) 45, Arbeitsgemeinschaft E. von (sic) Beckerath, Arbeitsgruppe Freiburg, als Manusk. vervielf.

*Währungs*ordnung = *Wirtschafts*ordnung, Freiburg, 19. 1. 1946, Comité d'Etudes Economiques, masch. geschr.

Kurze Zusammenfassung der Feststellungen und Ergebnisse des Vorgutachtens *Währungs*-Ordnung und *Wirtschafts*-Ordnung, Freiburg, 21. 1. 1946, Comité d'Etudes Economiques, als Manusk. vervielf.

3. Denkschriften u. ä.

Arbeitsgemeinschaft Volkswirtschaftslehre der Akademie für Deutsches Recht. Niederschrift über die 1. Sitzung vom 24. November 1940 in München. o. O., o. J. (1941), als Manusk. vervielf. (zit. als „1. Niederschrift").

Akademie für Deutsches Recht, Niederschrift über die Sitzung der Arbeitsgemeinschaft für Volkswirtschaftslehre am 23. und 24. Mai 1941 in Wiesbaden, o. O., o. J. (1942), als Manusk. vervielf. (zit. als „2. Niederschrift").

Ausarbeitung des Freiburger Unterausschusses vom 30. 10. 1941, ohne Titel, Freiburg, 30. 10. 1941, masch. geschr.

Kirche und Welt. Eine notwendige Besinnung auf die Aufgaben des Christen und der Kirche in unserer Zeit, Freiburg 1945 (als Manusk. nachträglich vervielf.).

Lampe, Adolf, „Vorschläge zur Diskussion des Themas ‚Entwicklung einer Systematik der wirtschaftspolitischen Aufgabe'", Freiburg 1941, masch. geschr.

Niederschrift über die Sitzung der Arbeitsgemeinschaft für Volkswirtschaftslehre am 23. und 24. Mai 1941 in Wiesbaden. Hrsg. von der Akademie für Deutsches Recht, o. O., o. J. (1942), als Manusk. vervielf.

Niederschrift über den Verlauf der Sitzung zur Gründung einer Arbeitsgemeinschaft ‚Agrarpolitik' im Rahmen der Klasse IV der Akademie für Deutsches Recht, ‚Erforschung der völkischen Wirtschaft' am 24. 11. 1940 im Hause des Deutschen Rechts in München, o. J., als Manusk. vervielf.

Politische Gemeinschaftsordnung. Ein Versuch zur Selbstbesinnung des christlichen Gewissens in den politischen Nöten unserer Zeit (zit. als „Freiburger Denkschrift"), Freiburg 1945, als Manusk. vervielf.

4. Materialien für die Rothenburger Tagung

Material 1: „Entscheidung für vorgreifende oder abschließende Währungssanierung." Tagung der volkswirtschaftlichen Hochschullehrer vom 27. bis 29. 9. 47 in Rothenburg ob der Tauber, Arbeitsgemeinschaft Währungspolitik, o. O. (Freiburg), August 1947.

Material 2: „Anregungen für ein Gutachten zur vorgreifenden Währungssanierung. Zur Problematik der deutschen Währungssanierung." Tagung der volkswirtschaftlichen Hochschullehrer vom 27.—29. 9. 1947 in Rothenburg ob der Tauber, Arbeitsgemeinschaft Währungspolitik, o. O. (Freiburg), August 1947.

Material 3: „*Kurzfassung* der Anregungen für ein Gutachten zur vorgreifenden Währungssanierung." Tagung der volkswirtschaftlichen Hochschullehrer vom 27.—29. 9. 1947 in Rothenburg ob der Tauber, Arbeitsgemeinschaft Währungspolitik, o. O. (Freiburg), August 1947.

Material 4: „Allgemeine Bemerkungen." Tagung der volkswirtschaftlichen Hochschullehrer vom 27.—29. 9. 1947 in Rothenburg ob der Tauber, Arbeitsgemeinschaft Währungspolitik, o. O. (Freiburg), September 1947.

Material 5: „Einige Bemerkungen zum Problem der Währungssanierung." Tagung der volkswirtschaftlichen Hochschullehrer vom 27.—29. 9. 1947 in Rothenburg ob der Tauber, Arbeitsgemeinschaft Währungspolitik, o. O. (Freiburg), September 1947.

III. Schriftwechsel

1. Briefe an Adolf Lampe von:

Albrecht, Gerhard, 19. 7. 1947; 10. 1. 1948.

v. Beckerath, Erwin, 20. 6. 1941; 13. 7. 1941; 10. 12. 1942; 17. 12. 1942; 26. 1. (1943); 3. 3. 1943; 8. 4. 1943; 15 6. 1943; 26. 8. 1943; 24. 4. 1944; 23. 7. 1944; 17. 12. 1945.

Böhm, Franz, 4. 7. 1944; 17. 9. 1947; Telegramm 13. 11. 1947.

Drescher, Leo, 8. 9. 1943; 17. 11. 1943; 30. 11. 1943; 19. 1. 1944; 25. 1. 1944; 12. 3. 1944; 31. 5. 1944; 22. 6. 1944.

Eucken, Walter, 11. 10. 1947.

Hauenstein, Fritz, 9. 11. 1943.

Preiser, Erich, 3. 10. 1941.

2. Briefe von Adolf Lampe an:

Albrecht, Gerhard, 13. 10. 1943; 23. 7. 1947; 27. 11. 1947; 20. 12. 1947.

Asmussen, Hans, 15. 4. 1947; 16. 5. 1947; 26. 6. 1947.

Bauer, Clemens, 28. 11. 1941; 29. 9. 1943; 7. 10. 1947.

v. Beckerath, Erwin, 17. 10. 1941; 10. 12. 1941; 11. 7. 1942; 15. 12. 1942; 22. 12. 1942; 8. 1. 1943; 4. 3. 1943; 5. 3. 1943; 17. 5. 1943; 12. 6. 1943; 20. 8. 1943; 9. 9. 1943; 12. 7. 1944; 23. 8. 1944; 1. 3. 1946; 7. 2. 1947.

Böhm, Franz, 25. 11. 1945; 11. 3. 1947; 12. 9. 1947.

Drescher, Leo, 2. 8. 1943; 13. 11. 1943; 19. 11. 1943; 18. 1. 1944; 15. 6. 1944.

Fischer, Otto Christian, 2. 8. 1943.

Gestrich, Hans, 13. 9. 1943.

Carl Graf Hardenberg-Neuhardenberg, 17. 7. 1947.

Hauenstein, Fritz, 13. 9. 1943; 26. 11. 1945; 21. 12. 1945; 27. 2. 1946.

Helfrich, Paul, 10. 11. 1945.

Holstein, Hans, 28. 5. 1947; 21. 7. 1947.

Johns, Rudolf, 11. 11. 1947.

Kapitän Katchourine, 29. 11. 1945.

Oberleutnant Klein, 22. 11. 1945.

Lampe, Hanns, 17. 12. 1942.

Landauer, Carl, 2. 1. 1947; 3. 6. 1947.

Lemmer, Friedrich, 23. 8. 1947.

Machlup, Fritz, 12. 2. 1947.

Noske, Gustav, 21. 12. 1945.

Pietzsch, Albert, 19. 9. 1942; 11. 1. 1943; 10. 2. 1943.

Preiser, Erich, 6. 10. 1941; 13. 9. 1943; 10. 1. 1944; 26. 10. 1945; 28. 3. 1947; 6. 5. 1947.

Prunet, Jean, 5. 8. 1945; 11. 6. 1947.

Ritter, Gerhard, 21. 11. 1946; 13. 3. 1947.

Salin, Edgar, 12. 11. 1947.

Schmölders, Günter, 8. 3. 1943.

Leutnant Sokolsky, 17. 8. 1945.
8. 3. 1943.

v. Stackelberg, Heinrich Freiherr, 23. 4. 1941; 5. 5. 1941; 14. 1. 1943; 4. 3. 1943; 8. 3. 1943.

Wallau, René, 7. 7. 1947; 24. 12. 1947.

Weber, Adolf, 23. 11. 1945.

Yorck v. Wartenburg, Peter Graf, 6. 3. 1941; 19. 6. 1941.

3. Sonstige Briefe

Akademie für Deutsches Recht an Erwin v. Beckerath, 5. 4. 1943.
von Dietze, Constantin, an Clemens Bauer, 18. 10. 1941.
— an Otto Donner, 29. 2. 1944; 13. 3. 1944.
Rundschreiben an die „Konzilsfreunde" von Adolf Lampe, 20. 5. 1947.
Lampe, Gertrud, an General Schwarz, 21. 4. 1946.
— an Gertrud Ritter, 6. 3. 1972.

IV. Niederschriften d. Verf. von Interviews[1]

Interview mit Clemens Bauer vom 16. Februar 1972.
Interview mit Edith Eucken vom 25. Februar 1972.
Interview mit Otto Hof vom 24. Februar 1972.
Interview mit Nora Freifrau Marschall von Bieberstein vom 25. Februar 1972.
Interview mit Helmuth Thielicke vom 4. Mai 1972.

V. Briefe an die Verfasserin

Albrecht, W., 3. 2. 1972.
Arndt, Helmut, 16. 11. 1970.
Bethge, Eberhard, 23. 3. 1972.
von Dietze, Constantin, 19. 10. 1970.
Schmölders, Günter, 20. 10. 1970.
v. Stackelberg, Elisabeth Freifrau, 16. 10. (1970).
Wessels, Theodor, 16. 10. 1970; 21. 3. 1972.
Wolf, Erik, 19. 8. 1971.

B. Veröffentlichte Quellen

I. Aufsätze

Albrecht, Gerhard: „Zur Vorgeschichte der Gründung des ‚Verein für Sozialpolitik — Gesellschaft für Wirtschafts- und Sozialwissenschaften'. Die Rothenburger Tagung der Volkswirte 1947", in: Volkswirtschaftliche Probleme des deutschen Außenhandels. Schriften des Vereins für Sozialpolitik Gesellschaft für Wirtschafts- und Sozialwissenschaften. NF Bd. 1 (1949), S. 105—110; 118—136.

Arndt, Helmut: „Gerhard Albrecht", in: Jahrbücher für Nationalökonomie und Statistik, Bd. 186, H. 2. (1971), S. 98—105.

Bauer, Walter: „Erinnerungen an schwere Zeit", in: Festschrift zum 65. Geburtstag von Hans Asmussen, Stuttgart, Berlin, Hamburg 1963, S. 87—92.

---

[1] Sie wurden den Befragten zur Kontrolle zugesandt und sind von diesen bestätigt und signiert.

v. Beckerath, Erwin: „Adolf Lampe“, in: Zeitschrift für die Gesamte Staatswissenschaft, Bd. 105, H. 4, Tübingen 1949, S. 602—614.

— „Adolf Lampe und Heinrich v. Stackelberg“, in: Lynkeus. Gestalten und Probleme aus Wirtschaft und Politik, Tübingen 1962, S. 39—51.

Bell, George: „Anthony Eden glaubte es nicht“, in: Das Parlament, Sonderausgabe 20. Juli 1952.

Böhm, Franz: „Die Forschungs- und Lehrgemeinschaft zwischen Juristen und Volkswirten an der Universität Freiburg in den dreißiger und vierziger Jahren des 20. Jahrhunderts. (Das Recht der Ordnung der Wirtschaft)“, in: „Aus der Geschichte der Rechts- und Staatswissenschaften zu Freiburg i. Br.“, hrsg. v. Hans Julius Wolff, Freiburg 1957, S. 95—113.

— „Freiburger Schule und Nationalsozialismus“, in: Frankfurter Allgemeine Zeitung vom 24. 5. 1955.

von Dietze, Constantin: Ansprache des Rektors bei der Immatrikulationsfeier am 26. 2. 1947, o. O. (Freiburg), o. J. (1947), masch. autogr.

— „Pflicht im Widerstreit der Verpflichtungen. Ansprache in der Gedenkfeier der Albert-Ludwigs-Universität am 20. Juli 1964.“, in: Freiburger Universitätsblätter, 3. Jg., H. 6, 1964, S. 59—68.

— „Die Universität Freiburg im Dritten Reich“, in: Mitteilungen der List-Gesellschaft, Fasc. 3, Nr. 3, 1961, S. 95—105.

— „Die Wirtschafts- und Sozialwissenschaften an der Universität Freiburg in den ersten Jahrzehnten des zwanzigsten Jahrhunderts“, in: Aus der Geschichte der Rechts- und Staatswissenschaften zu Freiburg i. Br., hrsg. von Hans Julius Wolff, Freiburg 1957, S. 81—94.

Gerstenmaier, Eugen: „Der Kreisauer Kreis: Zu dem Buch Gerrit van Roons ‚Neuordnung im Widerstand‘“, in: Vierteljahreshefte für Zeitgeschichte, 15 (1967), S. 221—246.

Götz, Hans-Herbert: „Die geistigen Väter der sozialen Marktwirtschaft“, in: So nutzt man den Wirtschaftsteil einer Tageszeitung, hrsg. von Jürgen Eick, Frankfurt 1971, S. 57—61.

Hauenstein, Fritz: „Die Arbeitsgemeinschaft Erwin v. Beckerath“, in: Systeme und Methoden in den Wirtschafts- und Sozialwissenschaften, Erwin v. Beckerath zum 75. Geburtstag, hrsg. von Norbert Kloten, Wilhelm Krelle, Heinz Müller, Fritz Neumark, Tübingen 1964, S. 56—60.

— „Der Freiburger Kreis“, in: 20. Juli 1944, hrsg. von der Bundeszentrale für politische Bildung, Bonn 1969, S. 42 h—46.

Kloten, Norbert: „Erwin v. Beckerath“, in: Finanzarchiv NF, Bd. 25 (1966), S. 193—212.

Koch, Woldemar: „Der Wissenschaftliche Beirat beim Bundesminister für Wirtschaft“, in: Probleme der normativen Ökonomik und der wirtschaftspolitischen Beratung. Schriften des Vereins für Socialpolitik (sic). Gesellschaft für Wirtschafts- und Sozialwissenschaften. NF Bd. 29 (1963), S. 405—420.

Krogmann, Carl Vincent: „Zur Regelung der Auslands-Verschuldung“, in: Wirtschaftsdienst (Hamburg), 16. Jg., H. 14, (1931), S. 584—586.

Neumark, Fritz: „Erwin v. Beckerath † — Nachruf“, in: Zeitschrift für die Gesamte Staatswissenschaft, 1966, S. 193—208.

„Richtschnuren der Bekennenden Kirche für die staatliche Rechtsordnung. Aus der Denkschrift des Freiburger Arbeitskreises, im Auftrag der Vorläufigen Kirchenleitung im November 1942 ausgearbeitet (Anhang 1: „Rechtsordnung“, von Prof. Dr. Franz Böhm und Prof. Dr. Erik Wolf)“, in: Das christliche Deutschland 1933 bis 1945. Dokumente und Zeugnisse. Evangelische Reihe H. 2. Zeugnisse der Bekennenden Kirche II. ‚Im Reiche dieses Königs hat man das Recht lieb‘, (Psalm 99, 4). Der Kampf der Bekennenden Kirche um das Recht“, hrsg. von Erik Wolf, Tübingen-Stuttgart 1946, S. 81—87.

Ritter, Gerhard: „Untergang und Wiedererweckung der abendländischen Idee. Eine Zeitbetrachtung von 1942“, in: Neubau, 2. Jg., H. 7, 1947, S. 290—297 und H. 8, 1947, S. 342—350.

— „Der deutsche Professor im Dritten Reich“, in: Die Gegenwart, 1. Jg., Nr. 1, 1945, S. 23—26.

Rittershausen, Heinrich: „Soziale Marktwirtschaft“, in: Wirtschaft. Fischer-Lexikon, 3. Aufl., Frankfurt/M., 1961.

Salin, Edgar: „Erwin v. Beckerath 1889—1964“, in: Kyklos. Internationale Zeitschrift für Sozialwissenschaften Bd. 18 (1965), S. 1—8.

„Sanierung der deutschen Wirtschaft. Grundsätze eines wirtschaftspolitischen Sofortprogramms“, in: Volkswirtschaftliche Probleme des deutschen Außenhandels. Schriften des Vereins für Sozialpolitik, Gesellschaft für Wirtschafts- und Sozialwissenschaften, NF Bd. 1 (1949), S. 125—132.

Schmidt, Kurt: „Erwin v. Beckerath †“, in: Weltwirtschaftliches Archiv, Zeitschrift des Instituts für Weltwirtschaft an der Universität Kiel, hrsg. von Erich Schneider, Bd. 94 (1965 I), S. 153—163.

Schmitthenner, Walter: „Der deutsche Widerstand gegen Hitler. Literaturberichte“, in: Geschichte in Wissenschaft und Unterricht, 5. Jg., H. 7, (1954), S. 440—442.

— „Zeitgeschichte — Verfolgung und Widerstand. Literaturbericht“, in: Geschichte in Wissenschaft und Unterricht, 12. Jg., H. 8, (1961), S. 526—529.

— „Materialien zum Widerstand“, in: Geschichte in Wissenschaft und Unterricht, 5. Jg., H. 1, (1954), S. 58—61.

Schmölders, Günter: „In Memoriam Jens Jessen (1895—1944)“, in: Schmollers Jahrbuch, 59. Jg. (1949), S. 3—14.

Seesemann, Kurt: „Der Krogmann-Plan“, in: Blut und Boden, 1. Jg., H. 6, (1933), S. 235—237.

Thierack: „Zehn Jahre Akademie für Deutsches Recht“, in: Zeitschrift der Akademie für Deutsches Recht, 10. Jg., H. 9, 1943, S. 121.

Triebenstein, Olaf: „Adolf Lampes ‚Allgemeine Wehrwirtschaftslehre‘ — Einige Betrachtungen zur Geschichte dieses Buches“, in: Schmollers Jahrbuch für Wirtschafts- und Sozialwissenschaften, 88. Jg., Berlin 1968, S. 31—49.

II. Literatur

Arndt, Helmut (Hrsg.): Sozialwissenschaftliche Untersuchungen. Gerhard Albrecht zum 80. Geburtstag, Berlin 1969.

Baumgärtel, Friedrich: Wider die Kirchen-Kampflegende. 2. erw. Aufl., Neuendettelsau/Mfe., 1959.

Bethge, Eberhard: Dietrich Bonhoeffer, Theologe, Christ, Zeitgenosse, 1. Aufl., München 1967, 3. erw. Aufl., München 1970.

v. Beckerath, Erwin: Lynkeus. Gestalten und Probleme aus Wirtschaft und Politik, Tübingen 1962.

Bell, George: Kirche in der Welt. Übers. von Rudolf Weckerling, Berlin-Spandau 1948.

Böhm, Franz: Reden und Schriften über die Ordnung einer freien Gesellschaft, einer freien Wirtschaft und über die Wiedergutmachung, Karlsruhe 1960.

Braubach, Max: Der Weg zum 20. Juli 1944. Ein Forschungsbericht. Arbeitsgemeinschaft für Forschung des Landes Nordrhein-Westfalen. Geisteswissenschaften, H. 13, Köln und Opladen 1953.

Bundeswirtschaftsministerium (Hrsg.): Der Wissenschaftliche Beirat bei der Verwaltung für Wirtschaft des Vereinigten Wirtschaftsgebietes. Gutachten 1948 bis Mai 1950, Göttingen o. J.

— Der Wissenschaftliche Beirat beim Bundeswirtschaftsministerium. 2. Band. Gutachten vom Juni 1950 bis November 1952, Göttingen 1953.

— Der Wissenschaftliche Beirat beim Bundeswirtschaftsministerium. 3. Band. Gutachten vom Dezember 1952 bis November 1954, Göttingen 1955.

— Der Wissenschaftliche Beirat beim Bundeswirtschaftsministerium. 4. Band. Gutachten vom Januar 1955 bis Dezember 1956, Göttingen 1957.

— Der Wissenschaftliche Beirat beim Bundeswirtschaftsministerium. 5. Band. Gutachten vom Januar 1957 bis März 1961, Göttingen 1967.

— Der Wissenschaftliche Beirat beim Bundeswirtschaftsministerium. 6. Band. Gutachten vom April 1961 bis März 1966, Göttingen 1966.

Bundeszentrale für politische Bildung (Hrsg.): 20. Juli 1944, 6. Aufl., Wiesbaden 1969.

Degener, Herrmann, A. L. (Hrsg.): Wer ist's? X. Ausgabe, Berlin 1935.

von Dietze, Constantin: Der Zerfall der Wahrheit im Dritten Reich, Freiburg 1946.

— Gedanken und Bekenntnisse eines Agrarpolitikers. Gesammelte Aufsätze, Göttingen 1962.

— Nationalökonomie und Theologie. Das christliche Deutschland 1933 bis 1945, Evangelische Reihe, H. 8, Tübingen-Stuttgart 1947.

— Wirtschaftsmacht und Wirtschaftsordnung. Schriftenreihe der Evangelischen Akademie, Tübingen 1947.

Eucken, Walter: Die Grundlagen der Nationalökonomie, Jena 1940.

v. Hassel, Ulrich: Vom anderen Deutschland, Zürich 1946.

Hoffmann, Peter: Widerstand, Staatsstreich, Attentat. Der Kampf der Opposition gegen Hitler, München 1969.

Lipgens, Walter: Europa-Föderationspläne der Widerstandsbewegungen 1940—1945. Eine Dokumentation. Schriften des Forschungsinstituts der Deutschen Gesellschaft für Auswärtige Politik e. V., Bd. 26, München 1968.

Nebgen, Elfriede: Jakob Kaiser. Der Widerstandskämpfer, Stuttgart-Berlin-Köln-Mainz 1967.

Peters, Hans: Verfassungs- und Verwaltungsreformbestrebungen innerhalb der Widerstandsbewegung gegen Hitler. Schriften der Freiherr vom Stein-Gesellschaft, H. 3, Münster 1961.

Preiser, Erich: Die Zukunft unserer Wirtschaftsordnung, Göttingen 1968.

Ritter, Gerhard: Carl Goerdeler und die deutsche Widerstandsbewegung Stuttgart 1955.

van Roon, Ger: Neuordnung im Widerstand. Der Kreisauer Kreis innerhalb der deutschen Widerstandsbewegung, München 1967.

Rothfels, Hans: Die deutsche Opposition gegen Hitler: Eine Würdigung, Frankfurt/M.-Hamburg 1958.

Salzwedel, Jürgen; *Kloten,* Norbert: In memoriam Erwin v. Beckerath, Bonn 1966.

Schmölders, Günter: Personalistischer Sozialismus. Die Wirtschaftsordnungskonzeption des Kreisauer Kreises der deutschen Widerstandsbewegung. Demokratische Existenz heute, Bd. 17, Köln und Opladen 1969.

— (Hrsg.): Der Wettbewerb als Mittel volkswirtschaftlicher Leistungssteigerung und Leistungsauslese. Schriften der Akademie für Deutsches Recht. Heft 6, Berlin 1942.

Spiegelbild einer Verschwörung. Die Kaltenbrunner-Berichte an Bormann und Hitler über das Attentat vom 20. Juli 1944. Geheime Dokumente aus dem ehemaligen Reichssicherheitshauptamt, hrsg. vom Archiv Peter für historische und zeitgeschichtliche Dokumentation, Stuttgart 1961.

Steltzer, Theodor: Von deutscher Politik. Dokumente, Aufsätze und Vorträge, hrsg. von F. Minssen, Frankfurt 1949.

Triebenstein, Olaf (Hrsg.): Sozialökonomie in politischer Verantwortung. Festschrift für Joachim Tibertius, Berlin 1964.

Vorlesungsverzeichnis für das Winterhalbjahr 1934/35 nebst Personenverzeichnis und Zählung der Studierenden vom Sommerhalbjahr 1934, im Auftrag des Rektors bearbeitet und herausgegeben von Prof. Dr. M. Honecker, Freiburg o. J. (1934).

Weisenborn, Günter: Der lautlose Aufstand. Bericht über die Widerstandsbewegung des deutschen Volkes, Hamburg 1953.

Wurm, Theophil: Erinnerungen aus meinem Leben, Stuttgart 1953.

Zeller, Eberhard: Geist der Freiheit, München 1965.